고양이의
모든 것을
기록하다
묘원

고양이의
모든 것을
기록하다
묘원

황한 지음
김경 옮김

보고사
BOGOSA

알림：黃漢(?~?), 『貓苑』(1852년 甕雪草堂刻本)을 저본으로 하였다.

머리말

1.

내 기억은 가끔 함께 지내던 고양이의 죽음 앞에 머문다. 아무것도 할 수 없었던 무능함과 더 잘해주지 못했던 죄책감이 다시 소환된다. 좀처럼 옅어지지 않는 미안한 감정은 고양이라는 존재에 대해 아는 게 없다는 생각에까지 이르게 했다. 그래서 고양이와 관련된 지식과 정보를 찾기 시작했던 것 같다. 이 책은 여기에서 출발했다.

귀로 흘러 들어온 이야기나 눈으로 확인되는 단편적인 지식으로는 그들을 온전히 이해하기 어려웠기에, 우선 고양이와 관련된 서적을 확인했다. 의외로 고양이를 다루고 있는 책은 많았지만, 주로 영미권과 유럽의 서적이었고 대부분 근대 이후 제작된 것들이었다. 우리나라를 비롯한 동아시아에서 출판된 서적도 비슷한 상황이었으며 더욱이 내가 공부하는 한문학 분야에서는 관련 서적이 전무했다.

한문학의 무게중심은 현재와 미래보다는 과거에 있다. 이러한 이유로 옛사람들은 고양이를 어떻게 생각했을지가 가장 궁금했다. 한문이 통용된 오랜 시간만큼이나 고양이에 대한 기록은 켜켜이 쌓여 있다. 예전에 이규경(李圭景)의 『오주연문장전산고(五洲衍文長箋散稿)』에서 고양이 기록을 봤던 기억이 떠올랐다. 이 책은 기존 기록을 정리 및 분류하는 유서(類書)로 현재 백과사전의 성격을 띠고 있다. 유서는 관념적·체험적 지식을 체계화하는 박물학으로 우리나라의 경우 조선 후기에 활발히 편찬되었다. 일단 이러한 조선 후기의 유서를 대상으로 고양이에 대한 기록들을 확인하기 시작했다. 의외로 다수가 확인되었다. 결국 취합한 자료들로 몇 편의 논문을 완성하기에 이르렀다. 호기심으로 출발한 고양이에 대한 자료 조사는 자연스레 나의 전공 영역으로 전류(轉流)한 것이다.

그런데 전근대 우리나라에서 고양이만을 대상으로 편찬된 서적은 확인되지 않았다. 그리하여 중국과 일본으로 영역을 넓혔고, 이 과정에서 찾아낸 책이 청나라 때 편찬된 『묘원(貓苑)』이다.(일본의 경우 1910년에 출간된 이시다 마고타로(石田孫太郎, 1874~1936)의 『묘(猫)』가 있다.) 온 우주의 고양이가 날 응원하는 것 같았다.

2.

『묘원(貓苑)』은 1852년 청나라 때 사람 황한(黃漢, ?~?)이 편찬한 것으로, 고양이와 관련된 작품에서부터 이야기, 우화 및 전설까지 고양이에 관한 거의 모든 기록을 총망라한 백과사전에 해당하는 책이다. 구성은 내용에 따라 종류(種類) · 형상(形相) · 모색(毛色) · 영이(靈異) · 명물(名物) · 고사(故事) · 품조(品藻), 7개로 분류했다.

이 책은 일의 크고 작음, 고상함과 저속함을 따지지 않고, 고양이와 관련된 것이라면 일일이 기록했다. 기록에 그칠 뿐 아니라, 조목별로 나누고 세밀히 고증했다는 점도 주목된다. 전근대 동아시아에서 고양이만을 대상으로 이전 기록을 수집 정리한 최초 책은 『상묘경(相貓經)』인데, 현재 실전(失傳)되어 책의 전모가 확인되지 않는다. 이후 청나라 1798년 왕초동(王初桐, 1730~1821)이 저술한 『묘승(貓乘)』과 1819년에 편찬된 손손억(孫蓀薏, 1783~1819)의 『함선소록(銜蟬小錄)』이 있다. 황한이 『묘원』을 저술할 당시 『묘승』에 대해서는 알지 못했고,

『함선소록』은 실전된 상태였다.(현재 중국 국립도서관에서 확인 가능하다.)

　『묘승』 이후 54년, 『함선소록』 이후 33년 뒤 편찬된 책이 『묘원』이다. 『묘승』·『함선소록』·『묘원』은 모두 고양이를 주제로 하였고 이전 기록을 사항별로 분류하여 수집 정리한 유서(類書)이므로, 체재가 거의 유사하다. 이러한 까닭에 『묘원』에는 『묘승』이나 『함선소록』의 내용과 중복되는 부분이 많다. 하지만 이 책들은 내용면에서 상보적인 성격을 지니며, 체재에서도 나름의 특색이 있다.

　『묘승』은 이들 가운데 분류가 가장 세부적이나, 이전 기록을 단순 정리하는 데에 그치고 있다. 『함선소록』은 서문에서 편찬 의도를 명시하였고 모든 기록에 제목을 부기하여 자신의 시각에서 이전 기록을 재정립하려는 의도가 확인된다. 아울러 사이사이 자신의 의견을 짤막하게 기록한 부분도 보인다. 『묘원』에서는 『묘승』과 『함선소록』이 지닌 장점을 모두 확인할 수 있다. 또한 실전된 『상묘경』의 일부 내용을 확인할 수 있다. 무엇보다 이전 기록을 수집·정리한 것을 넘어 모든 기록의 출전을 밝혔고, 모든 출전에 대해 자신의 의견을 제시하였으며, 교유했던 인물들과 정보를 교환하는 방식으로 세밀히 고증했다. 물론 고증한 내용에 있어서 신빙성이 낮거나 확인되지 않은 부분도 있지만, 사실관계나 출처 및 유래와 관련된 부분은 현전하는 고양이 유서 중에서 『묘원』이 가장 뛰어나다. 이러한 점들을 고려했을 때 『묘원』은 전근대 동아시아에서 가장 마지막으로 한자로 기록된 고양이의 모든 것이라 할 수 있다.

　한문학에서 고양이와 같은 동물에 대한 기록은 주로 명물학(名物學)의 관점에서 이루어졌다. 또한 특정 동물을 인간의 생태에 일치시키려는 의도가 많았기에 고양이에 대한 기록도 대부분은 교훈과 경계에 관한 내용을 담고 있다.

『묘원』에서는 이러한 분절된 시선을 통합하여 오로지 고양이 자체에 주목하고 있다. 아울러 민담과 설화와 같은 구전을 문자화하였고, 민간요법이나 풍수지리와 같은 당대 문화와 관련된 내용도 상당수 확인된다. 따라서 『묘원』은 전근대 동아시아의 고양이 문화사를 해명하는 데 소중한 자료가 될 것이다.

3.
책을 번역하면서 고양이와 관련된 정보와 지식이 이처럼 다양하고, 전근대 사람들의 고양이에 대한 시선이 이처럼 다채롭다는 것을 느꼈다. 이 책을 보게 될 이들과 함께 공유하고 싶은 지점이다.

또한, 『묘원』을 번역하는 동안은 현재 내 곁에 있는 고양이와 이전에 나와 인연을 맺었던 고양이에 대해 조금 더 알아가는 기간이었으므로 위로의 시간이었다. 물론 번역 과정에서 정확히 확인되지 않는 인물이나 전고, 고어(古語)뿐만 아니라 다수의 청나라 시기 백화체는 정확한 의미를 파악하는 데에 어려움이 있었기에 괴로움의 시간이기도 했다.

번역 과정에서 여러 선생님과 동료들의 애정과 도움이 있었다. 그 누구보다 늘 곁에서 응원해 주고 많은 오역(誤譯)을 바로잡아준 아내 이진경 박사의 도움이 너무나 컸다. 또한 출판에 도움을 주신 송혁기 선생님과 이 책의 가치를 알아봐 주고 출판을 허락해 준 보고사에 이 지면을 빌어 감사의 말씀을 드린다.

2024년 8월
김경

목차

| 원문 |

첫 번째 서문
序一

영가현(永嘉縣)의 학루(鶴樓) 황 군이 『묘원』을 편찬해 완성하고 나에게 꺼내어 보여주었다. 내가 보니 예전부터 현재까지의 천하, 외국, 사지(史志), 서적 및 세속의 여론을 다 모아 놓았으니, 널리 채집하고 거둔 것이 엄청나다고 하겠다. 시간이 부족했을 텐데 심지어 내 시(詩) 구절까지도 책에다 인용해 놓았다. 이 때문에 "황 군이 고심했겠구나!"라고 찬탄했다.

황한은 동구(東甌) 지역 시인으로 강우(江右) 지역을 유람하여 아는 사람이 드문 월(粵) 땅까지 들어간 자이다. 그는 늘 우리 고을 번소성(藩少城) 현령의 초빙에 응하여 자제들을 가르쳤다. 내가 노년에 충절을 위해 목숨을 버렸던 우리 고을의 단구(丹九) 임제형(林際亨, 1590~1647) 선생의 전(傳)을 지었는데, 황한이 이 글을 보고 그의 향시(鄕試) 연대(年代)의 출처에 대해 나의 둘째 아들인 진원(瑨元)을 통해서 편지를 보내 의심나는 점을 물었다. 진원이 편지를 가지고 조주(潮州)에 이르렀을 때, 나는 자랑스러워하며, "황한은 학식이 넓고 성품이 고아한 군자이지!"라고 했다. 연이어 운범(雲帆) 오태수(吳太守)에게도 자주 이렇게 말했는데, 태수도 황한을 고상하고 중후하다고 여겼기에 불러들여 관아의 서기로 임명했다.

마침 진원이 편지를 가지고 조주에 도착했을 때쯤 종경서(鐘慶瑞)

군이 사평진영(卸平鎭營)의 도사사(都司事)가 되어 황강(黃岡)에서 돌아왔다. 종경서 군은 뜻이 크고 기개가 굳센 선비로 우리 고을의 군대를 담당하였는데, 군령이 엄중하고도 분명하여 폭행과 변절을 금지하니 고을 사람들이 매우 미더워하였다. 나는 군과 친하게 지냈는데, 나를 위해 황한의 말과 행동 그리고 겉모습을 그림처럼 자세히 이야기해 주었다. 종경서 군은 나중에 나경(羅鏡)의 난리에서 죽었는데 내가 그 소식을 듣고 황한과 마주 보며 눈물을 흘렸다.

지금 군대는 기강이 무너졌다. 승냥이처럼 탐욕스럽거나 양처럼 제멋대로라 오만하여 명을 듣지 않는다. 진영을 구축할 때는 고슴도치처럼 움츠리고 패배해서 달아날 때는 뱀처럼 숨어 버린다. 그러니 어찌 종경서가 말한 '용맹한 자는 장수로 삼고 덕이 있는 자에게는 관직을 하사한다.'와 같이 할 수 있겠는가? 귀신 같아서 미워하고, 요괴 같아서 겁내고, 도깨비 같아서 두려워하는 지경에 이르지는 않았지만, 군대는 유독 이상해진 점이 있다.

황한이 내 시구절을 인용한 것으로 인해 『신축만성(辛丑漫成)』의 "종이 게으르니 개가 좋은 자리를 탐내고, 쥐가 활보하니 고양이는 공밥을 부끄러워하네"와 『임자인일(壬子人日)』의 "일곱 가지 나물은 인일(人日: 음력 1월 7일)에 바치는 반찬이요. 천여 창고의 곡식은 쥐의 해[鼠年]에 제사 지낼 물건이네."라는 구절이 떠올랐다. 황한이 지은 『묘원』의 뜻이 이와 다른가, 아니면 같은가? 서문을 씀과 아울러 묻노라.

함풍(咸豐) 3년인 계축년(1853) 음력 2월 10일에 진평(鎭平) 지역의 종제(宗弟)인 황쇠(黃釗)가 조주(潮州)의 숭구사(菘韭舍)에서 서문을 짓고 아울러 쓰다.

두 번째 서문
序二

　공자가 『논어(論語)』의 「양화(陽貨)」에서 말씀하신 '새와 짐승, 풀과 나무의 이름을 많이 알게 한다.'는 건 학문을 넓히고 마음을 바르게 하는 것에만 힘쓴다는 게 아니다. 아무리 동식물이 미천하더라도, 세상에 그 쓰임새가 드러난다면 홀대하지 말아야 한다는 것이니, 이는 『이아(爾雅)』의 「충어(蟲魚)」에서 전해지는 말이기도 하다. 『예기(禮記)』의 「교특생(郊特牲)」에 "고양이를 맞이한다."라고 했는데, 고양이를 맞이한다고 말한 것은 고양이를 중요하게 여겨서가 아니라, 고양이가 쥐를 잡아먹는 점을 중요하게 여겨서이다. 송나라 때 육전(陸佃, 1042~1102)이 "쥐가 곡식의 싹을 해치고 고양이가 쥐를 잡기 때문에 싹 묘(苗) 자에서 음을 취한 것이다."라고 했으니, 그렇다면 고양이의 쓰임은 사람보다 유익함이 많다고 하겠다.

　나의 벗 학루(鶴樓) 황한(黃漢)은 학문이 넓고 마음이 바른 군자로, 책을 많이 읽어 전례가 되는 고사들에 관심을 가졌다. 나라에 등용되어 뜻을 펼치지 못한 것을 스스로 유감스럽게 생각했지만, 남을 구하고 사물을 이롭게 하고자 하는 생각은 늘 잊지 않았다. 천성이 자연을 좋아하여 한창 시절엔 붓을 주머니에 넣고 사방으로 다녔다. 특별한 일이 없으면 글공부를 했는데 더위와 추위에 아랑곳하지 않고 즐거움으로 삼아 게을리하지 않았다. 예전에 『구승보(甌乘補)』를 지었는데 일화나 자질구레한 일을 적은 책이지만, 옛것을 바탕으로 지금의 것을 검증했고 옛사람들도 갖추지 못한 부분을 보완하여 민요를 채집하는 일에 충분히 일조했으니, 이를 통해 그 책이 보존한 바가 크다 하겠다.

그가 올해 여름 새롭게 편찬한 『묘원(貓苑)』이란 책을 나에게 보여 주었다. 고금(古今)의 고양이에 대한 기록을 널리 모아서 책으로 만들었는데 종류(種類)·형상(形相)·모색(毛色)·영이(靈異)·명물(名物)·고사(故事)·품조(品藻) 7개의 항목으로 나누었다. 조목별로 나누고 세밀히 분석하여 크고 작은 것 할 것 없이 모두 실었으니, 너무나도 식견이 넓다고 하겠다! 모은 기록들이 자질구레하다고도 말할 수도 있겠지만, 새롭고 기이한 것을 드러냈으니 참군(參軍) 자학(子鶴) 구정(裘楨, ?~?)이 이 책을 보고 묘한 정취가 있다 칭찬한 것도 당연하다. 황한이 갖추지 못한 의리가 없으니 이 책은 반드시 전해질 것이다.

고양이에 대한 기록은 경서에서는 많이 보이지 않고, 『시경(詩經)』, 「소아(小雅)·무양(無羊)」에서 '고양이도 있고 호랑이도 있다[有貓有虎]'고 한 부분에서 겨우 확인될 뿐이다. 간혹 제자백가의 책이나 역사책 여기저기에서 보이기는 하지만 온전한 책으로 만들어진 것은 없으니 어찌 자질구레한 것이라 하여 내버려 두겠는가? 그렇다면 황 군의 이 책은 옛사람들이 빠트린 부분을 보완할 뿐만 아니라 후대 사람들에게 고양이가 세상에 유익함이 있다는 걸 알게 할 것이니, 학문을 넓히고 마음을 바르게 하는 데에 도움이 될 뿐만이 아니다. 그리고 황 군이 마음에 새겨 사물을 이롭게 함은 작은 것으로 큰 것을 드러낸다는 것이 아니겠는가! 이에 몇 마디 말을 써서 보낸다.

1852년 늦가을 동향 사람인 맹선(孟仙) 장응경(張應庚)이 연평관해(連平官廨)에서 쓰다.

스스로 지은 서문
自序

　　고양이라는 동물은 다른 짐승처럼 사람들과 얽혀 세상과의 인연을 맺게 되는데 다른 짐승과 달리 유독 기이한 까닭은 무엇인가? 오래전에 고양이를 신(神)으로 맞이한 이유는 신령함이 있었기 때문이고, 신선으로 불렸던 이유는 맑은 행실이 있었기 때문이며, 스님들이 키웠던 이유는 깨우친 지혜가 있었기 때문이다. 고양이가 용맹스러우면 장군이라 불렸고, 덕이 있으면 관직을 내려주었으며 위엄과 법도가 있으면 왕으로 추대하였다. 이는 모두 고양이를 특별히 여기고 남다른 예우를 했기 때문이다. 간혹 교활하다고 미워하거나 요망하다고 겁내거나 정기(精氣)가 있다고 두려워하기도 했지만, 어쩌면 고양이만큼 신령하고 기이한 짐승이 없기에 인간세계로 불러들인 것이 아닐까? 그렇다면 요망하다는 것은 사람으로 인해 생겨났으니 고양이에게 무슨 잘못이 있겠는가?

　　또한 고양이를 사람처럼 고모, 형, 놈으로 불리기도 하였으니 이는 모두 고양이를 어여삐 여기거나 좋아한 것이다. 가령 명나라 소설인 『봉신연의(封神演義)』에서 고양이를 달기(妲己)라 한 것은 아리따워서 붙인 애칭이 아닌가? 벼슬아치든 할머니든 아이든 이 또한 세속에서 늘 부르는 칭호이기에 고양이의 영험함을 나타내기에는 부족하다. 유독 사람들은 고양이의 타고난 재주와 총명함, 기운의 영험하고 민첩함을 기이하게 여겼다. 고양이는 쥐를 잡을 때가 아니면 집 모퉁이에서 사납게 울지 않고, 꽃그늘에서 한가로이 누워 매미나 나비를 잡으면서 홀로 한적하게 노닐며 새끼를 먹이거나 거느리면서 자기 마음 내키는 대로 살아간다.

게다가 고양이는 세상에 해를 끼치는 점도 없고 세상사에 이끌려 다니는 착오도 없다. 동물이 번식함에 보호할 만한 유익함이 있고, 사람들이 그리워하여 버리지 못한 마음도 있다. 쓰임이 크고 아끼는 마음도 깊으니 사람들이 고양이를 애지중지하지 않을 수 있겠는가? 이러한 이유로 황정견(黃庭堅, 1045~1105)의 「걸묘(乞猫)」라는 시에서처럼 버들가지에 물고기를 꿰어 고양이를 유혹하거나, 육유(陸游, 1125~1210)의 「증묘(贈猫)」라는 시에서처럼 소금 한 봉지와 바꾸어 고양이를 집에 들이는 것을 번거롭게 여기지 않았다. 고양이에게 방울을 달거나 목걸이로 예쁘게 꾸며서 치장하여 싱싱한 물고기를 먹이고 잘 때는 모포로 따뜻하게 해주며 사대부들은 휘장에 넣어 바라보며 아꼈고 아녀자들은 소매 속에 품어 어여삐 여겼다. 고양이가 누리고 받았던 것을 합해 다른 동물과 비교해 보면 어떠한가? 그렇다면 고양이가 사람이나 세상에 얽혀 있는 인연이 너무나도 정답고도 긴밀하여 떼어 놓을 수 없는 사이인 것은 이처럼 정말 좋은 만남이 있기 때문이다. 이것이 고양이가 다른 동물과 달리 특별하게 기이한 점이다. 아! 미천한 짐승이라도 음과 양 어느 한쪽이 왕성해진 기운이 모인 것이니 마땅히 도움이 될 만한 쓰임새가 있다. 이름나고 어진 자와 인연을 맺어 유명해진 짐승이 많으니 어찌 고양이만 영화롭다고 하겠는가!

자기 고양이를 좋아하지 않는 이는 없지만, 나는 유독 내 고양이를 사랑한다. 신비로운 영험함과 신선처럼 깨끗한 행실과 스님처럼 깨우친 지혜가 있음을 사랑한다. 장수처럼 용맹하고 관리처럼 너그

럽고 왕처럼 위엄이 있음을 사랑한다. 게다가 실제로는 미워하고
겁내고 두려워할 만한 혼백과 요기(妖氣)와 정기(精氣)가 없지만, 혼
이 있고 요기가 있고 정기가 있다는 헛된 명성을 사랑한다. 더구나
고양이에게는 고모, 형, 놈, 달기라고 어여삐 부르는 애칭이 있지
만, 실제로 고모, 형, 놈, 달기의 모습이 없는 점도 사랑한다. 그런
데 벼슬아치, 할머니, 아이와 같은 애칭에 실로 부합하는 점이 있다
는 것도 사랑한다. 이것이 내가 『묘원』을 지은 이유이다.

  1852년 하지에 구빈(甌濱) 지역의 한가로운 나그네인 황한이 스스
로 서문을 쓰다.

범례
凡例

一. 고양이와 관련 일화를 전문적으로 다룬 책은 본래 없었다. 그나마 예나 지금의 전례가 되는 고사들이 여러 서적에 흩어져 보인다. 이제 옛사람이 지은 『호회(虎薈)』·『해보(蟹譜)』나 『실솔경(蟋蟀經)』과 같은 사례를 참고하여 관련된 자료들을 널리 찾아 모아 집대성했다. 이 책은 일의 크고 작음, 고상함과 저속함을 따지지 않고, 고양이와 관련된 것이라면 일일이 기록하여 견문을 넓힌 것이다.

一. 이 책은 고양이의 상세한 전기(傳記)와 다름이 없다. 두서가 없고 차례가 혼란스러워, 내용을 종류(種類), 형상(形相), 모색(毛色), 영이(靈異), 명물(名物), 고사(故事), 품조(品藻) 7부분으로 나누었다. 수집한 전례가 되는 고사 및 시와 산문은 각각 비슷한 부분끼리 모아서 책을 읽는 사람들이 쉽게 눈에 들어오도록 했다.

一. 각 부분의 고양이 일화는 대개 경서(經書), 사서(史書), 제자서(諸子書), 시문집(詩文集) 및 백과사전과 민간 전설에서 가져온 것이다. 간혹 인용한 부분의 사실 여부를 따져본 것은 모두 줄을 바꾸어 본문의 왼쪽에 평어를 달았다.[1]

1　역자 주 : 원전은 세로 판형이라 줄을 바꾸면 왼쪽이 된다.

一. 여러 서적에 수록되었던 고양이 일화는 모두 본문에 그 책 제목을 그대로 써 놓았고, 아래 주석에서 어떤 책인지를 분명히 밝혔다. 본문에는 책에 기록되지 않는 것도 실었는데, 예전의 필기나 오래 전부터 전해온 이야기들이다. 사람은 죽지만 간찰이나 짧은 편지나 메모를 남기기도 한다. 이를 아울러 본문에 수록하고 아래 주석에 내력이 있음을 분명히 밝혔으며, 역시 제목을 그대로 써 두었다.

一. 오늘날 여러 공(公)들과 교유하며 논한 것과 아울러 별도로 시문 집에서 발췌한 것들은 모두 각 목록에 해당하는 부분에서 그 사례에 따라 두 칸을 낮추어 써서 명시적으로 구별했다.

一. 나와 교유했던 많은 이들을 이 책에 모아 놓았는데, 이들과 번갈 아 옛 사실을 따져보기도 하고, 번갈아 서적을 빌려주기도 해서 크 게 도움이 되었다. 정리해서 고치고 평가해서 바로잡으며, 수집해 서 토의하는 데 이르러서는 더욱더 나의 고루함을 일깨워 줬으니, 그 공로를 모두 빠트릴 수 없다.

이들은 조주태수(潮洲太守)인 전당(錢塘)의 운범(雲帆) 오균(吳均), 한 림시조(翰林侍詔)인 진평(鎭平)의 향철(香鐵) 황쇠(黃釗), 연평자사(連平 刺史)인 동리(同里)의 맹선(孟仙) 장응경(張應庚), 광동번참군(廣東藩參 軍)인 신건(新建)의 자학(自鶴) 구백(裘柏), 지차산음(知醱山陰)인 적만 (笛灣) 호병균(胡秉鈞), 번우(番禺)의 효렴(孝廉)인 중문(仲文) 정걸(丁傑), 상사주군(上舍朱君)인 죽아(竹阿) 원찬(元撰) 및 동성(桐城)의 백정(百征) 요령경(姚齡慶), 산음(山陰)의 용헌(蓉軒) 도여진(陶汝鎭), 비릉(毗陵)의 괴정(槐亭) 장집(張集), 석산(錫山)의 윤정(潤庭) 화자덕(華滋德), 수주(壽 州)의 남경(籃卿) 여사영(餘士鍈)과 문백(文伯) 도병문(陶炳文)이다.

문백은 용헌옹의 아들로 젊은 나이에 학문을 좋아하여 많은 서적을 강포(江浦) 지역 순윤(巡尹)이자 이렇게 자료를 모으는 데 많은 도움이 되었다. 또한 강포순윤(江浦巡尹)인 동향 사람 인동(寅東) 진고(陳杲)는 교감을 담당해 주었다. 이외에, 하나의 일이라도 설명하고 하나의 뜻이라도 드러낸 이들의 성명 또한 빠트릴 수 없기에 각 부분의 본문 윗부분에 나열해서 의기투합한 벗들의 오랜 약속을 함께 증명하게 했다.

一. 이 범례에서 인용한 책 목록은 번잡하여 이를 별도로 표시해 나열하지 않았다. 다만『우창잡록(雨窓雜錄)』은 왕벽천(王碧泉) 선생이 모아 만든 책으로, 선생의 이름은 조청(朝淸)이고 자는 신철(宸哲)이며 영가(永嘉) 지역의 사람이다. 노년에 덕이 커서 고향 사람들에게 존경을 받았다. 그 책에 기록된 사물에는 비고경(裨考鏡)이 있는데, 내가 진사(進士) 정성주(鄭星舟)의 명부서(明府署)에서 그것을 보았다. 지금 여러 조목을 가려서 나열하여 오히려 예전에 베껴 둔 것을 이음은 선생의 흔적을 10분의 1은 남긴 것이 되니 과연 학문에 있어 다행이라 하겠다.

一. 예나 지금의 서적은 수없이 많고 세상의 사물도 끝이 없어, 내가 미처 보고 듣지 못하고 갖추지 못한 품종이 아마도 적지 않을 것이다. 이를 이 책에서 빠트렸다고 비웃음당할 일을 면하기 어렵다는 것을 알기에, 다시 학식이 넓고 성품이 바른 군자와 뜻을 함께했던 이들이 부족한 부분을 보완해 주길 기다린다.

一. 온전한 책을 판각하는 데에 어려움이 있었다. 나중에 얻은 고사는 안배하여 추가로 넣어 나열할 수 없어서「보유(補遺)」를 책 끝에 붙였다. 그래도 진주처럼 중요한 부분을 빠트렸다는 생각을 지을 수가 없어, 내용이 더 쌓이길 기다렸다가 다시 간행했다.

一. 이 책은 객지에 머무는 여가 동안 채록하여 완성했다. 더위와 추위를 아울러 겪으면서 미사여구를 일삼은 것에 지나지 않으니, 자질구레한 문장들이 세상에 쓰임이 되지 못함이 몹시 부끄럽다. 하지만 뿌리 깊은 습관이 있어 작업을 즐거워하며 피곤한 줄 몰랐다. 옛사람이 '애오라지 감흥을 드러내 기록하여, 타향살이 이렇게 보내는구나.'라고 했으니, 참으로 나의 본래 뜻은 아니다. 식견 있는 자들이 헤아려 주길 바란다. 황한이 쓰다.

묘원 上

1. 종족과 부류
種類

짐승의 부류[類]는 얼마나 많은가! 고양이도 짐승 중에 한 부류이다. 하지만 그 종족[種]은 여러 곳에 기록되어 있는 데다가 심하게 달라서 이걸 가지고 평론하자면, 반드시 그 부류를 통하여 그 종족을 헤아려봐야 한다. 이는 변증에만 도움이 될 뿐 아니라 날짐승과 들짐승의 이름을 많이 알게 하는 데 도움이 될 것이다. 이에 '종족과 부류'로 모았다.

○ 쥐는 곡식의 싹을 해치고 고양이는 이런 쥐를 잡는다. 때문에 고양이[貓]라는 글자는 싹 묘[苗]에서 나왔다.   『비아(埤雅)』

○ 고양이[貓]라는 한자에는 '묘'와 '모' 두 개의 음이 있으니 그 이름을 따라 부른 것이다.   『본초강목(本草綱目)』

○ 고양이는 비리(狉狸)과 동물이다.   『박아(博雅)』

○ 고양이는 본래 살쾡이과 동물이다. 그래서 이름이 이노(狸奴)이다.
    『운부(韻府)』

내가(황한: 저자) 『설문해자(說文解字)』를 살펴보니, "고양이는 살쾡이과 동물이다."라 했고, 비리(狉狸)는 『광아(廣雅)』에 비리(貔狸)로 기록되어 있다.

○ 고양이의 야수성은 그 성질이 불에 속한다. 따라서 잘 오르고 장난 치는 것을 좋아하며 비를 두려워하고 습한 것을 싫어한다. 게다가 잘 놀라는 것도 불의 의미를 지닌다. 호랑이와 함께 인(寅)에 속하며 어떤 이들은 고양이가 정화(丁火)에 속하기에 밤에 더욱 신령스럽다고 했다.

『물성찬이(物性纂異)』

태수(太守) 오운범(吳雲帆)이 다음과 같이 말했다. "『육임대전(六壬大全)』에 실려 있는 내용인데, 백호(白虎: 서쪽 방위를 상징하는 짐승)는 낮에는 호랑이와 표범을 관리하고, 밤에는 고양이와 살쾡이를 관리한다. 천상의 등사(螣蛇: 중앙을 상징하는 짐승)는 고양이와 살쾡이의 괴이함을 관리한다. 또 고양이는 인(寅: 동북쪽)을 본다고 하는데, 이 는 『대육임행원(大六壬行源)』에 보인다."

내가 살펴보니, 고양이와 호랑이는 부류와 기운이 거의 비슷하 다. 『시경(詩經)』에 '고양이도 있고 호랑이도 있다.'라고 하였기에 두 동물은 연관되어 언급된다. 간혹 유서(類書)에 호랑이과 동물은 인 (寅)이 병(丙)이 되고 고양잇과 동물은 묘(卯)가 정(丁)이 되기에 호랑 이는 온전한 양기를 품고 있고 고양이는 음과 양을 함께 지닌다고 설명하는데, 이 뜻 역시 통한다.

내가 또 살펴보니, 옛날에는 고양이와 살쾡이는 구분하지 않았 다. 『한비자(韓非子)』에서는 '살쾡이로 쥐를 잡고 얼음으로 파리를 잡는다.'라고 했고 아울러 '닭에게는 새벽에 시간을 알리게 하고 살 쾡이에게는 쥐를 잡게 하듯 모두 자기 능력을 발휘하도록 한다.'라 고 했다. 『장자(莊子)』에서는 '양구(羊溝)의 닭은 살쾡이 기름을 머리 에 발라 주기에 싸움에서 상대를 이겼다.'라고 했는데 주석에서 '닭 은 살쾡이의 기름을 두려워한다.'라고 했다. 또 『설원(說苑)』에서는

'천리마에게 쥐를 잡게 하면 하찮은 살쾡이만 못하다.'라고 했다. 또 『염철론(鹽鐵論)』에서 '쥐도 위기에 몰리면 살쾡이를 문다.'라고 했으니, 대개 모두 이러한 종류다. 『포박자(抱朴子)』에는 '인일(寅日)에 산 속에서 우두머리라 칭하는 것은 살쾡이다.'라고 했는데, 이는 고양이가 살쾡이과 동물이기 때문에 호랑이와 함께 인(寅)에 속한 것이다. 여러 내용이 모두 합치된다.

○ 집고양이를 묘(貓)라 하고 들고양이는 리(狸)라 한다. 리(狸) 또한 종이 많아서 크기에 따라서는 여우와 비슷하고 털에 황색과 검은색이 섞여 얼룩무늬가 있는 놈은 고양이와 비슷하다. 둥근 머리에다 큰 꼬리가 있는 놈을 묘리(貓狸)라 하는데 닭이나 오리를 잘 훔친다.

『정자통(正字通)』

내가 살펴보니, 속담에 주둥이가 큰 것을 묘(貓)라 하고, 뾰족한 것을 묘리(貓狸)라 한다.

○ 영묘(靈貓: 사향고양이)는 북경 영정문(永定門) 밖에 있는 산곡(山谷)에서 서식하는데, 건장한 놈은 살쾡이와 비슷하고 저절로 암컷도 되고 수컷도 된다. 사향노루같이 은은한 향이 난다. 　　『본초강목(本草綱目)』

시조(侍詔)인 향철(香鐵) 황쇠(黃釗)가 다음과 같이 말했다. "영묘(靈貓)는 『조경지(肇慶志)』에 보이는데, 바로 『산해경(山海經)』에서 말한 종류이다. 저절로 암컷도 되고 수컷도 되어 불구인(不求人: 짝을 찾을 필요가 없으므로)이라 불린다. 건장한 놈은 고양이와 비슷한데 힘이 매우 세며 그 성질이 매우 거칠다. 삼포(森圃) 하수서(夏修恕)가 관찰

사로 조경부(肇慶府)를 담당했을 때, 영묘를 시장에서 한 마리를 얻었다. 『산해경』에 이걸 먹으면 질투하는 마음이 생겨나지 않는다는 말이 있어서 요리사에게 삶아서 부인에게 올리게 했다. 그런데 부인이 먹지 않으려 하여 글방에 보내 반찬으로 삼았다고 했다. 내가 마침 하수서 아들의 글공부를 가르치다 먹어보았는데, 그 맛이 고양이 고기와 비슷했다."

○ 향묘(香貓)는 살쾡이와 비슷한데 대리부(大理府)에 서식한다. 무늬는 금전표(金錢豹)와 비슷하니 『초사(楚辭)』에서 말하는 문리(紋狸)이며 왕일(王逸, 89~158)이 말한 신리(神狸)이다.　　　『단연록(丹鉛錄)』
○ 『성금진형도(星禽眞形圖)』에 구미호[心月狐]는 암수가 따로 있다고 했는데, 이것이 신리(神狸)인가?　　　『본초집해(本草集解)』
○ 향리(香狸)는 생식기가 4개인데, 스스로 암컷도 되고 수컷도 될 수 있다.　　　『유양잡조(酉陽雜俎)』

　내가 살펴보니, 『초사』의 '신리'와 『성금진형도』의 '신리'는 다르다. 하나는 짐승을 가리키는 말이고, 하나는 별자리의 정기(精氣)를 가리키는 말이다. '신리'가 스스로 암컷도 되고 수컷도 된다는 이야기는 『본초집해』에서 언급한 '영묘'와 『산해경』에서 언급한 종류가 모두 같은 것이다. 흑거란(黑契丹) 지역까지도 '향리'가 서식한다. 무늬가 시라소니와 비슷하고 대소변에서 사향노루와 비슷한 향이 난다고 하는데, 유울(劉鬱)의 『서역기(西域記)』에서 볼 수 있다. 이 내용을 육차운(陸次雲)의 『팔굉역사(八紘譯史)』에서는 '이집트의 산리(山狸)'라 기록하고 있다. 그 모습은 사향노루와 비슷하고 배꼽에는 살주머니가 있다. 향리는 향이 살주머니에 가득 찬 것이니, 아마도 고양이와 같은 종류는 아닐 것이다. 이들은 모두 살쾡이라 하지 고양이라 하지 않는다. 그런데『단연록』에서 언급한 '향묘'는 바로 '신리'이니, 아마도 반드시 근거하는 바가 있을 것이다.

○ 옥면리(玉面狸)는 사람들이 잡아다가 집에 키우면 쥐들이 죽은 듯이 숨어서 감히 밖으로 나오지 못한다.   『광아(廣雅)』

내가 살펴보니,『민기(閩記)』에 '우미리(牛尾狸)를 옥면리라 하는데 이놈도 쥐를 잘 잡는다.'라고 했다. 자사(刺史)인 맹선(孟仙) 장응경(張應庚)이 다음과 같이 말했다. "신리와 옥면리는 모두 살쾡이로 실제 고양이가 아니다. 들고양이를 살쾡이로 부르는 경우가 있지만, 들고양이는 집고양이와 모양만 비슷하므로 야생인지 길들여진 것인지로 구분할 뿐이다. 살쾡이는 다 자라면 크기가 개와 비슷하지만 일정하지 않으며 일반적으로 여우과에 해당한다."

내가 또 살펴보니, 살쾡이와 고양이는 옛날에부터 호칭이 같지 않았는데, 다만 둘 다 쥐를 잘 잡아 고양이 종류라고 했다.『회남자(淮南子)』에 '여우 눈과 살쾡이 머리는 쥐를 자기네 소굴에서 도망가게 한다.'라고 했다. 또『문선(文選)』의 주석에서『창힐편(蒼頡篇)』을 인용하여 '검은원숭이[狖]는 고양이와 비슷하여 쥐를 잡으며 하서(河西)지역에 서식한다.'라고 했다.『광아(廣雅)』에서는 "시라소니[㹞]는 검은원숭이다[狖]."라 했다. 지금 내 친구인 주원(朱元) 선생께서 지으신『학선질의(學選質疑)』를 엮으면서 '긴꼬리원숭이[狖]는 바로 살쾡이과이지 원숭이과의 검은원숭이[狖]가 아니다.'라고 했다. 긴꼬리원숭이는 한자 부수 치(豸)를 따른 것이고 검은원숭이는 부수 견(犭)을 따른 것이다. 나열했던 여러 이야기에 근거하자면 짐승 중에서 쥐를 잡는 것은 고양이만 해당하지 않는다. 더구나 구미호[心月狐]에 대한 일설에는 고양이와 살쾡이가 모두 여우과에 속하므로 모두 쥐를 쫓아낼 수 있다고 했다.

옛사람들은 고양이와 살쾡이를 함께 부른 것은 마땅히 이러한 이유에서 찾아볼 수 있다. 어떤 이는 '고양이가 영험한 동물이지만 별자리 28수에 들어가지 못한다.'라고 한다. 하지만 이런 말을 하는 것은 『성금진형도(星禽眞形圖)』를 보지 못해서이다. 『관규집요(管窺輯要)』의 「이십팔수타진파금법(二十八宿打陣破禽法)」을 살펴보면, '여수(女宿: 28수 중 10번째 별자리) 토(土)의 박쥐가 일(日)을 만나니 서정(鼠精: 중국 전설 속 쥐 괴수)이 싸우면 푸른 옷과 푸른 깃발로 가리질과 그물질한다. 그런데 고양이가 침입하게 되면 다른 진영을 격파할 수 있으니, 이는 여우 종류의 신이함이 쥐의 변화무쌍한 기운을 제압하기 때문이다. 그렇다면 고양이가 어찌 28수의 별자리에 들어가지 못했을까? 결론적으로 고양이와 살쾡이는 종족이 다르지만, 부류가 다르지는 않다.

○ 몽귀(蒙貴)라고 부르는 어떤 종은 고양이 부류인데 크다. 다리가 길쭉하고 꼬리를 말며, 고양이보다 쥐를 잘 잡는다.   『해어(海語)』

내가 살펴보니, 『광동통지(廣東通志)』에 몽(獴)이라 했는데, 검은색, 흰색, 누런색, 살쾡이 색 4가지가 있으며, 태국에서 서식하는 것이 가장 좋다고 한다. 베트남에서도 몽귀가 서식하는데 『팔굉역사(八紘譯史)』에 보인다. 『이아(爾雅)』를 살펴보면 몽송(蒙頌)은 원숭이 모습이라 했다. 곽박(郭璞, 276~324)의 주(註)에서 '모습은 원숭이와 비슷하지만 작고 검붉은색이며 베트남의 구진(九眞)과 일남(日南)

에 서식한다.'라고 했다. 또한 『집운(集韻)』에서는 '원숭이가 바로 몽귀이다. 검붉은색이며 민첩하게 쥐를 잡는다.'라고 했다. 우촌(雨村) 이조원(李調元, 1734~1803)의 『월동필기(粵東筆記)』에 '『해어(海語)』에서는 '태국 배의 상인들이 몽귀들을 끼고서 이르면, 평범한 고양이는 이를 보고 피한다. 부잣집에서는 매번 금 10개와 몽귀 한 마리를 맞바꾸었다. 지금의 월(粵) 지역의 사람들은 서양 고양이라 부르는데, 바로 몽귀이다. 그런데 홍승(虹升) 우조조(虞兆弔)가 몽귀는 고양이가 아니며 지금 고양이를 몽귀라 부르는 것은 잘못됐다고 하니 『천향루우득(天香樓偶得)』에 보인다.'라고 했다.

시조(侍詔)인 황향철(黃香鐵)이 이르길, '『능수지(陵水志)』에 해삼이 무게가 백 근이나 되어도 고양이를 무서워하여 몽귀를 만나면 제 눈을 감아 먹고 죽어버린다고 실려 있다.'라고 했다. 내가 또 살펴보니, 을구만국(乙茍滿國)은 크기가 고양이와 비슷한 쥐로 팔굉역사(八紘譯史)』에 보인다.

○ 잔묘(虥貓)는 거의 호랑이 비슷하고 잔털을 가지고 있는데 『이아(爾雅)』에서는 호절모(虎竊毛)라 불렀다.

내가 살펴보니, 『운회(韻會)』에는 잔(棧)으로 되어 있고, 음은 잔(棧)이며, 『옥편(玉篇)』에는 묘(貓)라 하였다. 『이아(爾雅)』를 살펴보면 산예(狻麑)가 잔묘와 비슷한데, 호랑이와 표범을 잡아먹는다고 했다.

○ 해리(海狸: 비버)는 등주(登州) 지역 섬 주변에 서식하는데, 머리는 고양이고 꼬리는 생선처럼 생겼다.   『등주부지(登州府志)』

내가 예전에 산동(山東) 지역에 머물 때 고양이 한 마리를 보았는데, 머리는 납작하고 꼬리는 갈라져 있었다. 방기(方琦) 개광문(蓋廣文)이 말하길 '이 고양이는 피도(皮島)에 서식하는데, 도묘(島貓)라 부르기도 하고 오묘(礎貓)라 부르기도 한다. 그 모양은 등주의 해리(海狸)와 매우 비슷하다.'라고 했다.

○ 삼족묘(三足貓)는 집에서 키우게 되면 집주인이 부유해지고 즐거워진다. 이 때문에 이 고양이는 묘공삼족(貓公三足)이나 주옹부락(主翁富樂)이라 불린다.   『상축여편(相畜余編)』

산음(山陰)의 집산(緝山) 제희(諸熙)가 다음과 같이 말하였다. "전백현(電白縣) 수동진(水東鎭) 절강(浙江) 사람 중에 양(楊)씨 성을 가진 사람이 발이 세 개인 고양이를 길렀는데, 시간이 지나자 한쪽 발이 짧아지고 힘이 없게 되어 불구의 몸이 되었다. 한쪽 눈은 노랗고 다른 쪽 눈은 하얘서 마을에서는 일월안(日月眼)이라 불렀고 매우 왜소하며 목소리도 가는데 쥐가 그 소리를 들으면 얼른 피했다. 개를 보면 등으로 올라가 귀를 물어뜯으니 개들도 무서워했다."

○ 야묘(野貓)와 화묘(花貓)는 송나라 때 안륙주(安陸州: 지금의 호북성 종상시)에서 공물로 바친 적이 있었는데 이시진(李時珍, 1518~1593)은 이를 호리(虎狸)나 구절리(九節狸)라 했다.   『본초강목(本草綱目)』

내가 살펴보니, 『격물론(格物論)』에 구절리(九節狸)는 금색 눈동자에 긴 꼬리를 가졌고 바탕은 검고 흰 무늬가 있으며 꼬리 무늬가 아홉 마디라 했다. 『본초집해(本草集解)』에서는 호리(虎狸)와 비슷한데 꼬리에 검고 하얀 동그란 무늬가 함께 있는 것이 구절리(九節狸)라 했다. 다만 이 고양이들은 야묘(野貓)와 화묘(花貓)라는 명칭도 있어 본래 고양잇과에 속한다. 그렇다면 『민기(閩記)』에서 말한 우미리(牛尾狸)와 더불어 또 옥면리(玉面狸)라 부르는 종류와 같은 것이다. 이놈들은 고양이를 잘 쫓아내어 일률적으로 호리(狐狸)라 지칭할 수 없을 듯하다. 또 우촌(雨村) 이조원(李調元)의 『월동필기(粤東筆記)』를 살펴보니 베트남 남쪽에서 묘리(貓狸)가 서식하는데 무늬가 대부분 화려하고 동그랗다고 하니 이것과 호리(虎狸) 꼬리의 동그란 무늬는 서로 같다.

지차(知鹺) 적만(笛灣) 호병균(胡秉鈞)이 이르길, '남쪽 지방에 얼굴이 하얗고 꼬리가 소와 비슷한 것을 우미리(牛尾狸) 또는 옥면리(玉面狸)라 부른다. 나무 위에서만 생활하고 흰 열매를 먹으며 겨울 동안 살을 비대하게 찌운다. 사람들이 최고의 술안주로 여기는데 숙취에 효능이 좋다고 한다.'라고 했다. 매요신(梅堯臣, 1002~1060)의 「선주잡시이십수(宣州雜詩二十首)」 중에 '물을 건너는 마제별(馬蹄鱉), 눈처럼 하얀 이마의 우미리(牛尾狸).'라 했다. 내가 살펴보니, 양소임(梁紹壬, 1792~?)의 『추우암수필(秋雨庵隨筆)』에 '옥면리(玉面狸)를 쪄서 꿀에 절이면, 살을 찌울 뿐만이 아니다.'라고 했다.

또 이르길, "우생(偶生) 양만리(楊萬里)가 우미리(牛尾狸)를 얻어 승상인 익공(益公)에게 바치면서 시를 지어 권하길, '산골 아이가 조의랑(皂衣郎)을 전해드리니, 자(字)는 계리(季狸)요 성씨는 기장(奇章)이라.'라고 했다. 또 시에서 '호공(狐公)의 기품 빼어나 빙옥처럼 깨끗한 피부이니, 자는 듣지 못했고 호는 계리(季狸)라네.'"라고 했다.

또 이르길, "소철(蘇轍)의 「우미리(牛尾狸)」라는 시에 '머리는 살쾡이 같고, 꼬리는 소 같네. 원숭이처럼 가지를 잡고 험한 곳에서 날래니, 귤과 유자는 마실 것이요 곡식은 먹을 것이네.'"라 했다.

○ 사이묘(四耳貓)는 사천(四川) 간주(簡州) 지역에 서식한다. 쥐를 잡는데 신묘하여 본주(本州)에 해마다 지방 특산물로 바쳤다.

『서천통지(西川通志)』

자사(刺史)인 장맹선(張孟仙)이 이르길, '사이(四耳)는 양쪽 귀 속에 또 귀가 있는 것이다. 지방관들이 해마다 공물로 보내면 벼슬아치들이 그 고양이를 사는데 값이 적지 않았다.'라고 했다.

화윤정(華潤庭)이 이르길, '옛날 중승(中丞) 이송운(李松雲)의 딸이 고양이를 좋아했다. 중승이 성도(成都) 지역을 다스릴 때, 간주(簡州) 지역 사람들이 예쁜 고양이 수십 마리를 선별하고 작은 침상과 수놓은 비단 휘장과 깔개를 만들어서 고양이와 함께 중승에게 선물로 바쳤다. 제군(制軍)인 평숙(平叔) 손이준(孫爾准, 1770~1832)의 손녀도 고양이를 좋아했다. 민월(閩粵)과 절강(浙江) 지역을 감독할 때, 대만 수령이 바친 것도 대부분 예쁜 고양이였다.'라고 했다. 【윤정(潤庭)은 이름이 자(滋)이고 덕양(德陽)의 은사이다.】

참군(參軍) 자학(子鶴) 구정(裘楨)이 이르길, '침상과 수놓은 비단 휘장과 깔개로 고양이 처소를 꾸며 준 건 예나 지금이나 파격이다. 장응경(張應庚)의 녹색 비단 휘장은 전보다 명성을 독차지할 수 없게 되었다.'라고 했다.

내가 살펴보니, 고양이에게 녹색의 비단 휘장이 있다는 건 행복한 일일 것이다. 뜻밖에도 고양이 후손들은 거듭 수놓은 비단으로 만든 휘장과 깔개를 누렸으리라. 다만 고양이는 대부분 추위를 두려워하기에 겨울날 나는 고양이에게 솜옷을 만들어 입힌 적이 있었다. 추위를 피해 부엌에서 털이 그슬리거나 침상으로 뛰어드는 것을 면하게 해주었으니 비단 휘장과 비단과 깔개보다는 낫지 않겠는가?

○ 사묘(獅貓)는 형체가 사자와 비슷하다.　　　『노학암필기(老學庵筆記)』

　맹선(孟仙) 장응경이 다음과 같이 말했다. "사묘(獅貓)는 서양 여러 나라에서 서식하는데 털이 길고 몸집이 크며 쥐를 잘 잡지 못한다. 어떤 종은 토끼와 비슷한데 눈이 빨갛고 귀가 길며 꼬리는 짧아 빗자루 같으며 키는 크고 몸체는 비대하며 길들일 수 있지만 거칠다. 요즘 베트남에는 꼬리가 없는 고양이가 있다고 하는데, 이 종 또한 서양에서 온 것으로, 쥐를 매우 잘 잡는다. 다른 지역에서는 다 사라져 보기 힘들다. 아주 뛰어난 품종이라 할 만하니, 서양 고양이라고 해서 모두 무시할 수는 없다."

　심전(心田) 장형(張炯)이 이르길, '사묘(獅貓)는 눈이 한쪽은 금색이고 한쪽은 은색이다. 나의 외조부인 호광림(胡光林)께서 진강(鎭江) 지역에서 벼슬할 때, 암컷과 수컷 한 마리씩을 길렀는데, 눈 색깔이 모두 같았고 내가 어릴 적에 관아에 가서 직접 보았다.'라고 했다. 내가 살펴보니, 금색과 은색 눈이 있는 고양이를 음양안(陰陽眼)이라 하기도 한다.

　내가 살펴보니, 사묘(獅貓)는 역대 조정의 궁궐 안에서 재상들이 많이 키웠다. 1851년 5월에 태감(太監)인 백삼희(白三喜)가 조카인 대진(大進)을 궁궐로 오게 하여 사묘(獅貓)를 길들이도록 했는데, 별도의 다른 일로 탄핵을 받은 내용이 『저보(邸報)』에 보인다.

○ 비묘(飛貓)는 인도에서 서식하는데 이 고양이에게는 날개가 있어 날 수 있다.　　　『곤여외기(坤輿外記)』

　내가 살펴보니, 이원(李元)의 『연범(蠕範)』에도 이 기록이 실려 있는데, 서양의 어떤 나라인지는 명확하게 밝히지 않았다. 『팔굉역사(八紘譯史)』와 『회아(滙雅)』를 살펴보니 천축국(天竺國)과 오인도(五印度)의 고양이는 모두 날개가 있어서 날 수 있다고 하니 비묘(飛貓)를 말한 것인가?

○ 자묘(紫貓)는 서북구(西北口) 지역에 서식하는데 보통 고양이에 비해 크고 털도 비교적 긴 편이며 색깔이 자줏빛이다. 토착민들이 그 가죽으로 갖옷을 만들어 국내에서 판다고 한다.

왕조청(王朝淸)의 『우창잡록(雨窗雜錄)』

내가 살펴보니, 지금 도성에서 장난삼아 자묘(紫貓)를 한림초(翰林貂)라 한다. 이는 벼슬아치들이 대개 담비 갖옷을 입는데, 힘이 없는 자는 모두 자묘(紫貓) 갖옷으로 대신하기 때문이니, 자못 점잖은 말이다.

○ 기미묘(歧尾貓)는 남오(南澳) 지역에 서식하는데 꼬리가 말려 있어서 형체가 여의(如意)[1]의 머리 부분과 비슷하다. 기린미(麒麟尾)나 여의미(如意尾)로도 부르며, 쥐를 잡을 때 매우 사납다.

해양(海陽)의 장민(章民) 육성문(陸盛文)이 이르길, '남오(南澳) 지역은 호랑이 형상과 비슷하여 거기에서 서식하는 고양이는 사납고 재빠르다. 바닷물과 접촉하는 것만은 금지했는데, 닿으면 성질이 변한다고 여겼다. 고양이를 데리고 바다를 건너는 이들은 반드시 선

---

1 여의란 뜻대로 한다는 뜻으로 불교에서 설법, 강독, 법회 때 강사가 위용을 갖추기 위한 용구이다.

실에 감추고서야 이런 걱정을 하지 않았다.'라고 했다.

산음(山陰)의 남원(南園) 정사아(丁士莪)가 이르길, '해양현(海陽縣)의 풍유창(豐裕倉)에 고양이가 있는데 기린미(麒麟尾)라 한다. 쥐를 잘 잡아서 풍유창 모두가 그 고양이에게 의지한다.'라고 했다.

조양현(潮陽縣)의 문조당(文照堂) 자연(自蓮) 선사(禪師)에게 새끼 고양이 한 쌍이 있는데, 꼬리가 조금 꼬부라진 것이 기린미(麒麟尾)와 비슷하다. 털 색깔은 완전 검은색인데, 목 사이에는 콩과 같은 흰 반점이 있고 배 밑에는 작은 거울 같은 흰 줄무늬가 있다. 『상묘경(相貓經)』에 이름이 실려 있지 않지만, '진주 목과 거울 배의 고양이'라고 부를 만하다. 【황한이 직접 쓰다.】

산음(山陰)의 적문(赤文) 손정혜(孫定蕙)가 이르길, '산음 서쪽 물가 마을에 흰 고양이 한 마리가 있다. 꼬리 끝부분이 9개로 나누어져 있고 끝부분에는 살덩어리가 있는데 모두 매우 가늘다. 그리고 끝 부분마다 털이 늘어져 있어 사자(獅子)의 꼬리와 비슷한데 사람들은 구미묘(九尾貓)라고 부른다.'라고 했다.

○ 모서(毛犀: 제4기에 출현했던 지금의 코뿔소와 비슷한 동물)는 즉시 판단한다. 길흉을 잘 알아 사람들이 묘저(貓猪)라 부르며, 교광(交廣: 현재 베트남 북부와 중국 광동성) 지역 사람들은 저신(豬神)이라 부른다. 단연록(丹鉛錄)』

시조(侍詔)인 황향철(黃香鐵)이 이르길, '애주(崖州) 지역에는 묘사(貓蛇)라는 종이 있는데 그 소리가 고양이 같다고 하니 『경주지(瓊州志)』에 보인다.'라고 했다.

지차(知醝) 적만(笛灣) 호병균(胡秉鈞)이 이르길, '선봉(仙蜂)은 휴여

산(休與山)에 서식하는데 형체는 고양이와 비슷하고 꽃향기를 좋아하여 특이한 향기를 맡으면 먼 곳이라 할지라도 날아가서 먹은 뒤에 돌아오니 『홍여지(紅餘志)』에 보인다.'라고 했다.

내가 살펴보니, 『산해경(山海經)』에 살쾡이와 비슷한 짐승이 있는데 머리가 하얘서 천구(天狗)라 한다. 뱀을 잡아먹으며 그 소리는 고양이와 비슷하다. 또, 홀로모사(忽魯謨斯: 지금의 호르무즈 해협 일대) 나라에 특이한 짐승은 이름이 초상비(草上飛)이다. 크기가 고양이와 비슷하고 거북이 모양의 반점이 있는데, 모든 짐승이 보면 두려워 엎드린다. 회암(悔庵) 우통(尤侗, 1618~1704)의 『외국죽지사(外國竹枝詞)』에서는 '거북이 모양이 반점의 초상비(草上飛)'라 하였는데, 『용위비서(龍威秘書)』에도 보인다.

또한 에티오피아[亞毗心域]에 서식 동물 중에 아이가리아(亞爾加里亞)가 있는데, 그 짐승은 고양이와 비슷하고 꼬리 뒤에 즙이 흐른다고 한다. 흑인들은 대나무 틀로 함정을 만들어 포획하였는데, 그 꼬리에 즙이 말랐을 때 칼로 자르면 특이한 향기가 난다고 여겼다. 아노(亞魯: 현재 수마트라섬에 있던 옛 나라)의 소국에는 비호(飛虎)가 있는데 크기가 고양이처럼 작고 날개가 있어 한 번 날면 멀리까지 갈 수 있다고 하니 『팔굉역사(八紘譯史)』에 보인다.

또한 비단뱀[蚺蛇]은 소리가 너무나도 괴이하여 고양이 같기도 하고 아닌 것 같기도 하다. 오묘(烏貓)는 머리가 부엉이와 비슷한데 울면, "부엉부엉"이라 하니 『적아(赤雅)』에도 보인다.

이상은 모두 고양이가 아니면서도 고양이의 모양과 소리, 이름과 형체가 있는 것들이다. 고양이와는 진실로 다른 부류이면서도 비슷하다고 하겠다. 따라서 이 편(篇)의 마지막에 덧붙여 기이한 읽을거리를 갖추었다.

2. 형상과 모양
形相

어떤 것은 형상이 없고 어떤 것은 모양이 없지만, 형상과 모양이 갖춰져야 우열이 나누어지게 된다. 더구나 형상과 모양에 관련된 고양이의 우열은 더욱 자세하다. 따라서 그 종족과 부류를 말한 다음에 형상과 모양을 언급하니, 구체적인 자료를 얻으려는 자는 이 부분에서 미루어 짐작할 수 있을 것이다. 고양이의 형상과 모양에 관한 내용을 모았다.

○ 고양이의 모양은 12가지로 요약되는데, 모두 『상묘경(相貓經)』에 나온다. 이에 갖추어 기록한다.

○ 사람들은 고양이의 머리와 얼굴이 둥근 것을 귀하게 여긴다. 『상묘경』에 이르기를, '얼굴이 긴 고양이는 닭의 씨를 말려버린다.'라고 했다.

○ 사람들은 고양이의 귀가 작고 얇은 것을 귀하게 여긴다. 『상묘경』에 이르기를, '귀가 얇고 솜털이 있는 고양이는 추위를 두려워하지 않는다.'라고 했다. 또 이르길, '귀는 작고 머리통은 둥글며 꼬리는 또 뾰족하고 가슴에 꼬불꼬불한 털이 없는 것은 천금의 가치가 있다.'라고 했다.

내가 살펴보니, 이원(李元)의 『연범(蠕範)』에 이르길, '고양이는 성질상 추위는 겁내지만, 쥐는 겁내지 않는다.'라고 했다. 『화경(花鏡)』에 이르길, '갓 태어난 고양이에게 돼지 창자 속에 유황을 넣어 알맞게 삶아 밥에다 비벼 먹이로 주면 겨울에 추위를 두려워하지 않고 또 따뜻한 아궁이를 아쉬워하지 않는다.'라고 했다.

○ 사람들은 고양이 눈이 금·은색인 것을 귀하게 여기고, 검은 자국이 눈에 들어 있는 것을 꺼리며 눈물로 축축하게 젖어 있는 것도 꺼린다. 『상묘경(相貓經)』에 이르길, '금·은색의 눈동자는 밤에 등불처럼 빛난다.'라고 했다. 또 '눈에 늘 눈물이 고여있으면 액운을 불러온다.'라고 했고, 또 '검은 자국이 눈에 있으면 뱀처럼 게으르다.'라고 했다.

내가 살펴보니, 『신상전편(神相全編)』에서는 고양이 눈을 가진 사람 관상은 주로 귀함에 가깝고 부유함을 숨긴다고 한다. 또 살펴보니, 검은 자국이 눈에 있는 고양이가 반드시 모두 게으른 것은 아니다. 내가 예전에 그런 고양이를 길러봤는데, 오히려 더 부지런하고 날렸다. 다만 흉사를 당할까 걱정한 것이니, 아마도 금기를 범하는 무늬를 싫어했기 때문일 것이다.

○ 코는 평평하고 곧으며 물기가 마른 것이 귀하고 구부러진 것과 높이 솟은 것을 꺼린다. 『상묘경(相貓經)』에 '얼굴이 길고 콧등이 구부러진 것은 닭과 오리를 한꺼번에 잡아먹는다.'라고 했다. 또 '콧등이 높이 솟은 것은 닭의 씨를 말려버리고, 줄무늬가 얼굴에 가로로 나 있으면 흉하다. 머리와 꼬리가 비스듬히 기울어져 있고 주둥이에 털이 없는 것은【무수(無須)라 한다】, 바람처럼 덮쳐서 닭과 오리를

잡아먹는다.'라고 했다.

○ 수염은 꼿꼿한 것이 귀하고, 검은색과 흰색이 섞여 있으면 좋지 않다. 『상묘경』에 '수염이 꼿꼿한 것은 매우 용맹하다.'라고 했고, 또 '수염이 검은색과 흰색인 새끼 고양이는 오줌을 누면 갈홍(葛洪, 283~363)이 만든 신기한 화로에 가득 찬다.'라고 했다.
○ 허리는 짧은 것이 귀하다. 『상묘경』에 '허리가 긴 것은 결국에는 집안에 화가 된다.'라고 했다.
○ 뒷발은 높은 것이 귀하다. 『상묘경』에 '꼬리가 작고 뒷발이 높으며 누런 털색이 가장 힘이 세다.'고 했다.
○ 발톱은 숨겨져 있고 반들반들한 것이 귀하다. 『상묘경』에 '발톱을 조금 드러내면 기와도 뒤집을 수 있다.'라고 했다. 또, '반들반들한 손톱은 매끈하고 빛이 난다.'라고 했다. 문백(文伯) 도병문(陶炳文)이 이르길, '고양이가 다니는 곳에 발톱 자국이 생긴 것을 유조(油爪)라 하는데, 이것을 상등품으로 여긴다.'라고 했다.
○ 꼬리는 길고 끝이 가는 것이 귀하고 꼬리 관절은 짧은 것이 귀하며, 또 늘 흔들리는 것이 귀하다. 『상묘경』에 '꼬리가 길고 관절이 짧은 것은 대부분 영리하다.'라고 했다. 또, '꼬리가 크면 뱀처럼 게으르다.' 또 '앉거나 서거나 늘 꼬리를 흔들고 있으면 자던 쥐도 도망간다.'라고 했다.

내가 살펴보니, 고양이는 꼬리를 흔들어 바람을 일으키는데, 꼬리를 짧게 잘라버리면 흔들지 못해서 위엄 있는 모습이 크게 손상된다. 지금 월(越) 지역 사람들이 고양이 꼬리를 짧게 잘라버리기 때문에 고양이의 본모습을 거의 잃게 되었다. 수안(遂安)의 여문죽(余文

竹)이 말하길, "『속박물지(續博物志)』에 '호랑이가 황하를 건너니, 세운 꼬리 돛과 같네.'"라고 했다. 그렇다면 고양이가 꼬리를 흔들어 바람을 일으킨다는 근거가 있다.

○ 울음소리는 크게 내는 것이 귀한데, 크게 낸다는 건 사납다는 걸 말한다. 『상묘경』에 '눈은 금빛을 띠고 몸은 짧아야 하며, 얼굴에는 호랑이의 위엄이 있어야 하고 소리는 크게 내야 한다.'라고 했다.

내가 살펴보니, 속담에 '좋은 고양이는 소리를 내지 않는다.'라고 했다. 이는 소리가 없다는 말이 아니라 한 번 소리를 내면 대단히 맹렬해서 심한 경우 쥐가 놀라 떨어지니, 고양이의 이러한 큰 소리는 귀하게 여길 만한 것이다.

○ 고양이는 입에 구멍이 있는 것이 귀한데, 구멍이 9개면 최상이고 7개면 그다음이다. 『상묘경』에 '입천장에 9개의 구멍이 있는 고양이는 1년이면 쥐 소리가 끊기게 하고, 7개의 구멍이 있는 고양이는 3년이면 쥐 소리가 끊기게 한다. 구멍이 적으면 길러도 잘 자라지 못한다.'라고 했다. 【『휘진신담(揮塵新談)』과 『산당사고(山堂肆考)』에서도 볼 수 있다.】

동성(桐城)의 백징(百徵) 요영경(姚齡慶) 선생이 '고양이의 구멍은 암수에 따라 달라지는데, 수고양이는 9개, 7개, 5개로 홀수며 9개가 최상이고, 7개는 그다음이며, 5개는 최하이다. 암고양이는 8개, 6개, 4개로 짝수며 8개가 최상이고, 6개는 그다음이며, 4개는 최하이다. 그런데 구멍이 4개인 것은 매우 드물기에 암컷은 모두 우수하다. 반면 대부분의 열등한 수컷은 모두 구멍이 5개이다.'라고 했다. 이 말은 선인들이 말하지 못한 것을 밝힌 것이다. 사물의 이치를 파고들어 얻어낸 지식으로 『상묘경』에 빠진 부분을 충분히 보충할 수 있다.

○ 잠을 잘 때는 몸을 동그랗게 말아 머리를 감추고 꼬리만 흔든다. 『상묘경』에 '몸은 말고 자도 정신은 굳건하여 하나의 창[꼬리]으로 자신을 보호한다.'라고 했다.

　내가 살펴보니, 고양이의 모양에는 이 12가지 외에도 이른바 '오장(五長)'이라는 것도 있는데, 이름이 사상묘(蛇相貓)로 좋은 품종이다. 이놈은 머리, 꼬리, 몸, 다리, 귀가 하나라도 길지 않은 데가 없다. 만일 다섯 군데가 모두 짧으면 '오독(五禿)'이라고 하니, 세 집에서 다섯 집 정도나 지킬 수 있다. 『상묘경』에 보인다.
　모정(玥亭)의 소윤(少尹) 왕보침(王寶琛)이 예전에 평원(平遠)을 다스리고 있을 때, 숙소에 쥐가 많았다. 그래서 민가에서 고양이 한 마리를 찾아 잡아 오게 하자 쥐로 인한 근심이 일시에 사라졌다. 그 고양이는 매우 총명하고 온순해서 예전에 살던 곳을 그리워해 소윤의 숙소에서 길러도 수시로 옛 주인에게 돌아갔다. 갑자기 소윤이 관청으로 숙소를 옮기게 되었는데, 여전히 예전 숙소와 옛 주인의 집을 잊지 않고 항상 그곳들을 반복해서 돌아다녔다. 이렇게 세 곳을 오가자 쥐로 인한 손실이 없어졌으니, 좋은 고양이는 세 집 내지는 다섯 집을 지킬 수 있다는 말이 참으로 거짓이 아니다.
　또 살펴보니, 월(越) 지역 사람들은 고양이를 검증하는 법으로 귀를 당겼을 때, 네 다리와 꼬리가 곧바로 움츠러들면 우수하고 움츠

러들지 않으면 열등하다고 여겼다. 상담(湘潭)의 박재(博齋) 장이문
(張以文)은 '고양이를 담장 벽에다 던졌을 때, 네 발톱이 담장 벽을
꽉 움켜쥐고 떨어지지 않는 것이 최상품의 고양이다.'라고 했으니,
이 또한 고양이를 검증하는 한 가지 방법이다.

3. 털색
毛色

고양이 털색은 사람에게 혈색이 있는 것처럼 기쁠 때는 털을 세우고 근심스러울 때는 풀이 죽으니 이것은 정해진 이치이다. 그런데 예쁜 것과 추한 것, 귀한 것과 천한 것의 차이도 여기에 깃들어 있다. 형상과 모양이 있으면 털색도 있으니 두 가지는 참으로 겉과 속처럼 들어맞는다. 이에 털색을 모았다.

○ 고양이의 털 색깔은 순황색이 최상이고, 순백색이 그다음이며, 순흑색이 또 그다음이다. 순갈색도 아름다우니 모두 순수한 색을 귀하게 여긴다. 잡색은 먹구름 색과 흑백색이 최상이고 흑색과 노란색 얼룩무늬가 그다음이며, 갈색이 섞인 것이 최하다.

『상묘경(相貓經)』

내가 살펴보니, 순황색에 황금색 줄무늬가 있는 것은 암컷에 어울리고 순흑색에 철 색깔이 있는 것은 수컷에 어울린다. 하지만 황색은 대부분 수컷이고 흑색은 대부분 암컷이기에, 월 지역 사람들이 '황금색 줄무늬는 암컷이 되기 어렵고 철 색깔은 수컷이 되기 어렵다.'라고 했다.

○ 순색은 황색, 백색, 흑색 따질 필요도 없이 모두 사시호(四時好)라 부른다.

『상묘경』

요백징(姚百徵)이 이르길, '백산(伯山) 가동지(家東之)가 게양(揭陽)을 다스리고 있을 때, 서양 선박에서 고양이 한 마리를 샀는데 눈처럼 깨끗하고 털 길이가 한 치쯤 되었다. 월 지역 사람들이 이 고양이를 효묘(孝貓)라 불렀고 기르는 것은 불길하다 했다. 나중에 백산이 동지(同知)와 지부(知府)로 승진하자 이 고양이도 함께 데려갔지만, 불길하다는 말은 없었다.'라고 했다. 내가 살펴보니, '효묘'라는 글자가 매우 새롭다. 순백의 고양이를 구(甌) 지역 사람들은 설묘(雪貓)라 부른다.

○ 금사갈(金絲褐)의 털 색깔은 가장 아름답기에, '금사갈 색의 고양이는 최고로 위엄 있고 용맹하다.'라고 했다.

『상묘경』

내가 살펴보니, 갈색·황색·흑색이 함께 있는 색깔과 갈색에다 황금색 줄무늬가 있는 것을 금사갈(金絲褐)이라 하는데 보기 드물다.

○ 초주(楚州) 사양(射陽)의 고양이는 갈꽃 색을 띤다. 영무(靈武)의 고양이는 당나라 때 명마(名馬)인 홍질발(紅叱撥)과 청총(靑驄)의 색을 띤다.

『유양잡조(酉陽雜俎)』

○ 3색 고양이 종은 일반적으로 황색·백색·흑색을 함께 띠고 있으며 대모묘(玳瑁貓)라 부른다.

『상묘경』

○ 오운개설(烏雲蓋雪)은 반드시 등은 검은색이고 배와 넓적다리, 발굽과 손톱은 모두 흰색이어야 한다. 네 발굽만 흰색인 것은 답

설심매(踏雪尋梅)라 하니, 손톱이 순황색과 순백색인 것도 같은 이름이다. 『상묘경』

○ 순백색에다 꼬리만 검은 고양이를 설리타창(雪裏拖槍)이라 하는데 가장 길한 종이다. 따라서 '온몸이 하얀데 꼬리만 검은 고양이를 집안에서 기르면 호걸을 낳게 된다.'라고 한다. 온몸이 검고 꼬리 끝부분에만 하얀 점이 있는 고양이를 수주(垂珠)라 한다. 『상묘경』

○ 순백색에다 꼬리만 검고 이마에 검은색 둥근 점이 있는 고양이를 괘인타창(挂印拖槍)이나 인성묘(印星貓)라 한다. 집안에 이 고양이를 기르면 주인이 귀하게 되므로, '이마에서부터 허리를 거쳐 꼬리까지 하얀데 가운데 부분에 검은 점이 있는 것이 원성(圓星)이다.'라 한다. 『상묘경』

거록령(鉅鹿令) 황호암(黃虎岩)에게 인성묘(印星貓) 암수 쌍이 있었는데, 늘 사람을 기쁘게 했지만 쥐는 잘 잡지 못했다. 그런데 이 고양이가 있으면 관청에 있는 쥐 떼가 소탕되고 일 또한 순조롭게 되니 이것이 바로 이 고양이가 귀하다는 징표였다. 【호암의 이름은 병(炳)이다. 진평(鎭平) 사람으로 도광(道光: 청나라 선종 때의 연호) 연간에 향시(鄕試)에 합격하여 관적(官籍)에 이름을 올렸다.】

도문백(陶文伯)이 이르길, '우리 집에 흰 고양이 한 마리를 기르는데 꼬리 부분만 검고 등 뒤에는 검은색 점 하나가 있으며 이마에는 점이 없어 부인타창(負印拖槍)이라 부른다. 살이 쪄서 무게가 7~8근 정도이고 성질은 영특하면서도 순하다. 매번 책상 곁에 묶어두는데, 잠깐 풀어두면 소리를 지르면서 날뛰기에 대나무 가지로 때리려 하면 재빨리 알고 피해서 머리를 숙여 옷에 숨기도 한다. 평상시에 몽둥이로 겁을 주지만 조금도 무서워하는 기색이 없다.'라고 했다.

○ 순흑색에다 꼬리만 하얀 고양이는 드문데, 은창타철병(銀槍拖鐵瓶)
이라 한다.
『상묘경(相貓經)』

　향철(香鐵) 황시조(黃侍詔)가 이르길, '『청이록』에 다음과 같이 내
용이 있다. 당나라 경화공주(瓊花公主)는 어려서부터 고양이 두 마리
를 길렀는데 암컷과 수컷 각각 한 마리씩이었다. 흰 고양이의 이름
은 함화타(銜花朵)이고, 검은 고양이는 꼬리 부분만 흰색이었으니,
공주가 사향유달기(麝香驗妲己)라 불렀다.'라고 했다.
　내가 살펴보니, 『표이록(表異錄)』에도 이 내용이 실려 있는데, 검
은색에다 꼬리만 하얀 것은 은창타철판(銀槍拖鐵板)이고 곤륜달기(昆
崙妲己)라 부른다. 하얀색에다 입 주위에 꽃무늬가 있는 걸 함선노(銜
蟬奴)라 부르는데 『청이록』에 실려 있는 것과 조금 다르다.

○ 온몸이 하얀데 누런 점이 있는 고양이를 수호(繡虎)라 하고, 몸은
검은데 흰 점이 있는 고양이를 매화표(梅花豹)라 하거나, 금전매화(金
錢梅花)라 하기도 한다. 누런 몸에 배가 하얀 고양이를 금피은상(金被
銀床)이라 하고 온몸이 하얀데 꼬리가 누런 고양이를 금잠삽은병(金
簪揷銀瓶)라 한다.
『상묘경』

　제집산(諸緝山)이 다음과 같이 말했다. "양강현(陽江縣) 태평허(太平
墟)의 객사(客舍)에 새하얗고 꼬리만 누런색인 고양이 한 마리가 있
었는데, 사람들이 금삭괘은병(金索挂銀瓶)이라 했다. 무게는 10근 정
도 되고 쥐를 매우 잘 잡기에 이 고양이를 기르면 집안이 날로 번창
한다고 여겼다."

○ 온몸이 검거나 하얀데 등에 누런 점이 하나 있는 고양이를 장군 괘인(將軍挂印)이라고 부른다.　　　　　　　　　『상묘경』

○ 몸에 꽃무늬가 있거나 모든 발과 꼬리에 꽃무늬가 있는 고양이를 전득과(纏得過)라 하니 이것도 좋은 품종이다.　　　『치부기서(致富奇書)』

○ 난절(攔截) 무늬가 있는 고양이는 대부분 용맹하다. 장수(長壽)를 나타내는 무늬는 8자 모양이거나 팔괘 모양이거나 활 궁[弓] 자와 뫼 산[山] 자가 겹쳐진 모양이다. 이 무늬가 없으면 게으르고 오래 살지 못한다.　　　　　　　　　　『상축여편(相畜余編)』

내가 살펴보니, 난절(攔截)은 정수리 아래에 가로로 된 무늬이다. 고양이의 위세를 주관하며 호랑이에게 있는 을(乙)과 같다.[1]

○ 순백색 바탕에 호랑이 무늬가 있는 고양이는 황급리(黃及狸)뿐이고, 자주색이 있는 고양이는 매우 적다. 자주색 바탕에 호랑이 무늬가 있는 고양이는 더욱 귀한 품종이다.　　　　　　　　『상축여편』

운범(雲帆) 오태수(吳太守)가 예전에 고양이 한 마리를 길렀는데 순 자주색에 광채가 나서 사람들의 시선을 끌었다. 크고 비대하여 무게가 10여 근으로 아름다운 품종이었다. 야원(冶園) 장기(張錤)가 말해주었다.

○ 고양이에게 가마가 있으면 요절한다. 따라서 '배에 가마가 있으

1　호을(虎乙)은 호랑이의 위세를 나타내는 말이다. 을(乙)은 호랑이의 양쪽 겨드랑이와 꼬리 끝에 있는 뼈를 이른다.

면 고양이 수명이 길지 않다. 가마의 털 방향이 왼쪽으로 돌면 개에게 잡혀 죽고 오른쪽으로 돌면 물에 빠져 죽는다. 온몸에 가마가 있으면 요절하며 재앙이 많다.'라고 한다.　　　　　　　　　　『상묘경』

○ 오줌 구멍에 털이 나 오줌이 방광에 가득 찬 고양이는 좋은 품종이 아니다.　　　　　　　　　　　　　　　　　　　　　　　　　『상묘경』

　　내가 살펴보니, 낙록자(珞珠子)가 이르길, '고양이는 대변을 숨겨 깨끗한 것을 좋아하기 때문에 깨끗한 것을 좋아하는 고양이는 영특하지 않을 수 없다.'라고 했다.

○ 얼룩 고양이의 얼룩이 입 쪽을 향해 있으면, 가축을 물어 죽인다.
　　　　　　　　　　　　　　　　　　　　『숭정벽류통서(崇正闢謬通書)』

　　장맹선(張孟仙)이 다음과 같이 말했다. "고양이 털 색깔이 섞여 있으면 암컷이고 섞여 있지 않으면 수컷이니 대모반(玳瑁斑)이라 부르는 놈은 털이 섞여 있는 암컷이다. 설리타창(雪裏拖槍)·오운개설(烏雲蓋雪)은 비록 털이 두 가지 색이지만, 순색에 포함되므로 암컷이 된다." 이 말도 신기하다. 털 색깔은 태어나면서 정해지기에 일 년 사이 변하지 않는다. 내 친구인 제집산(諸緝山)이 이르길, '양강현(陽江縣) 심니촌(深坭村)에 손씨 성을 가진 소금 장수에게 순백색 고양이가 있는데, 겨울이 되면 검은 털이 조금씩 자라다가 한여름이 되면 완전히 검은색이 된다. 그러다가 겨울이 지나면 다시 흑색과 백색이 섞이고 그다음 여름이 되면 순백색이 된다. 이는 해마다 털색이 변하는 것이니, 상서로운 동물이라 할 만하다. 이는 조물주가 동물에게 부여한 신비함에 불가능한 일이 없음을 보인 것이다.'라고 했다.

수주(壽州)의 남경(藍卿) 여사영(余士英)이 이르길, '내가 예전에 배를 타다 양주(揚州)에 정박했다. 사거리에서 어떤 광대를 보았는데 온몸에 천을 휘감고 징과 북을 치며 사람들을 불러 모았다. 무대 동쪽에는 원숭이가 개를 몰아 마차를 끄는 연극을 하였고, 그 서쪽에는 고양이가 고승처럼 앉아서 쥐 떼들의 절을 정중하게 받고 있었는데, 분주하고 재빠르게 움직이면서도 일사불란했다. 고양이는 털이 오색을 띠고 있었는데, 청색, 적색, 흰색, 흑색, 황색 털이 뒤섞여 있는 무늬였다. 멀리서 바라보면 빛나는 것이 화려한 비단옷 같았다. 어디 산(産)인지 묻자, 베트남에서 왔다고 했다. 보기 드물 뿐만 아니라 들어 본 적도 없었다. 어떤 이들은 이 고양이가 가짜라고 하는데, 거의 임안(臨安) 땅의 손삼(孫三)이란 장사꾼이 고양이 털을 마영화(馬纓花)로 붉게 염색해 비싸게 판 속임수와 같을 것이다.'라고 했다.[2] 내가 살펴보니, 털색이 가짜라도 이 정도면 신묘한 기술이다.

---

2 『이견지(夷堅志)』에 따르면, 항주(杭州)에 손삼이라는 장사꾼이 매일 아침 집을 나서면서 아내에게 고양이를 잃어버리지 않도록 주의하라고 당부하였다. 이웃 사람이 궁금해서 고양이를 보았더니 붉은빛으로 신령한 모습이었다. 이 일이 점점 사람들에게 소문나서 궁궐에까지 알려졌고 내시가 황제에게 아부하기 위해 비싼 값에 이 고양이를 샀는데 반달이 지나자 고양이 털이 붉은색이 점점 변해 흰색으로 되었다고 한다. 이 이야기의 자세한 내용은 6. '옛일과 유래'에 보인다.

4. 영특함과 신기함
靈異

동물은 영특하거나 어리석음이 저마다 다르다. 영특한 것은 신기하고 어리석은 것은 변변치 못하니 이는 하늘이 부여한 것이다. 고양이는 짐승 중에서 영특함이 참으로 독보적이다. 천지에 드물 뿐만 아니라 온전한 아름다움에다 음과 양의 왕성한 기운까지도 갖추었다. 이러한 이유로 나라에서 고양이에 대한 제사를 폐하지 않았고, 세상에 쓰여 도움이 되었던 것이다. 이에 고양이에 대한 신령스럽고 신기한 이야기를 모았다.

○ 납일(臘日: 음력 12월)에 고양이를 맞이하여 밭의 쥐를 잡아먹게 한다. 고양이를 맞이한다는 것은 고양이 신(神)에게 제사(祭祀)하는 것을 말한다.
『예기(禮記)』
○ 당나라 때 제사에 관한 예전(禮典)에 의하면 동서남북과 중앙은 린(鱗)·우(羽)·라(贏)·모(毛)·개(介)인데, 이 중에서 고양이는 토끼 및 용린(龍麟)·주오(朱烏)·백호(白虎)·현무(玄武)와 함께 제사의 대상이 되니 방위를 나누어서 해당 신에게 제물(祭物)을 바친다고 한다.
『구당서(舊唐書)』

내가 살펴보니, 『예기』의 농사 신 여덟 명에게 지내는 제사인 팔납(八蠟)에는 고양이와 호랑이, 곤충이 그 제사의 대상이었다. 이후

왕숙(王肅, 195?~256)이 고양이와 호랑이를 나누어서 둘이 되었고 곤충은 빠지게 되었는데, 장횡거(張橫渠, 1020~1077)가 이를 옳다고 여겼다는 것이 경전(經典)의 주석에 보인다.

인화(仁和)의 생해(笙陔) 진진용(陳振鏞)이 다음과 같이 말했다. "항주 사람들은 고양이 신에게 제사를 지내며 융서장군(隆鼠將軍)이라 부른다. 매번 연말에 여러 신에게 제사를 지내는데 고양이가 반드시 이 대열에 포함된다."

형재(衡齋) 장진균(張振鈞)이 이르길, '금화부성(金華府城) 큰 대로에는 차묘정(差貓亭)이 있는데 원래는 명나라 때 군장국(軍裝局)이었다. 전해져 오는 말에 의하면 쥐가 심하게 날뛰는 것을 근심하자 조정에서 고양이 한 마리를 하사하여 쥐를 제압하게 했다. 이후 그 땅에다 사당을 세우고 지금까지 영응후(靈應侯)이라 불렸고, 마을 사람들은 토지 신으로 모시어 차묘정이라 불렀다.'고 했다.

○ 고양이 눈동자는 시간을 알려주는데 매우 쓸모가 있다고 한다. 대체로 '자(子)·오(午)·묘(卯)·유(酉) 시간일 때에는 동공이 일직선으로 되고, 인(寅)·신(申)·기(己)·해(亥)의 시간일 때에는 대추씨 모양이 되며, 신(辰)·술(戌)·축(丑)·미(未)의 시간일 때에는 거울처럼 둥글게 된다.'라고 한다. 어떤 곳에는 '인(寅)·신(申)·기(己)·해(亥)의 시간일 때에는 거울처럼 둥글게 되고, 신(辰)·술(戌)·축(丑)·미(未)의 시간일 때에는 대추씨 모양이 된다.'라고 하니 거의 비슷하다. 【모두 통서(通書)나 선택(選擇)과 같은 서적류에 보인다.】

내가 살펴보니, 『유양잡조(酉陽雜俎)』에 조금 언급되기를, '고양이의 눈동자는 아침과 저녁이 되면 둥글고 한낮이 되면 일직선이 된다.'라고 한다. 또 살펴보니, 이제 태어난 고양이는 혈기가 부족하여 잠시도 일정하지 않아서 이를 보고 시간을 정하는 것은 쓸모가 없다고 했다.

○ 남번(南番)의 백호산(白湖山)에 고양이 한 마리를 키우는 사람이 있었는데, 고양이가 죽자 산속에다 묻어주었다. 한참 지나서 고양이가 꿈에 나타나서 말하길, "나는 살아있어. 믿지 못하겠다면 무덤을 파봐."라고 했다. 무덤을 파내자 두 눈알만 얻게 되었는데, 단단하고 매끄럽기가 구슬 같았으며 정확히 하루 12시간을 알 수 있었다.

『낭현기(嫏嬛記)』

　　내가 살펴보니, 이는 일종의 보석으로 가운데 물 흔적이 선으로 남아있어 흔들면 움직일 듯하다. 옆으로 비스듬히 기울어진 선도 볼 수 있으며, 이름은 묘아안(貓兒眼)이다.
　　시조(侍詔) 황향철(黃香鐵)이 이르길, '진랍국(眞臘國: 캄보디아) 왕의 반지에는 모두 고양이의 눈 같은 묘정석(猫睛石)을 박아 넣었다.'라고 했다.
　　내가 살펴보니, 『팔굉역사(八紘譯史)』에 '묵덕나(默德那: 메디나)는 고대 회회조국(回回祖國: 이슬람)으로 묘정(貓睛)이 생산되니 크기는 시간에 따라 달라진다.'라고 했다. 이것에 근거해 보면 묘정이란 살아있는 보석이다. 또 '석난국(錫蘭國: 스리랑카) 바다와 산 주변에 묘정이 생산되는데, 푸른 것은 이름이 슬슬(瑟瑟)이고 빨간 것은 이름이 말갈(靺鞨)이다.'라고 했다. 『팔굉역사』에서는 '백서이(伯西爾: 브라질) 나라 사람들은 어릴 때 턱과 아랫입술에 구멍을 뚫어 묘정이나 밤에 빛나는 여러 보석을 박아 넣는 것을 아름답게 여겼다.'라고 했다. 또 '진랍국

왕의 손과 발에는 금 장신구가 걸쳐 있는데, 묘정을 박아 넣은 것이다.'라고 했으니, 묘정을 반지에만 박아 넣은 것은 아니었다.

『진회문견록(秦淮聞見錄)』에는 '장식에는 옥비녀와 보석 귀걸이가 있는데 화제(火齊)와 묘정(貓睛)이다.'라고 했다. 이는 기녀들의 화려한 장식을 기술한 것이다.

○ 고양이 코끝은 늘 차가운데 하지 때 하루만 따뜻하니 음(陰)의 동물이기 때문이다.　　　　　　　　　　　　　　　　　『유양잡조(酉陽雜俎)』

○ 고양이를 깜깜한 어둠 속에서 털을 거꾸로 쓰다듬으면 불꽃이 나니 신기하다. 아울러 벼룩과 이가 생기지 않는다.　　　　　『유양잡조』

○ 고양이가 세수할 때 귀까지 씻으면 손님이 찾아온다.　『유양잡조』

내가 살펴보니, 구(甌) 지역 속담에 '고양이가 세수할 때 날마다 순서와 횟수가 있다.'라고 했으니, 바닷물의 밀물과 썰물을 따른다고 여긴 것이다.

○ 고양이는 호랑이와 같아서 둘 다 땅에 그려서 좋은 땅을 선택하는 데 활용되었다.

적만(笛灣) 호지차(胡知鮭)가 이르길, '이것은 바로 『비아(埤雅)』에 실려 있는데 지금 세속에서 말하는 복서(卜鼠)가 이것이다.'라고 했다.

○ 음력 정월 초하루 정시에 붉은 글씨를 부엌 위에다 붙여 놓고 사람들이 보지 못하도록 하면 쥐를 제거할 수 있다.

왕양당(王讓堂)의 『위제여편(衛濟余編)』

○ 나무를 깎아 고양이 모양을 만들고 족제비 오줌을 오색에 섞어 색을 입히면 쥐들이 보고 피한다. 『이문광독(夷門廣牘)』

○ 참죽나무 잎·사철나무 잎·수세미나무 잎을 햇볕에 말리고 계절마다 집 안에 불을 놓으면 쥐들이 알아서 달아난다. 이것이 묘벽서법(貓闢鼠法)이다. 『수세보원(壽世保元)』

내가 살펴보니, 구(甌) 지역 풍습에 매년 입춘에는 녹나무 잎과 말린 대나무를 문과 방 안 등 여러 곳에서 태우니, 이를 담춘(燂春)이라 한다. 어떤 시에서는 '담춘에 불길 타오르고, 고양이 눈은 빛나네 불에 타는 늙은 쥐 눈이 어두워지네.'라고 했으니, 이는 쥐의 눈이 멀라고 저주한 것이다. 이렇게 하는 자는 한 해 내내 쥐에 대한 근심이 드물었다.

내가 살펴보니, 오소정(吳小亭)의 집안에서 망암(忘庵) 왕무(王武, 1632~1690)가 그린 오묘도(烏貓圖)를 소장했는데, 여기에 왕무가 '해도 위태롭고 별도 위태하니, 살기(殺氣)가 타오르네. 고양이의 눈은 번쩍이는데, 쥐 떼들 어찌 알랴.'라는 16글자의 시를 적어 놓았다. 그 첫 구절이 도무지 무슨 말인지 몰라서 집에 소장된 시조(侍詔) 황향철(黃香鐵)의 「중오화종규(重午畫鐘馗)」라는 시를 살펴보니, '고양이를 그리는 날은 금(金)을 위주로 하니 위태롭고 위태롭다.'라고 했다. 그리하여 왕무의 시 첫 구절이 급일(危日: 건제십이신(建除十二神) 십이직(十二直) 부적(符籍) 중에서 8일째)이 급숙(危宿: 위성)을 만나는 날 고양이를 그리면 신령함이 있다는 뜻임을 알게 되었다. 반드시 금(金)을 겸한 날인 것은 금이 백호의 신이 되기 때문이다. 왕무의 구절은 아마도 이것에 근거한 것 같다. 그렇다면 고양이의 신령함을 빌려 쥐를 제거한 것이니, 그 술수가 또한 대단하다!

○ 암고양이가 수고양이와 교미하지 않으면 대나무 빗자루로 등을 몇 번 쓸면 새끼를 밴다. 또 하나의 방법은 부엌 앞에서 나무 되를 고양이에게 씌워 놓고 빗자루로 되를 치며 부엌 신에게 빌면 또한 새끼를 밴다.

『본초강목(本草綱目)』

시조(侍詔) 황향철(黃香鐵)이 이르길, '산동(山東) 하북(河北) 사람들은 암고양이를 여묘(女貓)라 한다.'라고 했다. 『수서(隋書)』「독고타전(獨孤陀傳)」에 '암고양이[貓女]가 오면 궁중에 머물지 말라.'라고 했으니, 수(隋)나라 때부터 이미 이런 말이 있었다. 정임(亭林) 고염무(顧炎武, 1613~1682)의 『일지록(日知錄)』에 보인다.

○ 고양이는 잉태한 지 두 달 만에 새끼를 낳는다.

『본초강목』

내가 살펴보니, 고양이가 석 달 정도 새끼를 배어 낳으면 기와(奇窩)라 하고 넉 달 정도에 새끼를 배어 낳으면 우와(偶窩)라 한다. 12년 정도 살면 상수(上壽)이고 8년 정도 살면 중수(中壽)이며 4년 정도 살면 하수(下壽)이며 1~2년 정도 사는 것은 요절이다. 절(浙) 지역에서는 새끼 한 마리만 밴 것을 귀하게 여기고 두 마리를 배면 천하다고 여긴다. 한 마리가 네 마리 새끼를 배면 태교묘(抬轎貓)라 부르는데 천해서 쓸모가 없다고 한다. 그런데 네 마리 중 한두 마리가 죽으면 살아남은 고양이를 귀하게 여겨 반귀(返貴)라 부르니 왕조청(王朝淸)의 『우창잡록(雨窓雜錄)』에 보인다.

화윤정(華潤庭)이 이르길, '고양이가 새끼를 적게 배는 것을 귀하게 여기기 때문에 한 마리 용과 두 마리 호랑이라는 말이 있다.'라고 했다. 또, '고양이가 섣달에 새끼를 낳으면 귀하고 초여름에 낳으면 조잠묘(早蠶貓)라 하니, 이 또한 좋고 늦가을에 낳는 것은 그다음이다. 여름에 낳은 것은 미숙하여 추위를 견디지 못하고, 겨울에는 반드시 불로 향하기에 외조묘(煨竈貓)라 한다.'라고 했다.

내가 살펴보니, 고양이 피부가 불에 그슬리면 유황을 돼지 창자에 넣고 푹 삶아 먹이면 병이 낫는다고 한다. 『치부기서(致富奇書)』에 보인다.

도문백(陶文伯)이 이르길, '고양이가 새끼를 밸 때 혈기가 부족하면 종종 유산하는데 사람이나 짐승이나 비슷하다.'라고 했다.

화정(華亭)의 소윤(少尹) 유광존(鈕光存)이 이르길, '호랑이는 한 번 새끼를 낳으면, 다시는 교미하지 않는다. 그 양물에는 역방향의 가시가 있어, 교미 초반에 통증이 있기 때문이다. 고양이는 일 년에 겨우 두 번 교미하는데, 그 양물에는 순방향의 가시가 있어 교미 후반에 통증이 있기 때문이다. 다른 축생의 양물에는 가시가 없어 통증이 없기에 절제 없이 교미한다.'라고 했다.

내가 살펴보니, 이 이야기는 원로들이 전하는 것으로 매우 이치가 있어 사물에 관해 깊이 연구하여 지식을 넓히는 데 도움이 된다. 고양이의 교배는 늘 봄과 가을에만 하는데, 계절 초기가 교배하는 시기이다. 암수가 서로 부르는데 아무리 멀더라도 소리를 찾아서 오니 세속에서는 규춘(叫春)이라 한다.

장형재(張衡齋)가 이르길, '봄에 태어난 고양이는 봄에 태어난 고양이와 교배하고, 겨울에 태어난 고양이는 겨울에 태어난 고양이와 교배하며, 여름과 가을에 태어난 고양이 또한 그러하다. 그렇지 않을 경우에는 강제로 교배하게 해도 하지 않는다.'라고 했다. 이 말은 사람의 도리와는 맞지 않지만 아마도 기운이 비슷한 것끼리 서로를 찾기 때문일 것이다.

○ 고양이가 처음 새끼를 낳을 때, 호랑이띠인 사람을 보게 되면 제
새끼를 먹어버린다.
『황씨일초(黃氏日抄)』

내가 살펴보니, 고양이가 새끼를 낳았는데 눈을 뜨지 못한 것을
쥐띠인 사람이 보게 되면 새끼를 먹어버린다. 어떤 이는 "자일(子日:
쥐의 날)에 새끼를 낳았는데, 쥐띠인 사람을 보게 되면, 새끼를 먹어
버린다."라고 했으니, 황 씨의 말과 다르다.

○ 고양이가 쥐를 먹는데 상순에는 머리를 먹고 중순에는 배를 먹으
며 하순에는 발을 먹으니 호랑이와 같다. 음(陰)의 부류는 이같이
똑같다.
이원(李元)의 『연범(蠕範)』

내가 살펴보니, 10일 간격으로 먹는다는 말은 각각 먼저 먹는 부
분이 있다는 것이다. 월초에는 머리를 먼저 먹고, 월 중간에는 배를
먼저 먹으며, 월말에서 다리를 먼저 먹는다. 먹고 남은 부분은 그달
에 다 먹는다.

화윤정(華潤庭)이 말하길, '고양이가 쥐를 먹을 때는 상순·중순·
하순을 나눈다. 또 수없이 많은 쥐를 잡아 절대 한꺼번에 먹지 않는
것은 가장 좋은 고양이 품종일 것이리라!'라고 했다.

또 말하길, '고양이가 쥐를 잡아먹을 때 어떤 것은 옷가지나 방석
위에서 먹는데 놀라게 하거나 쫓아서는 안 된다. 다 먹길 기다리면
흔적을 남기지 않는다. 만약 다가가서 보게 되면 피로 여기저기 더
럽힌다. 어떤 이는 고양이가 쥐를 잡아먹을 때 사람이 보게 되면

영특함과 신기함 59

고양이 이빨이 약해져 다시는 쥐를 잡을 수 없다.'라고 했다.

상주(常州)의 괴정(槐亭) 장집(張集)이 이르길, '고양이는 일명 가호(家虎)이고 쥐는 일명 가록(家鹿)이니 고양이가 쥐를 잡아먹은 지 오래되었다. 다만 『예기(禮記)』[1]에서 말한 승냥이가 짐승으로 제사 지낼 때 사슴이 그 속에 있었는지는 모르겠다.'라고 했다.

○ 북쪽 사람들은 고양이가 양자강 금산(金山)을 넘어서면 쥐를 잡지 않는다고 한다. 고양이를 싫어하는 사람이 고양이 그림을 잘라 물속에 던지면 싫어하지 않게 된다.　　　　　　　　　　『유양잡조(酉陽雜俎)』

내가 살펴보니, 『연감유함(淵鑒類函)』에 이르길, '예전에 한극찬(韓克贊)이 여녕(汝寧)에 있을 때 고양이 한 마리를 데려왔는데, 강을 건너니 과연 쥐를 잡지 않았다.'라고 했다.

풍순(豐順)의 우생(雨生) 무재(茂才) 정일창(丁日昌)이 이르길, '동물은 각각 좋아하는 것이 있다. 『시전(詩傳)』에서는 말은 바람을 좋아하고 개는 눈을 좋아하며 돼지는 비를 좋아하는데, 고양이는 유독 달을 좋아하기 때문에 달밤에는 늘 지붕에 올라가니 여우와 성질이 비슷하다.'라고 했다.

○ 고양이는 뱀을 희롱하는 것을 좋아하는데, 어떤 이들은 뱀은 물, 고양이는 불의 성질을 가지고 있어서 서로가 의지한다는 의미라 했다. 고양이는 음(陰)의 부류로 불에 해당하지만, 뱀은 물이면서도

1　『예기(禮記)』, 「계추지월(季秋之月)」에 "승냥이가 짐승으로 제사 지낸다[豺祭獸]."라고 하였는데, 승냥이가 짐승을 죽여 진열해 놓은 것이 마치 제사 지내는 것과 같으므로 한 말이다.

불의 부류이다. 왕조청(王朝清)의 『우창잡록(雨窗雜錄)』

　내가 살펴보니, 고양이는 제 꼬리를 갖고 노는 것을 좋아하기 때문에 북쪽 사람들에게 고양이가 꼬리를 갖고 논다는 속담이 있다.

　산음(山陰)의 야원(冶園) 장기(張錡)가 다음과 같이 말했다. "고양이와 뱀의 싸움을 세속에서는 호랑이와 용의 싸움이라 한다. 예전에 고양이와 뱀이 지붕에서 싸우는 것을 보았는데 뱀이 져서 기와 틈을 뚫고 아래로 도망갔다. 마침 지붕 밑에서 사람을 만났는데, 그가 호미를 휘둘러 뱀을 두 동강 내자 뱀의 몸통 윗부분이 날아 가버렸다. 잠시 뒤, 남은 부분은 뒤집힌 입술 모양이 되었고 살덩어리에 난 상처는 크기가 접시만 했다. 하루는 뱀을 두 동강 냈던 사람이 한낮에 평상에 누워있는데, 뱀이 장막 윗부분을 뚫고 내려와서 물려고 했다가, 살에 난 상처로 인해 못 하고 있었다. 고양이가 마침 그것을 보고 평상에 올라와 사납게 우니 그 사람이 놀라서 깨어나 뱀을 보게 되었다. 그가 뱀을 두려워하며 피해 다행히도 물리지 않자, 사람들이 '뱀은 원한을 보복할 줄 알고, 고양이는 주인을 보호할 줄 안다.'라고 했다."

　○ 고양이는 사람에게 아첨할 줄 알기에 좋아하는 자들이 많다. 고양이는 이 때문에 여우과다. 팽좌해(彭左海)의 『연청각소간(燃靑閣小簡)』

　내가 살펴보니, 월 지역 속담에 고양이는 기생이 변신한 것이기에 아첨을 잘한다고 한다. 이 말은 너무 억지스럽다.

　○ 쥐가 고양이를 무는 점괘는 주로 신하가 임금을 시해하는 것이다.

『관규집요(管窺輯要)』

내가 살펴보니, 당나라 홍도(弘道: 683) 초기에 양주(梁州)의 창고에 큰 쥐가 있었는데, 길이가 두 척 남짓이었다. 고양이가 잡으려 해도 오히려 쥐가 고양이를 물어버렸다고 하니 『오행지(五行志)』에 보인다. 『개원점경(開元占經)』을 살펴보면 경방(京房)이 말하길, '쥐떼들이 고양이를 쫓으면 이는 불길한 것이다. 신하가 그 임금을 대신하면 충성이 반란이 되니 천자가 망한다.'라고 했다. 또 '신하가 그 임금을 시해하면 대신(大臣)들이 망한다.'라고 했다. 또 '쥐가 아무런 이유 없이 고양이와 개를 쫓는 것은 일반적인 현상과 반대되니 신하가 그 임금을 시해한다.'라고 했다.

○ 꿈에 호반묘(虎斑貓)가 나오면 양(陽)이 음(陰)을 덮치는 상이니, 방으로 들어오면 길하고 내부에서 밖으로 달아나면 상서롭지 않다. 달아났지만 다시 오는 것은 인심을 얻을 수 있다.

『몽림원해(夢林元解)』

○ 꿈에 사묘(獅貓)가 등장하면 부유하고 형통하며 오랫동안 편안할 상이다. 주로 지위가 낮고 용맹하며 의로움을 좋아하는 사람이 과연 좋은 고양이를 얻게 되기도 한다. 　　　　　　　　『몽림원해』

○ 꿈에 고양이와 쥐가 함께 자면 아랫사람이 반드시 윗사람을 범하게 된다. 만약 이때 새끼 고양이가 태어나면 보잘것없다.

『몽림원해』

○ 꿈에 여러 고양이가 서로 싸우면 주로 저녁 무렵 싸움이 일어날 조짐이 있으나 자신에게는 근심이 없다. 만약 꿈을 꾼 집의 고양이가 다른 집 고양이에게 물려서 다치게 되면 아랫사람들에게 재앙이 있다. 　　　　　　　　『몽림원해』

○ 꿈에 고양이가 쥐를 잡으면 주로 재물을 얻는다. 모름지기 아들

과 며느리의 불행을 막으려면 저(褚)씨 성은 금물이다. 주로 남쪽 오랑캐를 섬겨 돌아오지 않을 조짐이다.

『몽림원해』

○ 꿈에 고양이가 나비를 삼키면 행여 은밀한 귀신이 바른 사람을 해칠 수도 있다.

『몽림원해』

○ 꿈에 고양이가 살아있는 물고기를 삼키면 그 주인은 결혼하여 재산을 모으고 아랫사람을 얻게 된다. 만약 주인이 산 동쪽에 이르게 되면, 더욱 이익을 얻게 된다.

『몽림원해』

내가 살펴보니, 『몽림원해(夢林元解)』는 치천(稚川) 갈홍(葛洪, 283~363)이 처음 썼고, 강절(康節) 소옹(邵雍, 1011~1077)이 이어 편집했으며, 명나라 때 진사원(陳士元, 1516~1597)이 증보해 책을 완성하여 수십 권에 이른다. 명나라 말에 판각되었으나 『사고전서(四庫全書)』에 수록되지는 못했다. 『주례(周禮)』에 기초하고 장류(長柳: 고대 일종의 점술)을 근본으로 삼았으며, 경서를 인용하고 역사서를 검증하여 종류별로 두루 모아 신령하고 경계할 것을 다 풀이해서 사람들의 깊은 깨우침을 유발했으니, 참으로 세상에 도움을 주는 책이다. 내가 이 책을 얻고서 매번 꿈풀이를 하면 징조가 모두 잘 맞았다.

○ 세속에 전하길 고양이는 호랑이의 아비라 하니, 호랑이가 하는 행동이 고양이와 닮았음을 말한 것이다.

양소임(梁紹壬)의 『추우필기(秋雨筆記)』

내가 살펴보니, 호랑이는 고양이와 닮았지만, 귀가 작고 목이 굵은 것이 다르다. 그런데 송나라 하존사(何尊師)가 예전에 고양이는 호랑이와 비슷하지만, 귀가 크고 눈이 갈색인 것이 다르다고 했다.

세상에서도 고양이가 호랑이의 스승이라 말한다. 【전해지는 웃긴 이야기에 따르면 호랑이가 고양이의 재빠름을 부러워하여 스승으로 섬겼다고 한다. 얼마 지나지 않아 조금씩 비슷해졌으나 나무에 올라가는 것과 목을 돌려 바라보는 것만은 할 수 없었다. 호랑이가 결국 고양이를 탓하자 고양이는 이렇게 말했다. '너는 우리 고양이들을 잘 잡아먹으니, 내가 두렵지 않겠느냐? 이 두 가지를 가르쳐 주지 않는 것은 바로 나의 안전을 위한 것일 뿐이다! 만약 너에게 다 전수해 준다면 훗날 어찌 너의 입을 벗어날 수 있겠느냐?'】

○ 고양이 고기는 해독에, 침은 부스럼을, 태반은 구역질에 효과가 있다. 또한 어금니는 사람이나 개돼지의 어금니처럼 불에 달구어 꿀물과 함께 복용하여 천연두와 도염(倒靨: 딱지나 검은 사마귀)을 치료한다.

『본초강목(本草綱目)』

　내가 살펴보니, 『본초강목』에 '고양이 고기는 맛이 없어 식자재에 들지 않는다. 이러한 이유로 먹는 자가 드물다. 간혹 고양이 고기는 간질, 방광염, 여자의 질경, 어린아이의 천연두에 먹는다'라고 했다. 또 듣기에 어린아이가 늘 쥐 고기를 먹으면 천연두에 걸릴 가능성이 없어지니 고양이 고기가 천연두를 없애게 한다는 것을 알 수 있다. 또한 『본초강목』에 '정월에는 고양이 고기를 먹으면 안 되니 사람을 상하게 할 수 있기 때문이다.'라고 했다. 이는 『예기(禮記)』의 「내칙(內則)」에서 '살쾡이를 먹을 때 등허리 뼈를 버리니, 사람에게 이롭지 않기 때문이다.'라고 한 부분과 뜻이 비슷하다. 고양이 고기를 먹으면 해가 됨을 더욱 알 수 있다.
　향철(香鐵) 황시조(黃侍詔)가 이르길, '우리 마을 사람들은 대부분 고양이 고기를 즐겨 먹는데 치질을 치료할 수 있다고 여긴다.'라고 했다.

도문백(陶文伯)이 이르길, '고양이 고기를 먹는 자는 매우 드무나 대장장이는 즐겨 먹는데 고양이 성질이 차가워 열이 차오르는 것을 막아주기 때문이다.'라고 했다.

훤정참군(暄亭參軍) 장덕화(張德和)가 이르길, '나정주(羅定州) 사람들은 모두 고양이 고기를 즐겨 먹으니, 가응주(嘉應州) 사람들이 모두 개고기를 즐겨 먹는 것과 같다. 어찌 별미가 따로 있겠는가?'라고 했다.

○ 검은 고양이 두개골을 태워 가루로 만들어 복용하면 심장 아래의 체기 및 천식과 잇몸병에 효과가 있다.　　　　　　　『수역방(壽域方)』

○ 검은 고양이 두개골을 태워 가루로 만들어 복용하면 뒤통수의 악성 부스럼에 효과가 있다.　　　　　　　『편민요방(便民療方)』

○ 요매(妖魅)와 묘귀(貓鬼)에 걸리면 재앙의 빌미가 되는데 병든 사람이 말하려고 하지 않으면 사슴뿔 가루를 물에 타서 1치 되는 약숟가락으로 복용하면 바로 효과를 볼 수 있다.　　　　『본초강목(本草綱目)』

○ 화타(華陀)의 결핵병 처방에는 이골산(狸骨散)이 있다. 또 고양이 간은 학질과 폐결핵의 원인인 노채충(勞瘵蟲)을 죽이는 데 효과가 있다.

『본초강목』

○ 사람이 노래를 부르기도 하도 울기도 하는 병에 걸려서 저절로 낫지 않으면 음력 12월에 죽은 고양이 머리를 불에 태워 가루로 만들어서 물에 타 복용하면 저절로 낫는다.　　　　　　『천금방(千金方)』

○ 사람이 쥐에 물려 상처가 나면 고양이 털을 불에 태우고 남은 부분을 사향과 조금 섞어서 기름으로 만들어 골고루 바른다.

『경악전서(景嶽全書)』

내가 살펴보니, 이 방법은 조 씨(趙氏)가 고양이 두개골을 불태워 가루로 만든 것을 활용한 것이다. 또 '고양이 털을 태워 가루를 기름에 개어서 귀신이 핥은 것처럼 머리에 생긴 부스럼을 치료한다.'라고 했다.

○ 달팽이가 귀에 들어오면 고양이 오줌을 떨어뜨려 치료하는데, 생강과 마늘을 고양이 어금니와 코에 문지르면 고양이가 오줌을 절로 눈다. 또한, 고양이 오줌은 전갈에 쏘였을 때 효과가 있다. 또한, 고양이 오줌에다 복숭아씨를 섞으면 어린아이의 학질에 효과가 있다.

『본초강목(本草綱目)』

○ 고양이를 거울에다 비추면 영리한 놈은 형체를 보고서 소리를 지르고 모자란 놈은 그렇지 않다.　　『정란석척독(丁蘭石尺牘)』

○ 가뭄에 고양이가 갑자기 때 아닌 때 물을 마시면 비가 온다.

『증언(甑諺)』

○ 고양이는 술을 마실 수 있기에 이순보(李純甫, 1177~1231)의 「묘음주(貓飲酒)」라는 시가 있다.[2]　　『고금시화(古今詩話)』

내가 살펴보았다. 고양이가 술을 마신다는 것을 내가 예전에 시험해 보았는데, 과연 그러했다. 다만 술잔으로 빨리 마시지는 못하고 주둥이를 술에 담가 적셔 핥아 맛을 본다. 그렇게 하면 놀라서 달아나지 않는데, 10번 마신 뒤에는 문득 거나하게 취한 듯했다. 요즘 고양이는 담배 연기도 마실 수 있다. 인동(寅東) 진순윤(陳巡尹)이 다음과 같이 말했다. "장소연(張小涓)이란 자가 절중현위(浙中縣尉)

2　이순보(李純甫)의 「고양이가 술을 마시다[貓飲酒]」라는 시는 7. '논평과 작품'에 보인다.

가 되었다. 벼슬에 오르기 전 온주(溫州)에서 잠시 거처하였는데 그곳에 고양이 몇 마리가 담배를 둔 책상에 버릇처럼 올라왔다. 장소연은 늘 담배 연기를 뿜어냈고 고양이들은 코로 들이마셨는데, 한참 뒤에는 연기에 취한 모습이 되었다. 고양이들은 담뱃불을 켜는 것을 볼 때마다 와서, 담배를 다 피우면 가버렸다. 이에 사람들이 장소연의 고양이도 골초라 하니 듣는 사람 중에 웃지 않는 이가 없었다." 그렇다면 고양이가 술과 담배도 즐긴다는 것이니, 또한 우스운 일이다.

○ 단단하고 질긴 말채찍으로 고양이를 치면 치는 방향대로 찢어진다.

『범촉공기사(范蜀公記事)』

○ 고양이가 죽으면 땅에 묻지 않고 나무 위에 매달아 놓는다.

『비아(埤雅)』

○ 고양이가 죽어 정원에다 묻으면 대나무가 자란다.

『이원연범(李元蠕範)』

○ 독고타(獨孤陀)의 외조모 고 씨(高氏)가 고양이 귀신을 섬기면서 자일(子日) 밤에 제사를 지냈는데, 자(子)는 고양이의 먹이인 쥐이다. 고양이 귀신은 매번 사람을 죽이고 그 재물을 취하여 은밀히 제사 지낸 이에게 돌아왔다. 집안에 들러붙은 고양이 귀신이 저주 대상인 사람에게 씌면 그는 얼굴이 푸른색이 되어 마치 누군가에게 끌어당겨지는 듯했다. 독고타는 후에 패가망신했으나 죽음은 면했다.[3]

『북사(北史)』

---

3 이 내용은 수(隨)나라 문제 때 일어난 사건으로, 하권(卷下) 7. '논평과 작품'의 왕연매 (王衍梅)의 「묘귀(貓鬼)」라는 시에서 자세히 확인된다.

○ 수(隋)나라 대업 끝 무렵 고양이 귀신 사건이 일어났다. 집에서 기르던 늙은 고양이로 염매(厭魅)[4]를 했는데, 자못 신령했다. 서로 번갈아 거짓된 일로 고소하니 여러 마을에 죽임을 당한 자가 수천여 집이었는데, 촉왕수(蜀王秀, ?~618)가 모두 처벌하였다.

『조야첨재(朝野僉載)』

○ 연진인(燕眞人)이 신선술을 이루어 닭과 개가 함께 신선이 되어 올라갔는데, 고양이만 떠나지 않았다. 사람들이 그것을 보려고 동굴로 가 '신선 형님[仙哥]'이라고 부르면 듣고 대답했다고 한다.

『산천기이(山川記異)』

가흥(嘉興)의 도향(稻香) 장전(蔣田) 선생이 황납석(黃蠟石)을 갖고 있는데 고양이와 매우 비슷하게 생겼다. 우리 집안의 시조(侍詔) 향철(香鐵)이 동선가(洞仙哥)라는 글을 지었는데, 참으로 고상하고 간절했다.

○ 사도(司徒)인 마수(馬燧, 726~795)의 집에 고양이들이 같은 날 새끼를 낳았는데 그중에서 한 마리 어미 고양이가 두 마리 새끼를 낳고 죽었다. 다른 어미 고양이가 달려와 구해주려는 듯하더니, 새끼들을 물고 와 자기 집에 두고서 제 새끼와 함께 젖을 먹였다.

한유(韓愈)의 「묘상유설(貓相乳說)」

○ 좌군사(左軍使) 엄준미(嚴遵美)는 민(閩) 지역 관리로 중인(中仁) 사람이다. 어느 날 미쳐서 덩실덩실 춤을 춘 적이 있었다. 곁에는 고양이

---

4 『당률소의(唐律疏議)』 264조, 「증오조염매(憎惡造厭魅)」에 의하면 염(厭)은 형상을 그리거나, 사람의 형상을 조각하여 심장을 찌르거나, 눈에 못을 박고, 손발을 묶는 등이고, 매(魅)는 귀신에 가탁하거나 혹은 망령되게 사도·요술을 행하는 따위이다.

한 마리와 개 한 마리가 있었는데 고양이가 갑자기 개에게 '장군의 용모가 평소와 다르니 지랄병이 도졌군.'이라 하니, 개가 '신경 쓰지 말게.'라고 했다. 잠시 뒤 춤을 멈추고 스스로 놀라기도 하고 웃기도 하다가 고양이와 개의 말을 기이하게 여겼다. 소종(昭宗, 867~904)이 도성을 떠나 딴 곳으로 피할 때 벼슬에서 물러나기를 청하였다.

『북몽쇄언(北夢瑣言)』

○ 촉나라 왕이 총애하는 신하인 당도습(唐道襲, ?~913)은 집에 고양이를 길렀다. 고양이는 폭우가 내리자 처마 밑에서 물장난을 하였는데, 점점 더 자라더니 잠시 뒤 앞발이 처마에 닿았고 갑자기 천둥과 번개가 몰아치자 용으로 변해 날아갔다.　　　　　　『계신록(稽神錄)』

○ 성자허(成自虛)가 눈 내리는 밤 동양역(東陽驛)의 절에서 묘개립(苗介立)을 만났는데, 묘개립이 다음 같은 시를 읊었다. "고기 먹으며 주인의 깊은 은혜에 부끄럽다가, 날 저물어 비단이불에 몸을 말고 누웠네. 게다가 지혜로운 자가 흑백의 앎을 배웠으니, 어찌 좋은 벼슬로 내 마음 움직이랴." 다음 날 보니, 묘개립은 바로 한 마리 큰 얼룩 고양이었다.　　　　　　『연감유함(淵鑑類涵)』

　내가 살펴보니, 당나라 때 진사(進士) 왕수(王洙, 997~1057)의 『동양야괴록(東陽夜怪錄)』에 다음과 같은 기록이 있다. '팽성(彭城)의 수재인 성자허(成自虛)는 자(字)가 치본(致本)인데, 원화(元和) 9년(814) 11월 9일에 위양현(渭陽縣)에 도착했다. 이날 밤에 눈보라가 쳐서 절간에 머물렀다가, 스님 및 몇 사람들과 눈을 소재로 시에 관해 이야기했다. 노쇠한 스님은 지혜가 높았는데 꼽추 병에 걸렸다. 그는 전생에 하음(河陰)의 전운사(轉運使) 순관(巡官) 및 좌효위(左驍衛)의 주조장(胄曹長)이었는데, 이름은 여의마(廬倚馬)로 나귀였다. 또한 경거문(敬去

文)이라는 자는 개였고, 이름이 예금(銳金), 성이 해(奚)씨인 자는 닭이었다. 도림객(桃林客) 경거장군(輕車將軍)인 주중정(朱中正)은 소였고, 위장호(胃藏瓠)는 바로 고슴도치였다. 위장호가 또 묘개립(苗介立)에 대해 의논해 말하길, '꿈틀대는 이 사람은 대단한 발톱이 있네. 듣자니 결백하고 청렴하여 창고를 잘 관리한다지. 오직 땅강아지처럼 추하니 평판을 속이기는 어렵겠구나.' 묘개립이 말했다. '나는 투백비(鬪伯比)[5]의 후손으로 초(楚)에서 성을 얻었고 황여(皇茹)에서 일족이 갈라졌으니, 사전(祀典)에 기록되고 배향된 것이 『예기』에 기록되어 있다."

○ 소철(蘇轍, 1039~1112)이 예전에 단약(丹藥)을 단련하여 황금과 백은 만드는 법을 시도한 적이 있었다. 단련을 위한 불을 피웠는데, 큰 고양이 한 마리가 화로에 버티고 있으면서 오줌을 눴다. 고양이를 꾸짖어도 쳐다보지도 않았고 단약은 끝내 완성되지 못했다.

『설령(說鈴)』

내가 살펴보았다. 허오(許遨)는 환술을 부려 남에게 단약을 구워 주었다. 49일이 되어 단약이 완성되려고 할 때마다 반드시 개가 고양이를 쫓다가 화로를 건드려 깨트렸다는 내용이 송나라 장군방(張君房)의 『승이기(乘異記)』에 보인다. 내가 볼 때, 소철이나 허오가 단약을 만들지 못한 것은 각각의 이유가 있겠지만, 그 원인이 똑같이

---

5 『춘추좌씨전(春秋左氏傳)·선공(宣公) 4년』에 의하면 옛날에 투백비(鬪伯比)라는 사람이 운(鄖)나라의 공녀(公女)와 간음을 하여 아들을 낳았는데, 운나라 임금의 부인이 사람을 시켜 그 아이를 몽(夢)이라는 습지대에 버리니 범이 와서 그 아이에게 젖을 먹였다. 여기에서는 자신(고양이)을 호랑이의 후손이라 말한 것이다.

고양이에게서 나왔다는 것이 또한 기이하다.

○ 항주성(杭州城) 동쪽 진여사(眞如寺)에는 홍치(弘治: 1488~1505) 연간에 경복(景福)이라는 스님이 고양이 한 마리를 길렀는데, 날이 갈수록 고양이가 온순해졌다. 매번 동굴에서 나와 불경을 외우게 되면 고양이를 자물쇠로 묶어 두었다. 돌아올 때 문을 두드려 고양이를 부르면 고양이는 자물쇠를 물고 동굴 밖으로 나왔다. 만약 다른 사람이 문을 두드리면 소리도 내지 않았고, 경복 스님의 목소리가 아니면 고양이는 끝내 응답하지 않았으니, 이 또한 적잖이 기이한 일이다.
『칠수유고(七修類稿)』

○ 금화묘(金華貓)는 기른 지 3년이 되면 매번 한밤중 지붕 위에서 웅크리고 있는데, 달을 마주해 입을 크게 벌리고 정기를 들이마시다가 한참이 지나면 요괴가 된다. 이 고양이는 매번 사람을 현혹하는데 여자를 만나면 미남으로, 남자를 만나면 미녀로 변신한다. 인가(人家)에 이르면 우선 물에다 오줌을 누는데, 사람이 그 물을 마시면 고양이의 모습을 볼 수 없게 된다. 깊은 밤에 우연치 않게 금화묘를 만나게 되면 푸른 옷을 머리에 뒤집어씌우고 동틀 무렵 그것을 살펴본다. 만약 털이 있으면 사냥꾼과 은밀히 약속하여 여러 마리 개를 끌고 와서 금화묘를 잡는다. 그 고기를 병든 이에게 구워 먹이면 병이 절로 낫는다. 만약 남자의 병에 수컷을 잡거나, 여자의 병에 암컷을 잡게 되면 효과가 없다. 부고(府庫) 장광문(張廣文)에게는 18세인 딸이 있는데 괴이한 일을 당하여 머리카락이 다 빠졌다. 이후에 금화묘 수컷을 잡아먹으니 병이 비로소 나았다.
『견호집(堅瓠集)』

○ 정강(靖江) 장 씨의 진흙 도랑에는 가끔 검은 기운이 뱀처럼 위로 올라와 온천지가 어두워졌는데, 푸른 눈을 가진 사람이 어둠을 틈타

여종과 간음했다. 장 씨가 부적술하는 도사들을 널리 찾아와 퇴치하
게 했지만, 효과가 없었다. 바로 달려가 장천사(張天師)⁶에게 요청하
니 곧장 검은 구름이 사방에서 일어났고, 도사는 기뻐하며 말했다.
"이 요괴는 이미 천둥에 죽었다네!" 장 씨가 집에 돌아와 보니 지붕
끝에 벼락에 맞아 죽은 고양이가 있었는데 크기가 나귀만 했다.

『자불어(子不語)』

○ 곽태(郭泰, 128~169)의 부인이 집에서 고양이 한 마리를 길렀는데
매우 영특했다. 여종이 이 고양이를 볼 때마다 때렸기에 고양이는
여종을 매우 두려워했다. 하루는 선물 받은 배를 여종에게 잘 보관
하라고 하였는데 며칠 뒤 세어보니 6개가 모자랐다. 주인은 여종이
훔쳐 먹었다고 의심해 그를 회초리로 때렸다. 잠시 뒤 부엌 아궁이
속을 찾아보니 배가 있었는데 배마다 고양이 발톱 흔적이 있어서
고양이가 배를 훔쳐 여종에게 보복하려 한 것임을 알게 되었다. 여
종이 화가 나서 고양이를 죽이려고 하니 곽태의 부인이 "고양이는
보복에 훤하고 영특함이 있으니 만약 죽인다면 원한이 더해져서 아
마 다시 보복할 것이다."라고 했다. 여종이 그제야 깨닫고 다시는
고양이를 때리지 않았고 고양이도 더는 여종을 두려워하지 않았다.

『열미초당필기(閱微草堂筆記)』

○ 아무개 공자(公子)가 관아의 서기가 되었는데 고양이를 좋아하여
늘 10여 쌍을 길렀다. 하루는 부인이 여종을 불렀는데 답이 없고
갑자기 창밖에서 대신 답하는 자가 있었는데 목소리가 너무나 이상

---

6 장천사(張天師)는 중국 후한(後漢) 말기의 종교 지도자 장도릉(張道陵, 85?~157?)이
   다. 자는 보한(輔漢). 도교(道教)의 원류라 하는 천사도(天師道)의 창시자이다. 천인
   (天人)이 내리는 도(道)를 받고, 사람들의 병을 잘 고쳤으므로 많은 신자를 얻어 천사
   (天師)라 불리었다.

했다. 공자가 나가 보니 아무도 없고 고양이 한 마리가 창가에 웅크리고 앉아 공자를 돌아보았는데 웃는 표정을 하고 있었다. 놀라서 사람들에게 말하고 함께 보면서 장난삼아 "방금 대답한 것이 너냐?"라고 물으니 고양이가 "그렇다."라고 말했다. 사람들이 떠들썩하게 이야기하다가 불길한 것이라 여겨 갖다버리자고 했다.

『야담수록(夜譚隨錄)』

○ 다음은 영야정(永野亭) 황문(黃門: 내시)이 말한 내용이다. "한 친척 집에서 고양이가 갑자기 사람 말을 하니, 깜짝 놀라 묶어서 매질하며 까닭을 물었다. 고양이가 말하길 '말할 수 없는 게 아니지만, 금기를 범하기 때문에 감히 말하지 않을 뿐이다. 암고양이는 사람 말을 하지 못한다.'라고 했다. 연이어 다시 암고양이를 매질하자 과연 또 사람 말을 하며 풀어달라고 했다. 그 집안사람들이 그제야 믿고 고양이를 풀어주었다."

『야담수록』

○ 호군참군서(護軍參軍舒) 아무개는 노래를 잘하였다. 하루는 문밖에서 갑자기 노랫소리가 들리는데 맑고 기묘하며 박자도 잘 맞았다. 몰래 나가 엿보니 고양이였다. 놀라 친구들을 불러 함께 보고 돌을 던지니 그 고양이는 폴짝 뛰어 사라져 버렸다.

『야담수록』

내가 살펴보니, 고양이가 사람 말을 하는 것은 엄준미(嚴遵美)의 기록에서 처음 보인다. 관아 서기의 고양이가 사람 대신 답한 것은 그다지 불길한 것은 아니다. 영황문(永黃門)이 말한 내용은 수컷 고양이는 모두 말할 수 있고 암컷 고양이는 그렇지 않다고 하니 이는 특이하다. 그런데 사람 말을 하면 안 되는 데 말을 했으니, 매질을 당하고 버려지는 것이 당연하다. 이는 『태평광기(太平廣記)』에 실린 '이러지 마세요, 이러지 마세요.'라는 고양이의 말과 더불어 모두 풍자한 말이다. 고양이가 노래를 배웠다는 것은 이[蝨]가 부(賦)를 읽었다는 것과 같으니, 참으로 유달리 생소하다.

　도향(稻香) 장전(蔣田)이 이르길, '양춘현(陽春縣)의 수아서(修衙署)에서 견고한 담을 쌓았다. 하루는 담을 쌓는 기술자가 밥을 먹지 못했는데 고양이가 와서 밥과 국을 훔쳐 먹자 기술자는 너무 화가 나서 고양이를 잡아 산채로 담장 속에 넣고 담을 쌓아 죽여버렸다. 공사가 끝난 뒤 관아 사람들은 모두 불안했는데 대부분의 하인들과 어린아이들이 병에 걸려 죽었다. 이 때문에 무당에게 가서 점을 치니 무당이 이 고양이 귀신이 재앙을 끼치고 있는데, 담장 속 어느 모퉁이 있다고 했다. 이에 담장을 무너뜨려 보니 과연 죽은 고양이가 있었다. 무당이 말해준 대로 향로로 제사를 지내고 먼 들판에 묻어주자 이후로 이 관아는 편안해졌다. 이 일은 도광(道光) 16년(1836)에 있었던 것으로 내가 군막에 있을 때 직접 보았다.'라고 했다.

　또 이르길, '호남(湖南)에 묘산(貓山)이 있는데 전해오는 말에 의하면 옛날 요괴가 된 고양이가 있었는데 족속이 매우 번창하였고 그 자손은 모두 사리를 이해하는 것 같았다. 고양이가 죽으면 모두 이 산에 묻었는데 그 무덤이 점차 많아져 수를 헤아릴 수가 없었다. 이 산에는 대나무가 나는데 이름이 묘죽(貓竹)으로 매우 풍성하고 아름답다. 그런데 고양이를 묻은 곳이 아니면 자라지 않는다. 묘죽이라는 이름도 이것에서 비롯되었으니 모죽(毛竹)이나 모죽(茅竹)는 모두 잘못된 것이다.'라고 했다.

　내가 살펴보니, 죽은 고양이를 대나무밭에 묻으면 대나무가 잘 자라고 아울러 멀리 있는 대나무도 끌어올 수 있다고 한다. 이에 근거한다면 『본초강목』의 기록은 거짓이 아니다. 『병벽백금방(洴澼百金方)』에 '묘죽으로 만든 무기'라는 부분에도 모죽(毛竹)이라 하지 않았다.

여람경(余藍卿)이 이르길, '가경(嘉慶) 16년(1811)에 하남에서 백련교와 천리교가 난을 일으키자 봉화 연기가 여러 고을로 이어졌다. 이때 마을에서는 고양이가 개를 낳고 닭이 고양이를 낳는 이상한 일이 있었다.'라고 했다.

손적문(孫赤文)이 이르길, '도광(道光) 병오년(丙午年: 1846) 여름과 가을 사이에 절강성의 항소(杭紹)와 영태(寧台) 일대에 전해지는 요괴가 있는데 삼각묘(三脚貓)라 불린다. 매번 해 질 무렵에 피비린내 나는 바람이 불어오면 번뜩 사람이 사는 방으로 들어가 홀리는데, 거의 제정신을 잃게 한다. 이 때문에 집집마다 방문에 징을 매달아 놓고 바람이 불어오면 힘껏 쳐서 소리를 내면 요괴가 징 소리를 두려워서 달아난다. 이 같은 일을 몇 달이나 해야지만 사람을 홀리지 않으니 삼각묘도 요물이다.'라고 했다.

회계(會稽)의 용헌(蓉軒) 도여진(陶汝鎭) 선생이 이르길, '고양이는 신령하고 청결한 짐승이라 소·나귀·돼지·개와는 완전히 다르기에 귀한 이든 천한 이든 모두 소중히 여긴다. 또, 예로부터 간악한 자들은 다시 태어나 소·말·개·돼지로 전락했으니, 백기(白起)·조만(曹瞞)·이임보(李林甫)·진회(秦檜)와 같이 무리가 한둘이 아니다. 그러나 고양이로 다시 태어났다는 경우는 듣지 못했으니, 고양이는 신선이 사는 동굴의 영험한 동물로 다른 가축들과는 다르다.'라고 했다.

월농(月農) 순윤(巡尹) 유음당(劉蔭棠)이 이르길, '번우현(番禺縣)의 사만(沙彎)과 교당(茭塘) 경계에는 노서산(老鼠山)이 있는데 그 주변은 도적 소굴이다. 이전 제독인 제부(制府) 이호(李瑚)는 이를 걱정하여 산 정상에다 쇠로 커다란 고양이를 만들어 진압하고자 했다. 고양이 모양은 입을 벌리고 발톱을 세운 모습으로 만들어졌는데 높이가 엄

청났다. 내가 예전에 죄인을 잡다가 이곳에 가서 직접 올라가 보았는
데, 유람객들이 종종 먹을 것, 수건이나 부채 등을 고양이 입에 던지
면서 배불리 먹으라고 하니 무슨 이유인지 모르겠다.'라고 했다.

적만(笛灣) 호지차(胡知艖)가 이르길, '천진(天津) 선창가에는 철묘
장군(鐵貓將軍)이 있다. 전하는 말에 의하면 이전 왕조 때 버린 전함
에서 살던 철고양이라 한다. 선창(船廠)에는 버려진 고양이가 매우
많았는데, 이 고양이만 유독 컸다. 세월이 오래되어 요괴가 되었기
에 조서를 받들어 호를 내리고 매년 으레 천진도(天津道)에서 직접
가서 한 차례 제사를 지내는 것이 지금까지도 이어진다.'라고 했다.

여람경(余藍卿)이 이르길, '금릉성(金陵城) 북철묘장(北鐵貓場)에는
철로 만든 고양이가 있는데, 높이는 4척쯤 되고 물속에 가로로 누운
모습이다. 예스러운 정취가 나며 어느 시대 것인지는 모르겠는데,
전설에 의하면 이 고양이를 어루만지면 아들을 낳는다고 한다. 추
석날 밤이 되면 여자나 남자나 할 것 없이 구름처럼 이곳에 모여든
다.'라고 했다.

○ 승려 도굉(道宏)이 매번 마을 사람들 집에 가서 고양이를 그려주면
쥐가 없어진다.   『등춘화계(鄧椿畫繼)』
○ 호랑이가 사람을 잡아먹으면 선보름에는 상체를 일으키고 후보
름에는 하체를 일으키니 고양이도 쥐를 잡아먹으면 똑같이 한다.
                                              『칠수유고(七修類稿)』
○ 살쾡이가 집에 거처하면 쥐 떼가 사라진다.   『여씨춘추(呂氏春秋)』

내가 살펴보니, 이 살쾡이는 바로 고양이로 『한비자(韓非子)』 등
여러 책에 기록되어 있다.

○ 평양(平陽) 영취사(靈鷲寺) 묘지(妙智) 스님이 고양이 한 마리를 길렀는데, 불경을 읽을 때마다 스님의 방석 아래에서 엎드려 경청했다. 어느 날 고양이가 죽자 스님이 묻어주었는데, 갑자기 연꽃이 자라 꽃이 만발하였으니 연꽃은 고양이 입속에서 나온 것이었다.

『구강일지(甌江逸志)』

○ 숭정(崇禎) 14년(1641)에 초부(楚府)의 고양이와 개가 눈물을 흘리고 곡을 하며 슬피 울었다. 이때 반역이 일어난 지역에서 재앙의 불길이 타올랐는데 초부가 더 심한 피해를 입었으니, 이것은 재앙의 징조였다.

『수구기략(綏寇紀略)』

○ 숭정(崇禎) 15년(1642)에 산동(山東)의 어떤 부인이 동물을 낳았는데, 머리가 둘인 고양이였다. 머리에 뿔이 있었고 뿔 끝에는 눈이 달려 있었으며, 몸은 사람과 같았고 팔은 늘어뜨리면 무릎 아래까지 내려왔다. 지방을 순찰하던 대신이 들은 것을 조정에 보고했다.

『수구기략』

○ 6가지 가축에 말은 포함되지만, 고양이는 포함되지 않는다. 그런데 말은 북방의 짐승인데 어쩌다 남쪽 지역에서 가축이 되어 집집마다 기르게 되었는가? 가축에서 말은 제외하고 고양이를 포함한다면 공평해질 것이다. 모기령(毛奇齡, 1623~1716)이 일찍이 이런 말을 했는데, 후대 이름난 선비들이 의논하여 이 말을 『예경(禮經)』에 넣었다면 영원히 전할 책이 되었을 것이다.

순안(淳安) 주상치(周上治)의 『청태원외집(靑苔園外集)』

내가 살펴보았다. 예전에 울정(蔚亭) 양광문(楊廣文)이 태평(太平) 척학천(戚鶴泉) 진사와 이에 대해 언급하면서 이르길, '말은 북방의 짐승으로 힘이 농사와 전쟁에 활용되었기에 6가지 가축에서도 으뜸이다. 효용의 대단함으로 보자면 말이 훌륭하고, 효용의 드넓음으로 보자면 고양이가 올바르다.'라고 했다. 『예경』은 북방 사람들이 저술한 것이니, 애초에 말은 북방에서만 서식하고, 고양이는 온 천하에 서식한다는 것을 이해하지 못했다. 그러니 말과 고양이의 효용에 대한 양광문과 척학천의 말은 매우 공평하고 타당하다.【울정(蔚亭)의 이름은 병(炳)으로, 평양(平陽) 사람이다.】

훤화참군(暄和參軍) 장덕화(張德和)가 이르길, '고양이와 뱀이 교배하면 이묘(狸貓)를 낳기에 이묘의 얼룩무늬가 뱀 같다.'라고 했다. 이 말은 황강(黃岡)의 권동(權同)이 태수로 있을 때 민간에서 들었던 이야기라 생각한다. 아! 진실로 그럴까? 그런데 서로 다른 짐승이 교배하는 일이 종종 있긴 하다. 우선 이런 이야기를 남겨두어 고상하고 박식한 이의 질정을 기다리겠다.【황한이 직접 기록하다.】

고소(姑蘇)의 원금(爰琴) 진본공(陳本恭)이 이르길, '호랑이 뼈는 짐승들이 피하고 고양이 가죽은 쥐들이 피하며 수달 가죽은 물고기가 피하니, 이는 뼈와 가죽에 본성이 아직 남아있기 때문이다. 그런데 이는 반드시 그 동물이 본체대로 있을 때 효과가 있는 것이지, 만약 뼈를 삶고 가죽을 무두질하고 깃털을 불에 그슬리면 그렇지 않게 된다.'라고 했다.

내가 살펴보았다. 어느 서쪽 지방 나그네가 이르길 '가죽 중 고급 모피는 흑색에 윤기가 나는 것이 좋은 것인데, 이름이 묘연(貓㲮)으로 자묘(紫貓)와 비슷하면서도 다르다.'라고 했다. 이 '연(㲮)'이란 글자는 『주례(周禮)·고공기(考工記)』 포인(鮑人)의 주석에 보인다. 『석문(釋文)』을 보면 '연(㲮)은 사람들이 가죽을 단정히 주름을 펴는 것이다.'라 했다. 『통속편(通俗編)』에는 '가죽을 가공하는 것을 연(㲮)이라 한다.'라고 했다. 『육서정와(六書正訛)』에도 보이는데, '가죽을 무두질한다.'를 세간에서는 천(濺)이라 쓰는데 잘못된 것이다.'라고 했다.

동성(桐城)의 소도(少塗) 유계(劉繼)가 이르길, '도광(道光) 병오년(丙午年: 1846) 봄에 집에서 기르는 노마묘(老麻貓)가 털이 하얀 새끼 한 마리를 낳았는데, 하늘하늘한 긴 털이 마치 사자와 같았다. 친구 방존지(方存之)가 이 고양이는 특이한 품종이라 쉽게 얻을 수 없다고 했다. 기른 지 몇 년이 지나고 아침저녁으로 온 집 안을 돌아다니자 쥐의 씨가 말랐다. 하루는 해가 뜨기 전 이 고양이가 갑자기 내 침상 위로 올라와 크게 몇 번 울부짖다가 떠났는데 잠시 뒤 죽어버렸다. 평범한 고양이가 특별한 새끼는 낳아 영험함이 이와 같았지만 오래 살지 못했다. 슬프도다!'라고 했다.

상사(上舍) 하초(霞樵) 동유(董斿)가 이르길, '사천(四川) 중부 지역의 어느 일족인 동묘(峒苗)는 묘(苗) 노래로 조상에게 제사 지내는데, 거칠고 속되어 이해하기가 어렵다. 그 음을 길게 늘이면 조상신이 제사를 받고 종족이 번성한다고 생각했다. 전하는 말에 의하면 요(獠)·동(獞)·요(猺)·묘(貓)는 모두 백월(百粵)이 남긴 종족으로 전(滇)·검(黔)·초(楚)·촉(蜀)과 남월(南粵)과 민월(閩粵) 사이에 흩어져 살고 있으며, 묘(貓)는 후대에 묘(苗)로 이름이 바뀌었다.'라고 했다. 【하초는 태순(泰順) 사람으로 예전에 사천(四川)의 도독(都督) 장려당(蔣礪堂)의 막객(幕客)이었다.】

내가 살펴보니 휘주(徽州) 반희곡(班戲曲)의 「묘아가(貓兒歌)」는 「수묘가(數貓歌)」라고도 하는데, 이는 잰말놀이[발음하기 어려운 말을 빨리 외우는 놀이]의 일종이다. 고양이의 주둥이와 꼬리의 수는 하나뿐이지만, 귀와 다리의 경우 2개, 4개로 점차 늘어나고, 고양이 수가 6마리나 7마리에 이르게 되면 발음이 급하고 빨라져 혼란스럽게 되는데, 대개 급해지면 계산이 어려워지기 때문이다. 예보(豫甫) 예무동(倪楙桐)이 이르길, '도성 재주꾼 중에 팔각고(八角鼓)라는 유명한 자가 있는데 입놀림이 경쾌하여 이 노래를 잘한다. 고양이 수가 10여 마리에 이르게 되면, 노래가 급해질수록 더욱 낭랑해졌으니, 이 사람은 이 기예에 정통한 자다.'라고 했다. 【고양이 노래의 대략적인 내용은 다음과 같다. '한 마리 고양이는 하나의 긴 주둥이, 두 개의 늘어진 귀와 하나의 꼬리네. 네 개의 다리로 앞서 달리고, 달리다가 앞마을에 이르네. 두 마리 고양이는 두 개의 긴 주둥이, 네 개의 늘어진 귀와 두 개의 꼬리네. 여덟 개의 다리로 앞서 달리고, 달리다가 두 개의 마을에 이르네.' 이하 내용도 이와 비슷하니 귀와 다리 개수가 점점 늘어날 뿐이다.'】

예예보(倪豫甫)가 또 이르길, '하동(河東)의 효자인 왕수(王燧)의 집에는 고양이와 개가 서로의 새끼에게 젖을 먹이니, 주지사(州知事)와 현지사(縣知事)에게 말해 표창을 받게 되었다. 조사해보니 고양이와 개가 동시에 새끼를 낳았는데, 사람이 그 새끼들을 데려다 서로의 집에 두고 젖 먹이는 것을 일상적인 습관으로 만든 것이었다. 이는 『지낭보(智囊補)』에 보이며 「위효(僞孝)」 조목에 들어 있다. 당시에는 필시 효성으로 감화하는 것에 표창을 주었을 것이다. 그렇다면 동물의 신기한 점에 거짓으로 의탁한 것이었으니, 우스운 일이다. 【예보는 절강성의 소산(蕭山) 사람이다.】

유월농(劉月農)이 이르길, '명나라 태후의 고양이는 염불하는 소리를 알아들을 수 있어서 불노(佛奴)라는 호칭을 얻었다. 내 생각에 고양이가 잘 때 내는 가르랑 소리가 염불 소리와 비슷해서인 듯하니, 정말로 고양이가 염불을 알아들은 것은 아니다. 그러나 이로 인해 태후의 총애를 받아 '불노'라는 아름다운 호칭을 얻었으니, 어찌 고양이가 특별한 대우를 받은 것이 아니겠는가? 【황한이 직접 기록하다.】

소동(小東) 사학안(謝學安)이 이르길, '일반적으로 고양이는 집을 알고 개는 사람을 안다고 한다. 집들이 물고기 비늘처럼 이어져 있는 수백 가구의 거리라도 고양이는 길을 찾아 집으로 돌아오지만, 집 밖 거리에서는 주인은 알아보지 못한다. 개는 사람을 따르기 때문에 백 리 밖에서도 알아보니 어찌 짐승의 타고난 성질이 이처럼 다른가!'라고 했다. 【소동은 소산(蕭山) 사람이다.】

소산(蕭山) 심천(心泉) 심원홍(沈原洪)이 이르길, '고양이는 반드시 세상에 필요하다고 하지만 뱃사람들이 모두 개를 기르고 고양이는 적게 기르는 건 무엇 때문인가? 아마도 고양이는 육지에만 익숙하고 물에서 익숙하지 않아서 그러한가? 반드시 이유가 있을 것이다.'라고 했다.

내가 살펴보니, 고양이는 불의 짐승이라 물을 매우 싫어하고 개는 땅의 짐승이라 물을 두려워하지 않고 쥐도 잘 잡기 때문에 뱃사람들 대부분이 개를 기르고 고양이는 많이 기르지 않는다. 또 살펴보니, 주우농(周藕農)의 『잡설(雜說)』에 이르길, '고양이는 소금을 싫어하지만, 동쪽 바다 고양이는 바닷물을 마시기도 한다. 고양이는 추위를 싫어하지만, 티베트의 고양이는 얼음에도 누워있으니 습관에 따라 그렇게 된 것이다. 지금 고양이가 파도치는 것을 무서워함은 육지에 익숙하고 물에 익숙하지 않아서이다.'라고 했다.

예예보(倪豫甫)가 이르길, '호남(湖南) 익양현(益陽縣)에는 쥐가 많은데도 고양이를 기르지 않았다. 모두들 관아에 쥐의 왕이 있는데 웬만하면 나오질 않고 한번 나왔다 하면 관아에 좋지 못한 일이 생긴다고 했다. 관아에는 이 때문에 고양이를 기르지 않을 뿐만 아니라 매일같이 관아의 식량으로 쥐에게 밥을 준다고 했다. 도광(道光) 계묘년(癸卯年: 1843)에 운남(雲南)의 진사 왕삼림(王森林)이 이 고을에 수령이 되었을 때 내가 마침내 가보았다. 내가 거처한 건물은 매우 크고 높았고 초목이 무성하여 매번 오후가 되면 쥐들이 담장 틈에서 나와서 놀거나 다투기도 하는 경우가 셀 수도 없었는데, 자주 보다 보니 이상하지 않았다. 하루는 큰 고양이가 지붕 처마 밑에서 엿보다가 큰 쥐를 잡았는데, 서로 한참 동안 싸우다가 쥐가 힘을 다 써버려서 죽어 버렸다. 이후로 고양이는 매일같이 쥐를 잡았다. 10일이 지나자 쥐 한 마리도 나오지 않게 되었고 결국 조용해졌다. 아! 고양이 본성이 영리하다고 하지만 교활한 쥐를 어찌하겠는가? 그런데 내가 3년 동안 관아에 있으면서 한 번도 옷과 물건을 물어뜯지 않았으니, 어쩌면 쥐가 길러준 은혜를 알아서 감히 훼손하지 않았을 수도 있다. 또 사람이 교묘한 속임수를 쓰지 않아 동물도 편안히 여긴 것일 뿐이다.'라고 했다.

내가 살펴보니, 이렇게 일거에 오래된 해로움을 징벌하여 없앤 것은 고양이의 공이 아니라고 할 수 없다. 다만 쥐를 다 소탕한 뒤에 날마다 관아의 식량을 주지 않게 되었는지는 모르겠다. 속담에 '곡식으로 늙은 쥐를 봉양하는 것은 고요함을 사고 편안함을 구함이다.'라고 했다. 이 또한 시대의 변화이니 한탄할 노릇이다.

진평(鎭平)의 중방(仲方) 문학(文學) 황진원(黃瑨元)이 이르길, '구구라고 부르면 닭이 온다는 것은 『설문(說文)』에 보이고, 월월이라고 부르면 개가 온다는 것은 『연번로(演繁露)』에 보이니, 이것은 같은 소리와 기운끼리 서로 호응하고 찾는 것이다. 고양이는 야옹이라고 부르면 즉시 오고 찍찍 소리를 내도 온다.'라고 했다. 정담(珽湛) 백연정(白淵靜)의 말에 의하면, '입술로 찍찍 소리를 내면 고양이가 오는 것은 소리가 쥐와 비슷하기 때문이다. 이는 바로 같은 동물끼리 서로 감응한 것이니, 관련된 설이 구호(瞿灝)의 『통속편(通俗編)』에 보인다.'라고 했다.

중방(仲方)이 또 이르길, '속칭 고양이를 호구(虎舅)라 하니, 호랑이의 온갖 행동을 따라 하지만, 호랑이와는 달리 나무에는 올라간다. 이 내용은 『육검남시집(陸劍南詩集)』의 주석에 보인다. 양소임(梁紹壬, 1792~?)의 『추우암수필(秋雨盦隨筆)』에도 인용되었는데 출처를 밝히지 않아 확인할 수가 없다.'라고 했다.

내가 살펴보니, 『추우암수필』의 이 구절은 이 글에 포함되었고 현재 우리 집안의 중방(仲方)이 출처를 밝혔다. 이와 같은 속어는 유래가 오래되었기 때문에 더욱 믿을 수 있으며 검증할 수 있다.

중방이 또 이르길, "『유람지여(游覽志餘)』에 실린 항주 속담에 '사람의 행동이 다급한 것은 쥐가 고양이의 위세를 부렸기 때문이다.'라고 했다. 쥐는 고양이를 보는 즉시 달아나 숨는데, 이때 고양이는 더욱 위세를 부리게 된다. 이 말은 여우가 호랑이의 위세를 빌린다는 것과 상응된다."라고 했다.

적만(笛灣) 호병균(胡秉鈞)의 자는 평숙(平叔)인데, 아는 것이 많고 시의 운자에 능수능란했다. 그가 지은 고양이 시에 '고양이[貓] 이름은 본래 싹[苗]에서 왔으니, 세상에 쓰임새가 깊다는 것이지. 여우처럼 귀여운 얼굴에다, 쥐를 잡아 선비의 마음 안정시키네. 조용한 낮에는 머리를 파묻고 졸며, 추운 밤에는 코를 막고 그르렁거리지. 시계처럼 눈동자가 직선이 되어, 때에 따라 나침판처럼 움직인다네.' 또 다른 시에서는 '섣달그믐에 제사를 지내 높이 예우해주고, 자질을 알았기에 여러 경전에 실렸지. 알록달록한 털옷에다, 반짝 빛나는 빛이 눈에 담겨있구나. 냉혹함은 타고난 본성이고, 순수한 음기가 변신한 것이네. 공연히 쥐 떼를 괴롭히지 말지니, 서로 물어뜯어 비린내만 날 뿐이네.'라 하였으니, 모두 뛰어난 시라 즐길 만하다. 두 번째 시는 말에 조롱이 담겨있는데, 어찌 격앙된 마음으로 그렇게 말했겠는가? 평숙은 산음(山陰) 사람으로 지차(知嵯)이니 월(粤) 지역 조주(潮州)에 부임하였다. 【황한이 직접 기록하다.】

영물시(詠物詩)는 우의(寓意)를 중요시하는데, 그렇지 못하다면 운치가 필요하다. 문백(文伯) 도병문(陶炳文)의 고양이 시에, '산방에 쌓인 책을 지키기 위해, 정성껏 꽃 아래 고양이 기르네. 봄 깊어지자 그늘을 찾아, 「소한팔구도(消寒八九圖)」를 그리려 하네.[7]' '범 같은 얼룩무늬는 하늘이 만든 풍모, 동굴 속에서 단약(丹藥)처럼 아홉 번을 단련했네. 의심치 마오! 닭과 개를 따라 떠나지 않고, 선골(仙骨)로 남아 인간 세상에 머무름을.' '마을 쥐 떼 점점 사라져 없어지니, 영험한 위세로 묘한 방책 부렸네. 죄를 다스리고 끝내는 돌아올 수 없는 곳으로 갔으나, 그해에 이미 장탕(張湯)[8]을 비웃었으리.'라 하였다. 뜻이 새롭고 말은 날카로우니 운치가 절로 아름답다. 동생 결보(潔甫) 도사렴(陶士廉)도 절구 시를 지었는데, '봄바람에 한 폭의 모란 그림, 누가 집중하여 설고(雪姑: 흰 고양이)를 그렸나. 구멍 속 쥐 떼에게 묻지만, 최근에 벌써 메추리가 되어 사라졌다네.[9]'라 하였다. 이 시의 고상한 풍류는

7　「소한팔구도(消寒八九圖)」는 구구소한도(九九消寒圖)라 하기도 하는데, 동지(冬至)로부터 봄까지 81일 동안의 날씨를 관측하여, 그해 농사의 풍흉(豐凶)을 예측하던 도표(圖表)이다.

8　『사기(史記)』, 「장탕열전(張湯列傳)」에 의하면 장탕(張湯)은 한(漢)나라 때 혹리(酷吏)로 이름 높은 사람이다. 장탕이 어렸을 적에 쥐가 고기를 훔쳐 먹었는데, 장탕의 아버지가 장탕이 고기를 훔쳐 먹었다고 여겨 회초리를 쳤다. 이에 장탕은 쥐를 끝까지 수색하여 잡아다가 형구(刑具)를 갖추어 놓고 죄를 낭독한 다음 돌로 쳐 죽였는데, 그때 지은 글이 마치 옥리(獄吏)가 죄인을 문초하는 것과 같았다고 한다. 이 글에서 고양이가 쥐를 다 쫓아낸 것이 장탕보다 더 독하고 위세가 있기에 장탕보다 한 수 위이고, 이러한 이유에서 장탕을 비웃었을 것이라 말한 것이다.

9　『예기(禮記)』, 「월령(月令)」에 의하면 계춘(季春)에 대해 일컫기를 "오동나무에 처음으로 꽃이 피고 들쥐가 변하여 메추리가 된다[桐始華, 田鼠化爲駕]."고 하였다.

한 구절마다 여전히 의미가 있다. 【황한이 직접 기록하다.】

○ 고양이는 쥐를 잡는 작은 짐승인데 책에 고양이를 약재로 한 치료법이 왜 그렇게 많이 기록되어 있는가? 고양이는 구멍을 잘 찾아 쥐를 잡을 뿐이다. 본디 대체로 쥐들은 외지고 음침한 곳에 있어서 약재로 쓰기 어려우니, 고양이에 의지해 치료하지 않을 수 없었다.

황궁수(黃宮繡)의 『본초구진(本草求眞)』

○ 장로(張璐)는 '고양이는 타고난 본성이 음험하고 잔인하며, '기절지지(機竊地支)'이다. 그러므로 그 눈은 밤에도 정밀하고 명확하게 볼 수 있고 때때로 몸을 움츠렸다가 펼쳐 잘 뛰어오르며 비린내와 날것을 좋아한다.'라고 했다.

『본초구진』

내가 살펴보니, '기절지지(機竊地支)'라는 4글자는 알 수가 없으니, 아마도 착오인 듯하다. 찾아봐도 바로잡을 만한 잘 기록된 책이 없기에 우선 기록해 두고 훗날의 고증을 기다린다.[10]

○ 12지지(地支)의 3번째에 해당되는 인목(寅木)은 뛰어난 고양이로 쥐들을 다 없앤다. 원래 주석에 보면, '초효(初爻)가 인목(寅木)에 임하면 길신(吉神)이니, 주로 집에 뛰어난 고양이가 있어 쥐를 잘 잡는

---

10 '기절지지(機竊地支)'는 임기응변이나 꾀로 12간지에 정해진 자리나 기능을 훔쳤다는 의미이다. 이 구절은 1819년 편찬된 손손의(孫蓀意)의 『함선소록(銜蟬小錄)』에 보이는데, 황한이 이 글을 쓸 당시 『함선소록』은 실전되어 확인할 수 없었다. 자세한 내용은 다음과 같다. "고양이는 체(體)는 양(陽)이지만 용(用)은 음(陰)으로 음험하고 잔인한 성품을 부여받아 기변(機變)으로 지지(地支)를 훔쳤다. 그러기에 그 눈은 밤에도 정밀하고 명확하게 볼 수 있고 때때로 몸을 움츠렸다가 펼쳐 잘 뛰어오르며 비린내와 날것을 좋아하여 익히지 않고 먹어도 잘 소화한다.[猫之體陽而用陰, 性禀陰賊, 機竊地支, 故其目夜視精明, 而隨時收放善跳躍, 而嗜腥生不熟食而能消化.]"

다.'라고 했다. 『복서정종(卜筮正宗)』,「신증가택편(新增家宅篇)」

　내가 살펴보니, 일설에 호랑이와 고양이 모두 인(寅)에 속해 비슷하다고 하니, 이것에 근거한다면『복서정종(卜筮正宗)』의 내용은 믿어도 될듯하다.

○ 전하는 말에 아이가 세상에서 나와 처음 울 때 고양이가 그 옆에서 함께 울면 그 자식은 영험하고 비범하다고 한다. 그런데 고양이가 곁에 있기만 할 뿐 울지 않으면 그 자식의 외모는 볼품없지만, 위엄이 있다고 한다. 영험하다는 이야기는 그래도 이치가 있지만, 외모가 볼품없다는 부분은 이해할 수 없다.

척학천진사(戚鶴泉進士)의 『회두상(回頭想)』 속편(續篇)

　내가 살펴보니, 주련지(朱聯芝)의 『영추자(詠醜子)』에 이르길, '만나면 늘 욕하고 미워하고 싶으니, 갓 태어나서는 고양이를 닮지 말라.'라고 했다. 구(甌) 지역 사람들에게는 아이를 낳으면 어려서는 고양이를 닮지 말고 커서는 개를 닮지 말라는 속담이 있다. 이는 고양이는 갓 태어났을 때 대부분 못생겼고, 개는 크면 대부분 못생겼기 때문이다. 『회두상(回頭想)』에 인용한 부분은 아마도 여기에 근거한 이야기이리라!

○ 집고양이를 잘못 기르면 들고양이가 되는데, 들고양이가 죽지 않으면 한참 후에는 요괴가 된다.
선대부(先大父) 거암공(醵庵公)이 기록하다.

정우생(丁雨生)이 이르길, '혜조도(惠潮道) 관아에는 들고양이가 많은데, 한밤에 갑자기 나타나 두 눈에서 불빛이 번뜩여 바라보면 반딧불 같다. 이는 주인을 잃은 고양이가 달 기운과 이슬을 오랫동안 마시고 점점 요괴로 변한 것이기에, 담장과 지붕을 오르내리며 날듯이 민첩했다. 여름철 바다 갈매기가 날아올 때면 나무에 올라가 잡아먹었다. 뜰에 길렀던 공작새를 물어 죽이더니, 이후로는 문득 들고양이가 다시 돌아오지 않았다. 어떤 이는 공작새 피에 강한 독이 있어서 고양이가 이 피를 마시고 죽었을 것이라고 했다. 아! 기름진 고기를 골라 뜯어 먹다가 결국 죽게 되니 어리석도다!'라고 했다.

은현(鄞縣)의 완재(緩齋) 주후궁(周厚躬)이 이르길, '고양이가 달에 절하면 요괴가 되므로 일반적으로 고양이는 달을 좋아한다고 말한다. 다만 은(鄞) 지역 사람들은 고양이를 기르는데, 고양이가 달을 쳐다보고 절하면 바로 죽이니, 사람 모습의 요괴가 되는 것을 두려워했기 때문이다. 이 요괴는 여우 귀신과 다르지 않아 수컷은 남자로 변신하고 암컷은 여자로 변신한다.'라고 했다.

또 이르길, '수컷 고양이는 남자로 변신하니 남자 요괴가 되고, 암컷 고양이는 여자로 변신하니 여자 요괴가 된다. 성교는 하지 않고 정기만 빨아먹는다. 고양이 요괴에게 당하는 것을 사병(邪病)이라 하는데 열에 아홉은 죽는다. 은(鄞) 지역 어떤 과부가 하루는 갑자기 말하다가 웃다가 교태를 부리고 이상한 행동을 하더니, 결국 귀신으로 변했고 몸은 홀연히 사라져 버렸다. 정황을 물어보니 고양이를 만나 음기를 마시고 한순간 정신이 혼미해지고 정기가 빨려 피곤해졌고 몸을 가눌 수 없었다고 말했다.'라고 했다.

내가 살펴보니, 여우 요괴가 정기를 빨아 먹으려 하면 오동나무 기름을 생식기에 발라두면 여우가 혀로 핥아먹고 심하게 토하고 떠나서 다시 오지 않게 된다. 이 비밀스러운 방법은 『공씨수세보원(龔氏壽世保元)』에 보인다. 내 생각에는 이 방법으로 고양이 요괴를 처치하면 효과가 반드시 같을 것이다.

　정우생(丁雨生)이 이르길, '베트남에 고양이 장군 사당이 있는데, 그 귀신의 머리는 고양이고 몸은 사람이며 매우 영험하다. 그곳에 가는 중국 사람들은 반드시 기도하며 길흉화복을 점친다.'라고 했다. 어떤 이는 '고양이 묘(貓) 자는 털 모(毛) 자를 잘못 쓴 것이다. 명나라 때 상서(尙書) 모증(毛曾)이 베트남을 평정했기 때문에 이 사당이 생긴 것이다.'라고 했다. 과연 그러하다면 이는 또 오자수(吳紫鬚)와 두십이(杜十姨)의 옛 전철을 답습한 것이니[11], 한번 크게 웃을 만하다. 세 번 과거시험에 합격한 게양현(揭陽縣) 진승(陳升)이 말한 내용이다.

○ 사람이 고양이에게 물려 상처가 나면 박하 잎을 가루 내어 바른다. 상처가 낫는 또 다른 처방은 호랑이 뼈와 털을 태워서 가루 내어 바르는 것이다.　　　　　　　　　　　허준(許浚)의 『동의보감(東醫寶鑑)』

　대포(大埔)의 지당(智堂) 뇌운장(賴雲章)이 이르길, '고양이에게 물려 상처가 나면 위중한 것이라 치료하지 않으면 죽을 수 있다. 도광(道光) 계유년(癸卯年: 1843)에 해양령사공(海陽令史公) 집안사람인 이씨와 나 씨가 처음 이 집에 살 때 이웃의 고양이를 잡다가 둘 다 손가락이 고양이에게 물려 상처가 났다. 처음 볼 때 이상이 없었는

---

11 항주(杭州)에 두습유의 묘(廟)가 있는데 촌학구가 두십이(杜十姨)라 쓰고 여상(女像)으로 만들어 유령(劉伶)과 짝을 지었고, 또 무식한 자가 오자서를 오자수로 잘못 썼는데 이것을 말한다.

데 20일 정도 지나자 이 씨가 갑자기 오슬오슬 춥고 열이 났고 팔목에 작은 망울이 돋아 타는 듯한 통증이 심상치 않았다. 고양이 독이라는 것을 알았지만, 치료법을 아는 이가 없어 며칠동안 의식을 잃은 채 보내다가 고양이처럼 울부짖고 죽어버렸다. 나 씨는 40일 정도 지나자 팔목에 또 작은 망울이 돋고 점점 헐떡이더니 먹지도 마시지도 못하다가 5~6일 정도 지나 역시 죽었다. 갑진년(甲辰年: 1844)에 조가도(潮嘉道)의 관아 사람인 정 씨가 세 번이나 고양이에게 물렸고 가운뎃손가락에 상처가 났다. 20일 정도 지나자 독이 퍼져 팔목에 또 망울이 돋았다. 아픈 부분을 살펴보더니 이 씨와 나 씨의 죽음을 직접 보았기에 몹시 두려워하면서 내게 치료법을 물었다. 생각해보니 고양이가 사람을 상하게 하여 죽게 하는 경우에 대해 고금의 의학서적에 그 치료법이 거의 실려 있지 않았다. 그래서 내 소견대로 두 가지 처방을 만들어 치료하니 점점 나아졌다. 그 처방이 효과가 있어서 혼자만 알고 있을 수는 없어 기록을 남겨 전하길 부탁하니 여러 사람이 좋아했다.'라고 했다.

물약은 12개의 약재를 섞어 사용하는데, 이름이 보구패독탕(普救敗毒湯)이다.

방풍(防風)·백지(白芷)·울금(鬱金)【굽는다】·목별자(木鱉子)【기름을 제거한다】·천산갑(穿山甲)【볶는다】·천산두근(川山豆根)【위의 약들은 각각 1전(一錢)씩】, 쟁은화(淨銀花)·산자고(山慈菰)·생유향(生乳香)·천패(川貝)【행인(杏仁)은 껍질을 제거한다. 위의 약은 각각 1전 5푼씩】, 소박하(蘇薄荷)【3푼】를 함께 물에 달여 배가 반쯤 꺼졌을 때 복용하는데, 입이 마르면 꽃가루 1전을 섞는다.

알약은 8개 약재를 섞어 사용하는데, 이름이 호심환(護心丸)이다.

진호박(眞琥珀)·녹두분(綠豆粉)【각각 8푼씩】, 황납(黃蠟)·제유향(制乳

香)【각각 1전씩】, 수비주사(水飛朱砂)·상웅황정(上雄黃精)·생백반(生白礬)【각각 6푼씩】, 생감초(生甘草)【5푼】.

먼저 호봉밀(好蜂蜜) 3전을 사용하여 황납(黃蠟)과 함께 푹 끓이고 나머지 7개 약재를 함께 곱게 가루 내어 거기에 넣는다. 골고루 뒤섞어 떼어다 녹두 크기만 한 환약을 만들고, 주사(朱砂)를 겉에 입힌다. 매번 1전 5푼을 복용하고 뜨거운 물을 마셔 내려 보낸다. 밤마다 우선 탕약을 복용하고 그다음에 알약을 복용하기를 각각 한두 차례 하면 된다. 매운 마늘·파·부추·겨자·생강, 생선과 고기 및 열을 내게 하는 음식을 피해야 한다.

바르는 약은 호박하(好薄荷) 기름을 조금 짜서 팔 위에서부터 바르기 시작하여 팔 아래로, 그리고 상처가 난 곳까지 바른다. 상처 난 입에는 바로 바를 수 없으니 독기를 묵혔다 내보내야 하고, 이어 화를 내거나 잠자리를 갖는 것을 조심해야 한다.

내가 살펴보니, 뇌지당(賴智堂)은 의학을 잘 알아 직접 병을 제거하는 묘한 처방이 있었다. 앞의 두 가지 처방을 보면 매우 깊게 생각한 것이니 당연히 쓰면 효과가 있을 것이다. 게다가 집고양이는 온순해서 사람을 무는 경우가 드물어 상처 나서 죽게 되는 경우는 흔치 않으니, 미친개 같은 것과는 다르다. 그러므로 모두 대수롭지 않게 보아 고금의 의서에도 치료법이 실려 있지 않은 것이다. 세상은 드넓어 온갖 일이 일어나니 이 씨와 나 씨가 당한 불행을 어찌 명확하게 알 수 있겠는가? 지금 뇌지당이 자신의 처방전을 후대에 전수하여 급히 책으로 간행해서 견문을 넓게 하고자 하니, 이는 다소 도움이 될 것이다.

○ 신보(申甫)는 운남(雲南) 사람인데, 용감하고 말재주가 있다. 어릴

적에 길에서 쥐 새끼를 매달고 있었는데, 어떤 도사가 지나가다 신보에게 놀이를 가르쳐 주었다. 그는 길가의 기와와 돌을 주워오라고 하더니, 땅에 사방으로 놓고 그 속에 쥐를 던져 넣자 쥐가 달아나지 못했다. 잠시 뒤 고양이를 꾀어 왔고, 고양이가 쥐를 잡으려 해도 그 속에 들어가지 못하고 서로 한참 동안 대치하였다. 도사는 신보에게 귓속말로, "이것은 팔진도(八陣圖)인데 동자는 배우고 싶은가?"라고 하였다. 「신보전(申甫傳)」에서 발췌했다. 『왕요봉문초(汪堯峰文鈔)』

　내가 살펴보니, 신보는 바로 명나라 말 유관(劉綸)으로 김정포(金正布)가 도적을 소탕한 것으로 천거했으나 패망한 자이다. 또 살펴보니, 세속에서는 거친 줄로 둥근 그물을 짜서 쥐를 잡는 데 사용한다. 사방 위아래로 모든 면이 막혀 있어 쥐가 그 속에 들어가면 부딪치거나 매달리게 되어 결국 나갈 수 없게 되니, 이름이 팔진도이고 또 다름 이름은 천라지망(天羅地網)이다.
　가응(嘉應)의 효렴(孝廉) 황훈인(黃薰仁)【자(字)는 중안(仲安)】이 다음과 같이 말했다. "고을 백성 장칠(張七)은 고양이를 잘 볼 줄 안다. 그는 고양이 몇 마리를 키웠는데, 매번 새끼를 낳으면 사람들이 돈을 아끼지 않고 서로 사려고 하였으니 좋은 품종임을 안 것이다. 그는 늘 '검은 고양이는 모름지기 눈동자가 파래야 하고, 누런 고양이는 빨개야 하며, 꽃같이 하얀 고양이는 눈동자가 새하얘야 한다. 눈 밑에 나이가 들수록 갈라져 얼음 결정 같은 무늬가 생기는 놈은 반드시 대단한 위엄이 있으니, 이는 정신이 안정된 것이다.'라고 했다. 또 이르길 '고양이는 두개골이 중요하니, 그 너비가 가운뎃손가락 정도 되는 놈은 쉬지 않고 쥐를 잡으며 오래 산다. 그 눈동자에 푸른빛이 있고 발톱에 비린내가 나면 더더욱 좋은 품종이다.'라고 했다."

훈인(薰仁)이 또 이르길, "장칠이 예전에 새끼 고양이 한 마리를 팔았는데, 조금 높게 값을 불렀다. 그러면서 '이 고양이는 비범한 놈인데, 뱀과 교미하여 낳은 것이요.'라고 했다. 그리고는 직접 보았던 뱀과의 교미에 대해 자세히 말하였다. 아울러 고양이 몸통의 꽃무늬가 평범한 고양이와는 조금 차이가 있음을 가리켜 보이며 속일 수 없는 증거이다."라고 했다.

내가 살펴보니, 이 말에 근거한다면 참군(參軍) 장훤정(張暄亭)이 말한 '고양이와 뱀이 교미한다.'라는 구절을 거의 믿을 수 있겠다.

훈인(薰仁)이 또 이르길, '작년에 내가 눈동자가 금은색인 고양이 한 마리를 얻었는데 꽃무늬가 섞여 있었다. 볼품은 없었지만, 성질은 온순하였다. 쥐를 잘 잡았는데 문밖으로 나가면 얼마 되지 않아 쥐들이 모두 자취를 감추니 이러한 이유로 반노(斑奴)라 불렀다. 안타깝게도 기른 지 반년이 안 되어 갑자기 죽었는데, 오래 묶어 두었기 때문이다. 품종이 좋은 고양이는 대부분 달아날까 두려워서 묶어 두는데 그렇게 되면 뼈와 근육이 약해지니, 얼마나 쇠약해졌겠는가!'라고 했다.

가응(嘉應)의 자정(子貞) 종무재(鐘茂才)가 이르길, "고을 사람 중에 양 아무개가 있다. 예전에 고양이 한 마리를 얻었는데, 머리가 몸보다 크고 생긴 것이 매우 기괴하였고 눈에는 빛이 나서 일반 고양이와는 매우 달랐다. 처음에는 좋은 놈인지 못난 놈인지 구별하지 못하다가 조금 지나자 쥐를 잘 잡을 뿐 아니라, 주인의 집도 점점 편안해지니 매우 아껴서 다른 사람에게 주지 않았다. 그런데 지나가던 손님이 보고서 비싼 값을 부르자 팔게 되었다. 양 아무개가 이 고양이가 좋은 이유에 관해 묻자, 손님이 말했다. '이 고양이가 그대의 집에 들어온 이후로 일마다 뜻대로 되니, 이 고양이의 혀와 가슴에 붓 무늬가 있어서입니다. 그 무늬가 밖으로 향하면 귀해지고, 안쪽으로 향하면 부자가 됩니다. 지금 내가 이 고양이를 얻었으니, 가난을 걱정할 필요가 없게 되었습니다.' 그리고는 고양이 입을 벌려 증명했는데 과연 무늬가 있었다. 양 아무개는 후회했으나 이미 늦었다."라고 했다.

내가 살펴보니, 붓 무늬가 있는 고양이는 정말 들어 본 적이 드물다. 게다가 사람을 부귀하게 한다니 진실로 보배로운 짐승이다. 많이 있지 않다는 게 애석하다.

고양이의 성질은 저마다 다르니 힘이 세 사나운 것도 있고 순하여 여린 것도 있으며 숨거나 달아나길 잘하는 것도 있고 주인 곁을 지키고 떠나지 않는 것도 있다. 대체로 거세하지 않은 수컷이나 다 큰 고양이는 애초에 휘어잡기가 어렵기에, 키우려면 어릴 때 아니면 암컷을 잡아야 한다. 묘과사(妙果寺)의 오일(悟一) 스님이 예전에 고양이가 웅얼웅얼하면서 곁에 있고 불상을 떠나지 않자 도솔묘(兜率貓)나 귀불묘(歸佛貓)라 하였다. 【황한이 직접 기록하다.】

구(甌) 지역에서는 사람 성격이 포학하고 사나우면 묘성(貓性)이라 하고, 목숨을 하찮게 보면 묘명(貓命)이라 하기에 늘 '저 고양이 성격처럼 좋지 않네.'와 '저 고양이 같은 목숨이네.'라는 속담이 있다. 【황한이 직접 기록하다.】

산음(山陰)의 동이수(童二樹)는 까만 고양이 그림을 잘 그렸다. 단옷날 오전에 그린 그림은 모두 쥐를 물리칠 수 있었으나, 함부로 그리지는 않았다. 내 친구 운천(韻泉) 장개(張凱)가 집에 동이수의 그림 한 폭을 가지고 있었는데, 이 그림을 걸어놓으면 쥐들이 사라져 조용해진다고 했다. 【황한이 직접 기록하다.】

장운천(張韻泉)이 이르길, '얼굴이 고양이상이면 관직이 육품(六品)으로 귀한 사람이 된다고 하니 관상책에 보인다.'라고 했다.

또 이르길, '고양이 눈은 매우 맑아서 물이 투명한 것을 묘안천(貓眼泉)이라 부른다. 풍수가들의 말에 의하면 묘지 앞에 이 샘이 흐르면 조상이 후손들을 존귀하게 해준다.'라고 했다. 【운천(韻泉)은 산음(山陰) 사람이다.】

장사(長沙)의 오교(午橋) 강조웅(姜兆熊)이 이르길, '도광(道光) 을유년(乙酉年: 1825)의 일이다. 유양(瀏陽)의 마충일(馬冲一) 집은 가난한데, 고양이가 4마리 새끼를 낳았고 그중에 한 마리가 불에 다리를 그을린 모양이었다. 한 달이 지나고 3마리는 죽었고 그슬린 다리를 가진 놈만 살아남았다. 몰골은 볼품이 없었고 쥐도 잘 잡지 못하였으며, 늘 지붕에 올라가 기와를 깨트리고 참새를 잡아먹었다. 가끔 연못가에서 목을 움츠리고 벌이나 나비와 함께 장난을 치고 놀았다. 집주인은 고양이가 게으름 피우는 것을 싫어하여 하루는 잡아다가 매달아 놓았는데, 마침 저당물 창고의 관리인 아무개가 와서 보고는 놀라 "이놈은 초각호(焦脚虎)라네!"라고 했다. 시험 삼아 처마 위에 고양이를 올려놓자, 세 다리는 모두 뻗고 그슬린 모양의 다리는 처마를 꽉 잡고 움직이지 않았다. 고양이를 벽에 던져도 마찬가지였다. 관리가 20민(緡)의 돈으로 이 고양이를 샀고 가난한 주인은 매우 기뻐했다. 예전에 저당물 창고에는 고양이도 많고 쥐도 많았는데, 이 고양이가 온 이후로 원래 있었던 고양이들은 모두 쓸모없어졌으며, 10년 동안 쥐 소리가 들리지 않게 되었다. 사람들은 겉모습을 중시하지 않는 듯한 고양이의 관상법에 탄복했다. 이는 고향친구인 이해문(李海門)이 나에게 해준 말이다. 해문은 유읍(瀏邑)의 학생인데, 이름은 정삼(鼎三)이다.'라고 했다.

내가 살펴보니, '초각호(焦腳虎)' 세 글자는 새롭고도 기이하다.

전당(錢塘)의 홍강(鴻江) 오관무(吳官懋)가 이르길, '내 외손녀 요란고(姚蘭姑)가 고양이 한 마리를 기르는데 호랑이 무늬에다 눈동자는 금은색이고 꼬리는 없다. 암컷을 한 마리 낳았는데 검은 바탕과 흰 무늬에 역시 꼬리는 없고 지금 4년이 지났다. 어미가 가면 따라다니고 누우면 그 곁에 있었다. 수시로 어미 고양이의 털을 핥아서 이를 잡아주었고, 밥 먹을 때는 반드시 웅크리고 어미가 다 먹길 기다렸다가 먹었다. 어미 고양이가 갑자기 화를 내어 할퀴면 곧바로 물러서서 앞에 서려 하지 않았다. 간혹 어미가 나갔다 돌아오지 않으면 새끼가 여기저기 찾아다니며 불렀고, 사람이 혹시라도 어미 고양이를 때리면 그 소리를 듣고 쏜살같이 달려와 구해주려는 듯했다. 모두들 외손녀가 효성으로 어머니를 섬기니 그 효성이 두루 미친 것이라고 이야기한다.'라고 했다.

내가 살펴보니, 이는 장단(蔣丹)의 임도헌(林都憲)의 고양이 이야기와 더불어 모두 효성에 감화되어 일어난 일이니, 유일한 것이 아닌 짝이 있는 이야기라 하겠다. 【홍강(鴻江)의 자(字)는 소태(小台)이다.】

홍강(鴻江)이 또 이르길, '고소산(姑蘇山) 호구(虎邱)에는 세공품을 파는 가게가 많았다. 종이로 만든 상자 하나가 있었는데, 진흙으로 만든 고양이가 그 상자 덮개 부분에 있고 진흙으로 만든 쥐가 상자 속에 있었다. 상자를 열면 고양이는 들어가고 쥐가 나오며, 상자를 닫으면 고양이는 나오고 쥐는 숨어서 마치 잡고 피하는 것이 둘 다 기교를 부리는 마음이 있는 듯했으니, 장인의 정교한 솜씨가 이와 같았다. 아이들이 다투어 사려고 하니 이 상자의 이름은 묘착노서(貓捉老鼠)이다.'라고 했다.

강오교(姜午橋)가 이르길, '고양이는 경이로운 짐승이니 노충(勞蟲)

과 대비된다. 개미의 다른 이름이 노충이다.'라고 했다.

내가 살펴보니, 예전에 내 벗인 아부(雅扶) 요순식(姚淳植) 선생이 말하길, '학은 오만한 조류이고 물고기는 경이로운 어류로다.'라고 했다. 또, '고양이는 영리하고 오리는 어리석으며, 물고기는 놀라고 닭은 흘겨보네. 개미는 수고롭고 비둘기 둔하며, 해오라기는 바쁘고 게는 성급하네. 개구리는 성내고 나비는 미련하며, 거위는 게으르고 개는 공손하네. 여우는 의심스럽고 집비둘기는 미더우며, 나귀는 얌전하고 거미는 솜씨 있네.'라고 했으니, 기록한 것이 조금 번다하다. 기억나는 대로 덧붙여 적어서 열람하도록 한다.【아부(雅扶)는 경원(慶元)의 생원으로 온구(溫邱)에 머물고 있다.】

상사(上舍)인 적하(赤霞) 주성(朱城)이 이르길, '단옷날에 단풍나무 옹이를 가져다 깎아서 고양이 모양 베개로 만들면 쥐를 물리치고 아울러 삿된 기운을 물리칠 수 있다.'라고 했다.

내가 살펴보니, 지금은 전해지지 않는 왕난고(王蘭皋)의 「묘침(貓枕)」이라는 시가 있다. 예전에 주우농(周藕農) 선생이 이르기를, '난고는 지금 대만의 공부하는 선비로 「묘침」이라는 부(賦)를 지었다. 고양이에 관한 전고(典故)를 잘 활용한 작품인데, 아마도 사라져 버린 듯하다.'라고 했다.

중문(仲文) 정걸(丁傑)이 이르길, '그대의 『묘원』이란 책이 나오면 후대에 시와 부를 짓는 자들은 모두 이 책에서 소재를 찾을 것이다. 문단(文壇)에 도움이 될 것이니 그 공로가 작지 않다.'라고 했다.

고양이의 모든 것을 기록하다

묘원 下

5. 이름과 형체
名物

이름[名]과 형체[物]란 우주에서 왔으니 모두 무(無)에서 싹터 유(有)에 존재한다. 온갖 종류가 뒤섞여 나오고 모든 것들이 잡다하게 생기더라도, 형체가 없으면 이름도 없고 이름이 없으면 형체도 없다. 형상과 그림자가 하루아침에 드러나고 혼백(魂魄)이 먼 훗날까지 남아 놀림거리나 이야깃거리가 되는 것은 고양이만 그러한 것이 아니다. 이번 편(篇)에서는 오로지 고양이에 관한 자료만 고증하여 '이름과 형체'로 엮었다.

○ 고양이 이름 중에 오원(烏圓)은 『격고론(格古論)』에서, 리노(狸奴)는 『운부(韻府)』에서 볼 수 있다. 또 아름다운 외모로 이름한 옥면리(玉面狸)은 『본초집해(本草集解)』에서, 함선(銜蟬)은 『표이록(表異錄)』에서 볼 수 있으며, 또 사냥 능력으로 이름한 전서장(田鼠將)은 『청이록(清異錄)』에서 볼 수 있다. 교태로 이름한 설고(雪姑)는 『청이록』에서, 여노(女奴)는 『채란잡지(採蘭雜志)』에서 볼 수 있고, 기이함으로 이름한 백노(白老)는 『계신록(稽神錄)』에서, 곤륜달기(昆崙妲己)는 『표이록』에서 볼 수 있다.

내가 살펴보니 고양이를 오원이라 이름한 것은 오래되었다. 망암(忘菴) 왕무(王武, 1632~1690)의 「제화묘(題畫貓)」 시에서 "오원이 빛나네.”라는 구절을 보면, 특히 고양이의 눈을 가리켜 그렇게 말한 듯하다.

호적만(胡笛灣)이 이르길, ‘『청이록』에 의하면 당나라 무종(武宗)이 영왕(穎王)일 때, 저택의 후원에서 짐승을 기르던 사람이 열 가지 애호품을 갖추어 십완도(十玩圖)를 그렸는데 고양이는 전서장(田鼠將: 고양이의 별칭)이었다.’라고 했다.

○ 당나라 장박(張博)은 고양이를 좋아하여 사고 지불한 금액이 수만 금이었다. 일곱 마리 예쁜 고양이가 있었는데 모두 이름을 붙였다. 첫째는 동수(東守), 둘째는 백봉(白鳳), 셋째는 자영(紫英), 넷째는 겁분(怯憤), 다섯째는 금대(錦帶), 여섯째는 운단(云團), 일곱째는 만관(萬貫)이었다.

『기사주(記事珠)』

○ 고양이는 작은 짐승 중에서도 사나운데 애초 중국에는 없었던 동물이다. 불가(佛家)에서 쥐가 불경을 갉아먹어 당나라 때 삼장법사가 천축국(天竺國: 인도)에서 데리고 왔으니, 중국 땅의 기운을 받은 것은 아니다.

『이아익(爾雅翼)』

내가 살펴보니, 이 이야기는 『사문옥설(事文玉屑)』에 실려 있는데, 여기에서도 고양이가 서역 품종이라고 되어 있다. 천지가 개벽하는 태초에 금수는 만물과 함께 뒤섞여 생겨난 까닭에 오경(五經)에 일찍이 고양이 묘(貓) 자가 있었으니, 이보다 후대에 불가에서 서역의 품종을 데려올 필요가 있었겠는가? 고양이가 서역 품종이라는 것은 참으로 잘못된 말인데, 『이아익』도 『사문옥설』의 말을 인용한 것이라 생각하지 않는다.

○ 새를 기르는 것은 고양이를 기르는 것만 못하니, 고양이를 기르면 네 가지 좋은 점이 있다. 옷과 책을 보호하는 효과가 첫째요, 자유롭게 놓아두면 스스로 오가기에 잡아두는 수고로움이 없음이 두 번째요, 겨우 생선만 먹이고 알, 쌀, 곤충, 포 등 여러 가지를 먹일 필요가 없는 점이 세 번째요, 겨울철 침상에서 발을 따뜻하게 하여 노인에게 좋으니, 새가 엄동설한에 얼어 죽은 것과 견줄 수 없는 점이 네 번째이다. 다만 세속에서는 음식을 훔쳐 먹는 걸 싫어해 대부분 몽둥이로 쫓아낸다. 그러나 기르지 않으면 몰라도, 기르게 된다면 법도를 잃지 않아서 상을 주더라도 훔치지 않을 것이다.

상암(湘嵒) 한석조(韓錫祚, 1716~1776)의 「여장도서서(與張度西書)」

내가 살펴보니, 방옹(放翁) 육유(陸游, 1125~1210)의 「희영한적(戲詠閒適)」에 '고양이가 담요를 따뜻하게 하니 밤에 서로 가까이 있네.'라고 하였고, 무진(無盡) 장상영(張商英, 1043~1122)의 「묘(猫)」에는 '겨울 갖옷에 함께 발을 따뜻하게 하네.'라는 구절이 있으니 노인을 따뜻하게 한다는 이야기는 출처가 있다. 한상암의 이름은 석조이고 청전(靑田) 사람이며 가경(嘉慶: 1796~1820) 연간에 진사에 합격하여 관직이 관찰사까지 이르렀다.

○ 고양이를 집으로 들이는 방법이다. 구기나 통을 이용해 포대에 담아 집으로 간다. 젓가락 한 개를 찾아 고양이와 함께 통 속에 담아서 돌아오는데, 길에서 도랑이나 틈을 만나면 반드시 돌로 메우고 지나와야 하며, 집을 지나치지 않도록 하면서 길한 방향을 따라 돌아와야 한다. 고양이를 손에 들고 사당과 부엌 및 개에게 절을 시킨 뒤, 흙더미 위에 젓가락을 비스듬히 꽂아 집에서는 똥을 싸지 않게

하고 침상에 올려 재우면, 그 즉시 달아나지 않게 된다.

『숭정벽류통서(崇正闢謬通書)』

내가 살펴보니, 구(甌) 지역 사람들이 고양이를 집으로 들일 때, 젓가락 대신 풀이 이용하는데 고양이 꼬리 길이와 같게 하여 똥 무더기 위에다 꽂고 '집에서는 똥을 싸지 말라.'고 빈다. 나머지는 『숭정벽류통서(崇正闢謬通書)』와 대략 비슷하다.

○ 고양이를 집으로 들이는 날은 갑자(甲子)・을축(乙丑)・병오(丙午)・병신(丙辰)・임오(壬午)・임자(壬子)・경자(庚子), 천월덕(天月德)과 생기일(生炁日)이 적당하고, 비렴(飛廉)・수사(受死)・경주(驚走)・귀기(歸忌)과 같은 날은 피해야 한다.[1]

『숭정벽류통서』

내가 살펴보니, 큰달은 5일・17일・29일, 작은 달은 8일・20일이 경주일(驚走日)이다. 비렴(飛廉)이나 제살(諸煞)은 『시헌서(時憲書)』에서 다 자세하게 밝혀 놓아 참고할 수 있으니, 여기서 다시 번거롭게 기록하지 않는다.[2]

○ 고양이를 거세하는 날은 맑아야 한다.

『구선주후경(臞仙肘後經)』

---

1   비렴(飛廉)・수사(受死)・경주(驚走)・귀기(歸忌)란 음양가(陰陽家)에서는 그쪽을 향하여 토공(土工), 건축(建築), 전거(轉居), 가취(嫁娶) 등을 할 때 질병이나 우환이 따른다고 하는 방향이다.

2   『시헌서(時憲書)』의 원래의 명칭은 「대청건륭삼십이년세차정해시헌서(大淸乾隆三十二年歲次丁亥時憲書)」이다. 『시헌서』는 『시헌력』이라고도 부르는데, 서양 역법을 기초로 하여 제작한 것으로 태음력에 태양력의 원리를 적용하여 24절기의 시각과 하루의 시각을 정밀하게 계산하여 만들었다.

번우(番禺)의 중문(仲文) 효렴(孝廉) 정걸(丁傑)이 말하길, '그대의 고양이는 반드시 거세해야만 수컷의 기운을 죽여 강한 성질을 부드럽게 할 수 있으며, 나날이 살찌는 모습을 보일 것이다. 요즘 풍속에는 반만 거세하는 법도 있다는데, 불알 하나만 제거하면 수컷의 기질이 다 사라지지는 않지만 강하고 부드러움의 조화가 적절하게 된다.'라고 했다.

내가 살펴보니, 『통서(通書)』에 고양이를 거세하는 법이 실려 있는데, 복단일(伏斷日)이 적당하고, 도침(刀砧)·혈인(血刃)·비렴(飛廉)·수사(受死)·혈지(血支) 등의 살일(煞日)은 피해야 한다. 고양이를 거세할 때는 집 밖에서 해야 하니, 통증을 겪는 고양이가 집 안으로 달려 돌아오는 것을 막으면, 반드시 밖으로 달아난다. 이후로는 집 안을 위험한 길 보듯 여길 것이다. 거세할 때는 반드시 고양이 머리를 돗자리로 말은 구멍에 들여 넣었다가, 거세가 끝나면 풀어주어야 한다. 그렇게 하면 고양이가 뒤쪽 구멍으로 달아나니, 손을 물려 다치는 일은 피할 수 있어서 이 또한 좋은 방법이다.

○ 옛사람이 고양이를 구할 때는 반드시 예를 갖추어 달라고 청했으니, 산곡(山谷) 황정견(黃庭堅, 1045~1105)의 「걸묘(乞貓)」에 "생선을 사 버들가지에 꿰어 고양이를 달라고 청하네."라 하였다. 구(甌) 지역 풍속에는 고양이를 달라고 청할 때 소금과 식초를 이용하였는데 어떠한 의미인지 모르겠다. 그런데 육유(陸游)의 「증묘(贈貓)」에도 "소금을 싸서 고양이를 맞이하네."라고 하였으니, 소금을 사용하여 고양이를 달라고 청한 것은 유래가 오래되었다. 『정란석척독(丁蘭石尺牘)』

향철(香鐵) 황시조(黃侍詔)가 이르길, '조주(潮州) 사람들은 설탕 1봉지로 고양이를 달라고 청한다. 내가 풍묵재(馮默齋) 교수에게 고양이를 달라고 했을 때, 차 2봉지로 달라고 청했다.'라고 하였다.【소흥(紹興) 지역에서는 삼베로 고양이를 달라고 했기에, 오늘날 '삼베로 고양이를 골라낸다.'라는 속담이 있다.】 내가 예전에 도옹(陶翁)의 용헌(蓉軒)에게 고양이를 달라고 했을 때는 누런 참깨·큰 대추·발아한 콩 등의 물품을 사용했다.【황한이 직접 기록하다.】

자사(刺史) 장맹선(張孟仙)이 이르길, "오(吳) 지역에서는 염(鹽)을 연(緣)이라 읽기에 결혼할 때 소금과 머리카락을 증표로 삼는다. 인연에 대해 말할 때 세속에서 으레 따르는 것이니, 사대부라고 해도 그대로 따른다. 지금 고양이를 달라고 할 때 소금을 이용하는 것도 연(緣)이라는 글자의 의미를 취한 것이다."라고 했다. 이 말은 이치에 가까워 기록하여 증거로 남겨둔다. 또 이르길, "고양이를 이렇게 달라고 했으니, 또한 시집보낸다고 말할 만하다. 예전에 내가 강서(江西) 지역에 머물 때가 기억난다. 관원 중에 '고양이를 시집보내다[嫁貓].'라는 두 글자를 제목으로 삼아 시를 모은 경우가 있었는데, 한번은 현령인 임자진(林子晉)이 내게 시를 지어주길 청했다. 이는 세속의 일이기에 마땅히 속된 말을 이용하여 한곳에 한편으로 모았으니, 덧붙여 기록해 한바탕 웃고자 한다.

'하늘이 사물을 만들어 냄이 얼마나 될까? 집에서 고양이를 키움은 여자아이 키우는 것과 같은 법. 시집보내는 즉시 노모(老母)는 걱정하니, 사랑하고 보호하며 키워 쥐잡기를 기대하네. 9개 구멍과[3]

---

3 명(明)나라 팽대익(彭大翼)의 『산당사고(山堂肆考)·묘(貓)』에 의하면 "고양이 입에는 3개 구멍이 있는데 봄에 잡았을 때이고, 5개면 여름에 잡았을 때이며, 7개면 가을 잡았을 때이고, 9개면 겨울에 잡았을 때이니, 입안에 구멍이 9개인 게 사계절 모두 쥐를 잡을 수 있다고 한다[貓口中三坎, 捉一季, 五坎, 捉二季, 七坎, 捉三季, 九坎, 捉四季, 言口內有九坎者, 能四季捉鼠也]."

긴 꼬리로 홀로 새끼를 배며, 구름 같고 눈송이 같은 털색 환하네.
으르렁 부리는 위세 사랑스럽고, 서로 바라보다가 사람에게 다가왔
네. 어느 날 아침 소금을 싸서 달라고 하며 다가가자, 노모는 거절하
고 싶지만 할 수가 없네. 내놓지 않으려 꼭 껴안으니 정 떼기 어려워
라. 아픔과 슬픔 엇갈리며 눈물로 가슴을 적시네.

　버들가지 모자와 구리 방울에 비단옷 입혀, 빠르고도 세심히 꾸며
주었네. 전송하며 문을 나와 거듭 부탁하길, 잘 먹이고 길러주며
너무 혼내지 말라고 하네. 고양이를 데려가는 사람은 알겠다며 값을
계산하고, 그저 부지런히 제 일 해내길 바라네. 쥐가 사라지면 마땅
히 공을 헤아려, 늘 모포에서 재우고 생선을 먹이리.'"라고 했다.
【남강(南康)의 군박상(郡博上) 벼슬인 조산(篠山) 예원(豫原)이 평하길, '주제가
매우 새롭고 마지막 구절은 풍자의 뜻을 담고 있으니, 세속의 일이라고 치부해서는
안된다.'라고 했다.】

○ 전당(錢塘) 지역의 시승(詩僧) 유암(由菴)은 타고난 성품이 성실하였
다. 밀운(密雲) 고승은 법을 깨달은 부처였는데, 유암이 가서 부모에
게 태어나기 전 본래면목(本來面目)에 관해서 물었다. 밀운 고승이
손으로 얼굴이 가리고 손가락을 벌려 '고양이지.'라고 하니, 유암이
이때 깨달았다.

『전절시화(全浙詩話)』

　내가 살펴보니, 손으로 얼굴을 가리고 손가락을 벌려 입과 눈을
쭉 당겨 벌리며 '고양이지!'라고 외친 것이다. 지금도 구(甌) 지역에
서는 이것으로 어린아이들을 놀린다. 처음에 이게 무슨 의미인지
알지 못했으나, 지금 유암(由菴)의 이 구절을 보니 참으로 선가(禪家)
의 이치가 깃들어 있는 듯하다. 【유암은 청나라 초기 사람이며 저서에 『영

암집선(影葊集選)』이 있다.】

　장맹선(張孟仙)이 이르길, '초 지역 사람들은 주먹을 쥐며 어린아이를 놀리는데, 주먹을 펴면서 사슴! 이라고 말한다. 사슴은 천성이 달아나기를 좋아하는 짐승이기에 사슴! 이라고 하여 아이가 달아나 버렸음을 말한 것이다. 밀운 고승이 말한 것이 과연 사슴이라 한 것과 같은 것인가? 만약 별 의미 없는 뜻이었다면 사슴이 맞을 것이다. 이 말은 『속어해(俗語解)』에 보인다.'라고 했다. 【진평(鎭平)의 황중방(黃仲方)이 이르길, '사슴은 잘 달아난다. 오(吳) 지역 손오(孫吳) 때는 구영국(拘纓國)이 조공으로 바쳤다. 때문에 오 지역 풍속에 빈 주먹으로 어린아이를 놀리며 사슴이라 했으니 그 내용이 『담집(談集)』에 보인다.'라고 했다.】

○ 민절(閩浙) 지역 산에는 향기가 나는 풀 종류가 있는데, 고양이나 삵을 많이 불러들인다. 이 풀을 먹고 두 눈알을 후벼 파낸 고양이가 울어대며 산을 돌아다니기에 쥐들이 놀라 사라진다. 고양이는 눈이 멀었는데도 밥을 얻어먹으며 다른 곳으로 가지 않고 밤낮으로 그저 눈이 먼 채로 울어댈 뿐이다.　　왕조청(王朝淸)의 『우창잡영(雨窓雜詠)』

　내가 살펴보니, 이는 쥐를 제거하는 방법으로는 좋았으나, 맹독을 면치 못한 고양이에게는 또한 불행한 일이었다. 구(甌) 지역 사람들은 어리석어 세상 물정을 모르는 데다가 큰 소리로 떠들어대면서 제멋대로 하기를 좋아하기에, 향기 나는 풀이 있는 산에 고양이가 눈이 멀어 울어대는 것을 비웃는다.

○ 고양이는 새우와 게를 먹지 않고, 개는 개구리를 먹지 않는다.
　　　　　　　　　　　　　　　　　　　　『지소록(識小錄)』

○ 고양이가 논뱀장어를 먹으면 굳세어지고, 돼지 간을 먹으면 살이 찌며, 고깃국을 많이 먹으면 내장이 망가진다. 『이문광독(夷門廣牘)』

○ 고양이가 박하를 먹으면 취한다. 『비아(埤雅)』

적만(笛灣) 호지차(胡知鹺)가 다음과 같이 말해주었다. "고양이에게 박하는 술이다. 섭청일(葉淸逸)의 「묘도찬(貓圖贊)」에 '박하에 취해 매미와 나비에 달려드니 주인집의 쥐는 어이하리.'라고 했다."

○ 고양이가 황어(黃魚)를 먹으면 피부병에 걸린다.

『유청일찰(留靑日札)』

내가 살펴보니, 오와 월 지역에는 황조기가 많은데 신선해도 남은 것을 고양이에게 주지는 않지만, 피부병에 걸린다는 소리는 듣지 못했다. 어쩌면 황상어(黃顙魚)를 말한 것일 수도 있겠다. 왜냐하면 이 물고기에는 혼탁한 기운이 있어 고양이가 먹으면 반드시 병에 걸린다. 최근 여문죽(余文竹)이 '숙소에 예쁜 고양이가 있는데 어제 황조기를 먹어 피부병에 걸려서 죽었다.'라고 하니, 이 『유청일찰』의 이야기도 믿을 만하겠다. 강소성과 절강성 지역의 황조기는 모두 냉대 기후를 지나왔으므로, 강한 냄새가 나고 독이 있는 월 지역 물고기에는 필적하지 못한다고 하니, 이 또한 이치에 맞다. 【문죽의 이름은 정휘(珽輝)이고 절강성 수안(遂安)의 수재이다. 당시 나와 함께 현령 모후보(毛厚甫)의 대접을 받으면서 조군(潮郡)에 머무르고 있었다.】

○ 고양이가 참새, 나비, 개구리, 매미를 잡아먹으면 미치지 않으면 사나워지고 사마귀나 구더기가 생긴다. 『물성찬이(物性纂異)』

장맹선(張孟仙)이 이르길, '고양이가 야생동물을 먹게 되면 성질이 사나워져서 길들이기 어렵고, 짠맛이 나는 것을 먹으면 털이 빠지면서 피부병에 걸리게 된다.'라고 했다.

도문백(陶文伯)이 이르길, '고양이는 참새를 잘 잡는다. 매번 움푹 파인 곳에 엎드려서 참새가 날아가려고 하는 것을 엿보다가 잽싸게 낚아채 잡는데 거의 실수하지 않는다. 또 까마귀나 까치와 싸우는 것을 좋아한다.'라고 했다.

중문(仲文) 정걸(丁傑)이 예전에 고양이를 세 등급으로 나누고 예쁜 이름까지 붙었다. 털색이 완전히 누런 것은 금사호(金絲虎), 알금종(戛金鐘), 대적금(大滴金)이라 하였고, 완전히 하얀 것은 척옥(尺玉), 소비련(宵飛練)이라 하였으며, 완전히 까만 것은 오운표(烏雲豹), 소철(嘯鐵)이라 하였고, 얼룩무늬는 후채하(吼彩霞), 곤지금(滾地錦), 약대(躍玳), 초상상(草上霜), 설지금전(雪地金錢)라 하였다. 삵과 같은 무늬는 설지마(雪地麻)·순반(筍斑)·황분(黃粉)·마청(麻靑) 등으로 이름하였다.

적주(荻疇) 정랑(鄭烺)은 영가(永嘉) 지역 사람으로 고양이 품종을 연구하였는데, 소산군(小山君)·명옥후(鳴玉侯)·금대군(錦帶君)·철의장군(鐵衣將軍)·국진랑(麴塵郎)·금안도위(金眼都尉)처럼 관직 이름으로 구별하였다. 또 설창선관(雪氅仙官)·단하자(丹霞子)·한등불(皔燈佛)·옥불노(玉佛奴) 등의 여러 명칭은 도교나 불교의 용어로 이름한 것이니, 더욱 운치가 있다.

내가 살펴보니, 고양이 별칭은 옛날에 몹시 우아하였다. 전하길 당나라 때 관휴(貫休, 832~912)는 고양이를 범호(梵虎)라 하였고, 송나라 때 임영소(林靈素, 1075?~1119?)는 후금경(吼金鯨)이라 하였으며, 금나라 때 희정(希正)은 철호종(鐵號鐘)이라 하였고, 우민중(于敏中, 1714~

1780)은 충무표(衝霧豹)라 하였다. 어떤 이는 '오세번(吳世璠, 1666~1681)
이 패한 뒤 세 마리 고양이가 장수의 소유가 되어 목에 이름표를
달았는데, 한 마리는 금의랑(錦衣娘), 다른 하나는 은수고(銀睡姑), 또
하나는 소벽연(嘯碧煙)으로 모두 아름다운 품종이었다.'라고 했다. 그
런데 내가 예전이나 근래에 교유한 자 중에서 경범(鏡帆) 진광문(陳廣
文)은 고양이를 천목묘(天目貓)라 하였고, 주우농(周藕農)은 하남(河南)
의 수령으로 있을 때 고양이를 일정묵(一錠墨)이라 하였으며, 순안(淳
安)의 주상정(周爽庭)은 태학(太學)에서 고양이를 자단화(紫團花)라 하였
고, 태순(泰順)의 동진정(董晉庭)은 조정(朝廷)에서 고양이를 건홍사(乾
紅獅)라 하였다. 이는 수안(遂安) 주소완(朱小阮)의 원앙묘(鴛鴦貓: 오드아
이)와 숙산(蕭山) 침심천(沈心泉)의 촌촌금(寸寸金: 개나리)과 서로 비슷한
작명이다.

ㅇ 고양이나 개가 병에 걸리면 천태오약(天台烏藥: 녹나무과에 딸린 늘푸
른떨기나무)을 물에 갈아 마시게 하면 바로 낫는다.   『화경(花鏡)』
ㅇ 새끼 고양이가 계속 울면 진피(陳皮: 오래 묵은 귤껍질)를 가루로 만들
어 코끝에다 발라주면 바로 그친다.   『고금비원(古今秘苑)』
ㅇ 고양이가 사람에게 밟혀 상처가 나면 소목(蘇木: 단목의 붉은 속살)을
탕으로 끓여 마시게 하면 낫는다.   『화경』
ㅇ 고양이가 피부병에 걸리면 지네를 불에 구워 말려서 가루 내어
몇 번 먹여주면 낫는다. 또 다른 방법으로 복숭아잎을 찧어 털에
골고루 발라주고 조금 지나서 씻어내고 다시 발라 주면 절로 낫는다.
개 피부병 치료에도 가능하다.   『행주집(行廚集)』
ㅇ 고양이에게 이가 생기면 복숭아잎과 멀구슬나무 뿌리를 함께 찧
어 뜨겁게 끓여서 나온 거품으로 씻어내면 이가 다 죽는다. 장뇌가루

를 발라도 효과가 있다. 『행주집』

○ 목묘(木貓)를 사람들이 쥐덫이라 하는데, 원나라 때 정우(定宇) 진력(陳櫟, 1252~1335)이라는 사람이 지은 「목묘부(木貓賦)」에서 보인다.

『통속편(通俗編)』

　　내가 살펴보니, 진력의 「목묘부」에 '나무로 고양이 모양 기구를 만드니, 고양이 모양만 흉내 낸 것이 아니라네. 덫을 설치하여 쥐를 잡으려고, 고양이 공(公)을 구실 삼아 이름한 것이라지.'라고 했다.

○ 대나무로 만든 고양이[竹貓]

　　향철(香鐵) 황쇠(黃釗)가 이르길, 『무림구사(武林舊事)』의 「소경기(小經紀)」 부분에 죽묘아(竹貓兒)가 등장하는데, 대나무로 만든 기구로 쥐를 잡는 데 사용한다. 또 묘와(貓窩)·묘어(貓魚)·매묘아(賣貓兒)·개묘견(改貓犬)도 있다. 이 중에서 묘와는 고양이가 자는 곳이다. 요즘 도성에서 한겨울이면 신는 가죽신도 묘아와(貓兒窩)라고 한다. 또 숭정(崇禎, 1628~1644) 연간 초기에 궁궐의 여인들이 가죽 신발에다 늘 짐승 머리 모양을 수놓았는데 이를 묘두혜(貓頭鞋)라 했다. 식자들은 이 신발을 묘모(貓旄: 고양이가 그려진 전투용 깃발)나 병상(兵象: 전쟁의 상징)이라고도 하였으니, 『숭정궁사(崇禎宮詞)』에 보인다.'라고 했다.

○ 철묘(鐵貓)는 선박의 닻인데 고양이 모양으로 간혹 닻을 만들기도 한다. 초횡(焦竑)의 『속서간오(俗書刊誤)』

　　내가 살펴보니, 선박의 닻을 월 지역 사람은 철노(鐵猫)라 부르는데, 개[猫]도 고양이와 동류이기 때문에 닻으로 만든 것이다.

또 살펴보니, 철묘(鐵貓)의 다른 세 가지 이야기는 이미 상권「영이(靈異)」부분에 나열해 두었다.

○ 쇠로 만든 고양이[金貓]

임안(臨安)의 윤주(尹鑄)가 진회(秦檜, 1091~1155) 손녀의 사묘(獅貓)를 돌려주었다. 자세한 내용은 뒤에「고사(古事)」부분에서 밝혔다.

○ 화묘(火貓). 구(甌) 지역 농가에서는 겨울철에 모두 흙을 다져 그릇을 만들고 주둥이를 열어 불을 넣는다. 그 뒷부분은 둥근데, 위쪽에 작은 구멍을 많이 뚫어 불기운이 올라오게 한다. 이것을 화묘라 하니 남녀노소 누구나 할 것 없이 이렇게 추위를 막는다.

왕조청(王朝淸)의 『양창잡록(兩窗雜錄)』

○ 진흙으로 만든 고양이[泥貓]

진생해(陳笙陔)가 이르길, '항주(杭州) 지역 사람들은 매년 5월 초하루에 반산(半山)에서 뱃놀이 경주를 구경하고, 반드시 반산낭낭(半山娘娘)의 사당에 참배하고 진흙 고양이를 사서 돌아오는데, 무슨 뜻인지 모르겠다. 고양이는 진흙으로 만들고 화려하게 채색한 것인데, 크기는 같지 않다.'라고 했다.

오행림(吳杏林)이 이르길, '누에 치는 집에서는 니묘를 많이 사서 쥐를 물리친다.'라고 했다.

○ 종이로 만든 고양이[紙貓]

상생(湘生) 장성진(張成晉)이 이르길, '『견호집(堅瓠集)』에 지묘(紙貓)라는 시가 있다.'라고 했다.

내가 살펴보니, 그릇과 같은 물건에 고양이 이름을 사용하는 것은 묘침(貓枕)도 있다. 양성재(楊成齋)의 시에 '고양이 베개에 대나무 침상이라네.'라고 했다.

○ 날짐승 종류 중에 묘두조(貓頭鳥)라는 이름이 있으니 바로 부엉이를 말한다. 부엉이는 간혹 올빼미라 하기도 하는데, 다른 이름은 수리부엉이다. 『파촉이물지(巴蜀異物志)』

조주(潮州) 지역에는 고양이처럼 우는 새가 있는데, 사람들이 묘두조(貓頭鳥)라 부른다. 이는 절강성 지역에서 혼(魂)을 쫓아내는 묘두조라 부르는 것과는 그 울음소리가 다르다. 간혹 이를 수리부엉이라 하기도 한다.【황한이 직접 기록하다.】

○ 짐승 종류 중에서 수묘(水貓)라는 이름이 있으니 바로 수달이다. 이원(李元)의 『연범(蠕範)』

○ 벌레 종류 중에서 조묘(棗貓: 대추나무 해충의 일종)라는 이름이 있는데, 대추나무 위에서 태어나 대추가 익으면 그것을 먹는다. 『본초강목(本草綱目)』

○ 채소 종류 중에 묘두순(貓頭筍)이라는 이름이 있다. 『황산곡집(黃山谷集)』

또 이두과(狸頭瓜)도 있다. 곽의공(郭義恭), 『광지(廣志)』

내가 살펴보니, 향철(香鐵) 황시조(黃侍詔)의 시에 '죽순[貓頭]과 오리 다리로 손님을 머물게 하네.'라고 했다. 또 살펴보니 죽순 중에 면묘(綿貓)라는 이름도 있는데 육기(陸璣)의 『모시소(毛詩疏)』에 보인다. 또 살펴보니 소식(蘇軾)의 「사혜묘아두순(謝惠貓兒頭筍)」에 이르길, '장사(長沙)에선 어느 날 죽순을 구웠는데, 앵무주(鸚鵡洲)의 이전 사람들은 모른다네. 분주히 그대 보내며 국수를 만들 때, 우뚝한 죽순이 울타리 뚫으려 하네.'라고 했다. 또 살펴보니 찬령(贊寧)의 『죽보(竹譜)』에 이르길, '대나무 뿌리에는 쥐가 사는데 크기가 고양이만 하다.'고 하니, 그 쥐의 색은 대나무와 같으며 죽돈(竹豚)이라 부른다.

○ 채소 종류 중에 또 이두(狸豆: 쥐눈이콩)라는 이름이 있다. 『본초강목(本草綱目)』 최표(崔豹)의 『고금주(古今注)』에는 이두(狸豆)를 이사(狸沙)라 하였다.
○ 약재 종류 중에 반묘(斑貓: 딱정벌레목 가뢰과에 속하는 곤충)라는 이름이 있다.
『본초강목(本草綱目)』
○ 또 호랑가시나무를 다른 이름으로 묘아자(貓兒刺)라고 하는데, 고양이의 손톱 모양을 따라 이름 붙인 것이다.
『본초강목』

내가 살펴보니, 새 종류 중에서도 반묘(斑貓)라 하는 것이 있다. 『산해경(山海經)』에서 북효산(北囂山)에 새가 있는데, 이름이 반모(鷭鴟)고 이를 반묘(斑貓)라 한다라고도 했다. 또 몸이 검고 머리가 붉은 범메뚜기가 반묘와 비슷하니, 육기(陸璣)의 『모시소(毛詩疏)』에 보인다.

○ 풀 종류 중에서 묘모(貓毛)라는 이름이 있는데, 진평현(鎭平縣)에서 자란다.

향철(香鐵) 황시조(黃侍詔)의 「향원(鄕園)」이라는 시에 '풀방석에서 묘모를 줍네.'라 했다. 【『백화초당시집(白華草堂詩集)』】

○ 합묘리(合貓里)라는 이름의 오랑캐 나라가 있는데 뱃사람들이 이르길, '부자가 되고 싶으면 모름지기 묘리무(貓里務)를 찾아가야 한다.'[4]라고 했다. 회암(悔菴) 우통(尤侗, 1618~1704)의 『외국죽지사(外國竹枝詞)』에 '망건초(網巾礁)[5]의 섬 지역은 고깃배가 많고, 산전(山田)에서 곡식 열 가마도 수확한다네. 부자가 되려거든 묘리무를 찾아가야 하니, 가난한 아이 어찌하여 수레나 몰아주며 부자되려 하는가.'라 했다.

『용위비서(龍威秘書)』

내가 살펴보니 지명에 고양이가 사용된 것은 여송국(呂宋國: 필리핀)의 작은 섬 중에 묘무연(貓霧煙)이 있는데, 이는 우리 집안의 향철(香鐵) 황시조(黃侍詔)가 알려준 것이다. 파주(播州)에는 요인동(猺人洞)이 있는데 목묘(木貓)라 하기도 하니 『원사(元史) · 소앙전(郭昂傳)』에 보인다. 흠주(欽州)에서 안남(安南: 베트남)으로 들어가는 길에 묘아항(貓兒港)이 있으니 『사한법정(詞翰法程)』에 보인다. 계림부(桂林府) 북쪽 문밖에 묘아문(貓兒門)이 있으니 『광서통지(廣西通志)』에 보인다.

4　이 지역의 정확한 위치에 대해서는 현재까지 불분명하나, 필리핀 루손(Luzon)섬 남부 비콜 반도(Bicol Peninsula) 북부의 카마리네스(Camarines)로 보기도 한다. 또한 이 책에서는 합묘리와 묘리무를 같은 지명으로 보았다. 장섭(張燮)의 『동서양고(東西洋考)』에서도 두 나라가 같은 나라였다고 하였고 『명사(明史)』, 「열전(列傳) · 외국(外國)」에서도 이와 비슷한 기록을 확인할 수 있다. 그러나 두 나라를 다른 지역으로 파악하여, 합묘리는 필리핀의 루손섬 남부에 있고 반면, 묘리무는 루손섬과 민도로(Mindoro)섬 사이에 있는 마린두케(Marinduque)섬으로 보기도 한다.

5　망건초(網巾礁)는 망건초노(網巾礁老) 문건초노(蚊巾礁老), 망건초뇌(網巾礁腦)로도 기록되었으며, 현재 필리핀 민다나오섬 남부의 코타바토(Cotabato) 일대를 가리킨다.

항주성(杭州城) 안쪽에는 묘아교(貓兒橋)가 있으니 『항주부지(杭州府志)』에 보인다. 광동(廣東)의 대포현(大埔縣)에는 묘아도(貓兒渡)가 있으니 『묘주부지(潮州府志)』에 보인다. 【안탕산(雁蕩山)에는 망천묘(望天貓)라는 봉우리가 있는데 원자재(袁自才)의 시에 이르길, '박쥐가 하늘로 날아가자, 고양이 마음에 들지 않네. 마음 같아서는 가서 잡고 싶지만, 하늘만 쳐다보고 웅얼대네.'라고 했다.】

영가(永嘉)의 인동(寅東) 순윤(巡尹) 진천(陳泉)이 이르길, '고양이로 이름을 짓는 경우는 참으로 셀 수 없이 많다. 산의 경우 묘아령(貓兒嶺)·묘아암(貓兒岩)·묘아동(貓兒洞)이 있고, 물의 경우는 묘아항(貓兒港)·묘아독(貓兒瀆)이 있다. 이런 작은 지역의 이름은 가는 곳마다 있고, 잡다한 물건의 경우 묘아등(貓兒燈)·묘아보(貓兒寶)·묘아고(貓兒褲) 외에도 어린아이의 장난감인 진흙으로 만든 이삭묘(泥塑貓)·나무를 깎아 만든 목조묘(木雕貓)·종이로 만든 지호묘(紙糊貓)가 있다. 그리고 고소(姑蘇) 지역 그림 가게에는 「묘타수혜도(貓拖繡鞋圖)」가 있고, 그릇 가게에도 고양이 모양 요강이 있다.'라고 했다. 【대만의 제라(諸羅: 지금의 대만 자이[嘉義]현)에는 묘라산(貓羅山)·묘무산(貓霧山)이 있으니 녹주(鹿洲) 남정원(藍鼎元)의 『동정집(東征集)』에 보인다.】

○ 도사(道士) 이승지(李勝之)가 「포접묘아도(捕蝶貓兒圖)」를 그려 세태를 풍자했다.
                                                                                육유(陸游)의 시주(詩注)

내가 살펴보니 육유(陸游, 1125~1209)의 「서루패오서우득리노포살무허일군서기공위부(鼠屢敗吾書偶得狸奴捕殺無虛日群鼠幾空爲賦)」에 '물고기 반찬 변변치 않더라도 부끄러울 정도는 아닌데, 꽃밭에서 정신없이 나비 잡느라 쳐다보지도 않네.'라 했다. 또 살펴보니 『선화화보(宣和畫譜)』6에 실려 있는 이애지(李藹之)는 화음(華陰) 사람으로 고양이를 잘 그렸다고 한다. 지금 어제(御製) 창고에 희묘(戲貓)·추묘(雛貓)와 취묘(醉貓)·소묘(小貓)·채묘(薑貓) 등 모두 18점이 소장되어 있는데 이 이애지라는 사람이 혹 이승지인가? 『선화화보』에는 또 송나라 때 하존사(何尊師)의 그림도 있는데, 그는 고양이 그림 전문가다. 하존사는 예전에 고양이가 호랑이와 비슷한데 귀가 크고 눈이 노란 것만이 다르다고 했다. 애석하게도 하존사는 호랑이를 그리는 걸 내켜 하지 않아 고양이만 그렸다고 하니 어쩌면 고양이를 구실삼아 유희한 것인가? 또 당나라 때 등창우(滕昌佑)의 「부용묘아도(芙蓉貓兒圖)」도 실려 있다.

또 왕응(王凝, 821~878)은 앵무새와 사묘(獅貓) 등을 그렸는데, 모양만 비슷한 게 아니라 부귀의 의미도 그림에다 담아내 하나의 품격을 이루었다. 송나라 시절에도 「정오모란도(正午牡丹圖)」가 있었는데 누가 그렸는지 모르지만 『비아(埤雅)』에 보인다. 우지정(禹之鼎, 1647~1716)의 「모원대장공주포백묘도(慕元大長公主抱白貓圖)」는 지금 소정(小亭) 오병권(吳秉權)의 집에 소장되어 있다. 소정이 이르길, '그림에는 키가 큰 공주가 있고, 눈같이 새하얀 고양이가 눈만 붉은데 근래 전해진 것이다.'라고 했다. 또 「묘접도(貓蝶圖)」가 있는데 장수의 의미를 담아낸 것이라 복을 기원하는 용도로 사용된다. 증연동(曾衍東, 1750~1792)의 「자제화묘(自題畫貓)」에서는 '늙은이도 고양이 같은 마음 있으나, 남 앞에서 울지 못하네.'라 했으니 말을 경계하는

---

6 선화(宣和)는 중국 송나라의 제8대 황제인 휘종이 사용한 여섯 번째 연호(1119~1125년)인데, 이 시기 내부에 소장된 회화를 20권으로 편찬한 것이 『선화화보』이다. 주제별로 도석, 인물, 번족(蕃族), 용어(龍魚), 산수, 축수(畜獸), 화조, 묵죽·소과(蔬果)의 총 10문으로 나뉘어 있고 각문은 서론, 화가의 소전, 작품의 저록으로 구성되어 있다.

뜻이 있는 듯하다. 그는 산동(山東) 사람으로 호북(湖北) 지역을 다스린 적이 있는데 가경(嘉慶: 1796~1820) 연간에 일에 연루되어 온주(溫州)로 유배 가게 되었다. 시와 그림에 뛰어났고 스스로 호(號)를 칠도사(七道士)라 하였으며 증칠여(曾七如)라 부르기도 했다.

○ 명나라 이공수(李孔修)는 자(字)가 자장(子長)이며 순덕(順德) 사람이다. 고양이를 그리는 데 매우 뛰어나 고관대작이 글을 보내 그림을 구하고자 했지만 번번이 얻지 못했다. 한번은 나무꾼에게 땔감 값을 빚지게 되자, 고양이 한 마리를 그려 그에게 주었다. 나무꾼은 그림을 보고 실망하였지만 길을 가던 사람들은 그 그림을 다투어 사고자 하였다. 잠시 뒤 나무꾼은 다시 땔나무를 가지고 그림을 사려고 하니, 이공수는 웃으며 응하지 않았다.   『광동통지(廣東通志)』

향철(香鐵) 황시조(黃侍詔)가 이르길, '하존사(何尊師)는 고양이를 잘 그렸다. 자는 놈, 깨어 있는 놈, 고기를 쭉 늘어놓는 놈, 뒤엉켜 노는 놈 등을 그려 낸 것들이 다 절묘하였다. 그 털색은 풍성하게 뻗어 있고, 몸짓은 유순하니 더욱 감상할 만하다.'라고 했다.

적만(笛灣) 호지차(胡知鑴)가 이르길, "『묵객휘서(墨客揮犀)』를 살펴보니 구양수(歐陽脩, 1007~1072)가 오래된 그림 하나를 얻었는데 모란 꽃떨기 아래에 고양이 한 마리가 있는 것이었다. 구양수는 그 정밀함과 오묘함을 알지 못했는데 승상인 정숙(正肅) 오육(吳育, 1004~1058)이 한 번 보고는 '이는 정오의 모란일세. 어떻게 분명히 아느냐고? 꽃가지가 활짝 피었는데 색은 말라 보이니, 이 꽃은 해가 중천에 있을 때 핀 것이지. 고양이 눈은 검은데 눈동자가 일직선 모양이니, 이는 정오 때의 고양이 눈이라네. 꽃에 이슬이 맺혀 있으면 꽃송이가 접힌 모양이 되지만 색깔은 윤기가 있겠지. 고양이 눈은 새벽이나 저녁에는 눈동자가 둥글게 되고 정오가 되면 직선 모양이 된다네.'라고 했으니, 이 또한 옛사람의 의도를 잘 파악한 것이다."라고 했다.

적주(荻疇) 정랑(鄭烺)이 이르길, '예전에 뛰어난 화가가 집 뒤쪽 지붕 위에 누워있는 고양이 한 마리를 그렸는데, 형태는 물론이고 정신까지도 핍진하게 담아내 과찬하지 않은 이가 없었다. 그런데 어떤 손님이 좋긴 하지만, 애석하게도 흠이 있다고 했다. 이 고양이는 몸집이 한 자 남짓을 넘지 않는데 그림에 누워있는 고양이는 기와 줄 6~7장에 걸쳐 있으니 이것이 흠이라 하자 모두 그의 정밀한 식견에 탄복하였다.'라고 했다.

괴정(槐亭) 장집(張集)이 이르길, '예나 지금이나 '고양이' 글자로 이름 짓는 경우가 정말 드물지는 않지만 여러 책에 기록된 것은 드물다. 가령 '살쾡이' 글자로 이름한 것은 『좌전(左傳)』에는 계리(季狸)라는 자가 있고, 『군보록(群輔錄)』에서도 확인된다. 위(魏)나라 도무(道武) 황제의 어릴 때 자(字)가 불리(佛狸)인데 『북사(北史)』에 보인다.'라고 했다.

도문백(陶文伯)이 이르길, '주단(丹朱)의 성이 이(狸)이니, 염약거(閻若璩, 1636~1704)의 『사서석지(四書釋地)』에 보인다.'라고 했다.

정중문(丁仲文)이 이르길, '『시경(詩經)』의 사라진 시 중에 이수(狸首) 편이 있었는데, 『의례(儀禮)』에 보인다. 옛 노래에 이수(狸首)가 있었다는 것이 『예기(禮記)·단궁(檀弓)』에 보인다. 『좌전』에도 이제(狸制)가 있으니, 이는 누런 살쾡이 가죽으로 만든 의복이다. 『주례(周禮)·하궁(夏官)·사인(射人)』에 이보(狸步)가 등장하는데, 과녁과 활 쏘는 당(堂) 사이의 거리를 측정한 도구이다. 또한 이석(狸席)은 후궁이 황후에게 올리는 축하 의식에 쓰는 초록색 살쾡이 털로 만든 방석으로, 『비연외전(飛燕外傳)』에 보인다. 이것은 모두 살쾡이지 운묘(雲貓: 마블고양이)는 아니다.'라고 했다.

결보(潔甫) 도사렴(陶士廉)이 이르길, '곡옥(曲沃) 지역 관리인 손면(孫緬) 집의 종을 야리노(野狸奴)라 불렀으니, 재군우(戴君宇)의 『광이기(廣異記)』에 보인다.'라고 했다. 【절강성(浙江省) 자계현(慈溪縣)에서 1820년 무렵 억울하게 옥에 갇힌 자 중에 아묘(阿貓)라는 여자가 있었으니, 『형부열안(刑部例案)』에 보인다.】

○ 상성(相聲)이라 불리는 기예는 고양이와 개 짖는 소리를 내는 것으로, 그 소리가 (원래 개, 고양이 소리와) 매우 비슷하다. 앵무새와 구관조, 몽고종다리 같은 새도 고양이와 개소리를 낼 수 있는데, 우연히 들으면 그 소리를 분별하기 어렵다.

인화(仁和) 강우천(姜愚泉)의 『편지(片識)』

내가 살펴보니, 상성(相聲)은 항간에서 상성(像聲:소리 흉내 내기)이라고 하니, 바로 '입재주'이다. 구관조를 베트남에서는 요가가(了哥哥)라 하는데 『적아(赤雅)』에서는 '요(鷯)'라 했다.

○ 청명(清明)인 4월 5일 무렵 구(甌) 지역에서는 어린아이부터 고양이와 개까지 모두 버들가지로 만든 둥근 모자를 쓰니, 이는 또한 시골 풍속이다.　주련지(朱聯芝)의 『구중기속시(甌中紀俗詩)』의 주(注)

내가 살펴보니, 고양이는 세속적 인연을 맺고 있어 세상에서는 고양이를 끌어와 이야기하는 경우가 너무도 많다. 속된 말에 일 처리가 깨끗하지 못한 사람을 올빼미처럼 살아간다[貓兒頭生活][7]'라고 하는데, 『유청일찰(留靑日札)』에 보인다. 일 처리가 어설프면 다리가 세 개인 고양이[三脚貓: 쥐는 잘 잡지만 잘 걷지 못하는 고양이]라고 놀린다. 장명선(張明善)의 원곡(元曲)에 '삼각묘(三脚貓)는 위수(渭水) 물가의 숨어 사는 자로다.'[8]라 하였으니, 『철경록(輟耕錄)』에 보인다. 우리 집안의 시조(侍詔) 황향철(黃香鐵)이 이르길, '우리 고을에 도박장이 열리면 도박꾼은 4글자마다 1구를 만드는데, 그 12글자를 나누어 3구를 만드는 것을 삼각묘라 한다.'라고 했다. 화윤정(華潤庭)이 이르길, '오(吳) 지역에는 양자로 삼은 자식을 야묘(野貓)라 하고, 교활하여 남을 속이는 자를 뇌묘(賴貓)라 하며, 권법을 익혀 용맹한 자를 삼각묘라 부른다.'라고 했다.

또 살펴보니 '훔쳐 먹는 고양이 버릇 못 고친다.'는 『잡찬이속(雜纂二續)』에 보이고, '어떤 고양이가 생선을 마다하리.'는 『원곡선(元曲選)』에 보인다. '남을 본떠 고양이를 그리네.'와 '추위에 떠는 고양이는 쥐를 못 잡는다.[9]'는 둘 다 『오등회원(五燈會元)』에 보이며, '고양이의 머리처럼 바쁜 척만 한다, 고양이 입에서 먹을 것을 빼먹는다, 고양이가 늙은 쥐를 보고 울며 자비로운 척한다.'는 모두 『담개

---

7 원문의 '貓兒頭'는 직역하면 고양이의 머리인데, 고양이 머리와 비슷하게 생긴 올빼미나 더 나아가 악한 사람을 비유한다. 여기에서 올빼미처럼 살아간다는 것은 '관청과 결탁하여 불법적인 일을 하는 것'을 말한다.

8 청나라 유헌정(劉獻廷)의 『광양잡기(廣陽雜記)』권5에 "今人稱隱士見用, 多曰渭水飛熊."라 하여 은자가 등용됨을 말한다. 세속에서 주 문왕(周文王)이 곰이 날아드는 꿈을 꾸고 나서 여상(呂尙)을 만나 스승으로 맞이했다 하는데 『지소유편(識小類編)』에는 "여러 사기를 상고해보면 '주 문왕이 사냥하러 나가면서 점을 쳤을 때 용(龍)도 이무기[螭]도 곰[熊]도 말곰[羆]도 아닌 패왕(霸王)의 보필을 얻을 것이다는 점사(占辭)가 나왔는데, 과연 위수(渭水) 남쪽에서 여상을 만났다.'고 했다." 하였다.

9 배고픔과 추위에 시달리는 병약한 사람이 정상인의 일을 수행하기 어려움을 비유한다.

(談槪)』와 장악(莊岳)의 『위담(委談)』에 보인다. 【세상에 다음 같은 우스운 이야기가 전한다. 하루는 쥐가 고양이 목에 걸린 염주를 보았다. 쥐들은 고양이가 불교에 귀의하여 반드시 자비로울 것이니, 자신들은 두려워할 게 없다고 여겼다. 그런데 완전히 믿지는 못하여 작은 쥐에게 지나가게 하자, 고양이가 엎드려 움직이지 않았다. 조금 큰 쥐에게 지나가게 하니 역시 움직이지 않았다. 큰 쥐가 그제야 의심 없이 제일 마지막으로 지나가자, 고양이가 갑자기 일어나 그 쥐를 사로잡아 죽여버렸다. 그러자 쥐 떼가 머리를 감싸고 도망치며 '이는 가짜 자비군, 가짜 자비야.'라고 했다.】

또 예컨대 『통속편(通俗編)』에는 '돼지가 오면 가난해지고 개가 오면 부유해지며 고양이가 오면 곳간을 연다.'라고 실려 있다. 또 '개가 오면 부유해지고 고양이가 오면 귀해지며 돼지가 오면 주로 불행해진다.'라고 했다. '아침에는 고양이에게 밥을 주고, 밤에는 개에게 밥을 준다.'는 것은 『월령광의(月令廣義)』에도 보인다. 세속에서는 포졸과 도둑이 함께 있는 것을 '고양이와 쥐가 함께 잔다[貓鼠同眠].'고 말하니 이 4글자는 『당서(唐書)』에 보인다. 절강성 속담에 '고양이 형, 개 동생'이라는 말이 있다. 고양이는 늘 개를 내쫓고, 개는 대부분 뒷걸음치거나 피하기 때문에 운서(韻書)에는 '형묘(兄貓)'라는 글이 있으나, 이는 또한 억지로 갖다 붙인 말이다. '고양이가 염불한다.'와 '고양이가 맷돌을 돌린다.'의 경우 고양이의 코에서 나는 소리 때문에 하는 말이다. 구(甌) 지역 풍속에는 속여서 재물을 빼앗는 자를 묘아두(貓兒頭)라 하고, 쩨쩨한 사람을 묘아상(貓兒相)이라 한다. 나이가 어린데 용기가 있으면 '풋내기 고양이가 호랑이처럼 강하네.'라고 한다. 속담이 비록 거칠고 촌스럽지만, 모두 타당한 이치가 있기에 지금까지도 전해져 외우고 사라지지 않았다. 『홍루몽(紅樓夢)』에 '뜨거운 구들을 파고드는 그슬린 털의 추운 고양이.'라는 것은 만주 사람들이 일상적으로 쓰는 말이다.

내가 또 살펴보니 고양이는 여섯 가지 가축[말, 소, 양, 닭, 개, 돼지]에 포함되지 않는다. 그럼에도 고양이와 개를 함께 거론하는 것이 적지 않다. 예를 들어 '개가 오면 부유해지고 고양이가 오면 귀해진다.'와 '아침에는 고양이를 먹이고 저녁에는 개를 먹인다.'와 '고양이 형과 개 동생.'이 있다. 이외에도 구(甌) 지역 풍습에 절기가 청명이 되면 고양이와 개에게 버들가지로 만든 둥근 모자를 쓰게 하는 것 등은 모두 개와 고양이를 함께 이른 것이다. 또한 속담에 '6월 6일에는 고양이와 개가 목욕한다.'라고 했고, 우리 집안사람인 향철(香鐵)의 「소하(消夏)」라는 시에 '어느 집이나 고양이와 개는 목욕하면 따라와 엿본다네.'라고 했다. 또 작가를 모르는 「석서전(碩鼠傳)」에서는 '지금 잡은 것은 개도 아니고 고양이도 아니다.'라고 했다. 「수구가(數九歌)」에서는 '54일이 지나면 고양이와 개가 그늘을 찾는다.[10]'라고 했다. 후당(後唐) 때 노연양(盧延讓)이 과거시험에서 작성한 시구절에는 '배고픈 고양이 쥐구멍을 내려다보고, 게걸스런 개는 생선 도마를 핥는다네.'라고 했는데, 시험관의 칭찬을 듣고 합격하게 되었다. 그러자 사람들은 고양이와 개의 공로라고 하였으니, 이로 인해 더욱 유명해졌다.

화윤정(華潤庭)이 이르길, '고양이는 비록 여섯 가지 가축에 들어가지 못하지만, 성품이 온순하여 사람의 의도를 헤아릴 수 있다. 사람이 아끼고 보호해주면 동물 성품도 이에 걸맞게 된다.'라고 했다.

---

10 수구가는 구구가(九九歌)를 이른다. 이는 중국 전통 농가(農歌)로 동지(冬至)로부터 9일씩을 단위로 하여 아홉 시기로 추운 계절을 구분하고, 각 시기의 특징을 내용으로 하여 지어 부르던 노래다. 그런데 '고양이와 개가 그늘을 찾는' 때는 원문처럼 54일이 아니라, 72일[八九七十二]에 해당 되는 시기이다. 저자의 착오로 보인다.

나는 생선을 좋아한다. 어느 객이 놀리며 말하길, '듣자니 자네가 고양이 백과사전을 만든다지? 그렇다면 풍환(馮驩)이 고양이가 죽어서 다시 태어난 사람인 것을 아는가?'라고 했다. 그걸 어찌 아냐고 내가 묻자, '풍환이 칼 등을 두드리며 불렀던 노래를 보면 알지.'라고 했다. 나는 '그렇구려. 나는 참으로 풍환이 다시 태어난 사람인데, 그건 아시오?'[11]라 하고는 함께 껄껄 웃었다. 내가 기록하다.

---

11 전국 시대 제(齊)나라 풍환(馮驩)이 손잡이를 노끈[剸緱]으로 감은 칼을 두드리며
    맹상군(孟嘗君)에게 처우 개선을 요구했던 고사가 있다. 그 노래에 "장협이여 돌아가
    야 할까 보다. 밥에 생선 반찬이 없구나[長鋏歸來乎, 食無魚]."라고 하였다. 객은
    생선을 좋아하는 풍환을 고양이에 비유했고, 황한은 자신도 생선을 좋아하므로 고양
    이의 후신이라며 농담으로 맞받아친 것이다.

6. 옛일과 유래
故事

사람과 사물은 서로 연관되어 있으니, 사건의 단서는 거기에서 생겨난다. 사건은 여러 겁(劫)이 지나도 사라지지 않고 끝내 역사적 사실이 되는데, 인간사에는 고양이 관련된 사건도 많다. 고사성어에 '지난 일을 잊지 않는다.'라고 했으니, 군자는 옛것을 거울삼아 기이한 이야기를 들으면 기록하였고, 학자들은 지금 그러한 일들을 기록한다. 나는 이러한 이유로 부지런히 기록하여 옛일과 유래를 모았다.

○ 공자(孔子)가 거문고를 연주하는데 민자건(閔子騫)이 듣고서 증자(曾子)에게 고하길, "저번에 선생님의 연주는 맑고 투명하면서도 조화를 이루었는데 지금은 어둡고 우울한 소리로 변화하였으니 어떤 감정으로 인해 이렇게 연주하시는 겁니까?"라 했다. 들어가 공자께 여쭈니, 공자가 "그렇구나. 저번에는 고양이가 막 쥐를 잡는 것을 보고, 그 방법을 터득하고자 했기에 소리가 그러했다."라고 했다.

『공총자(孔叢子)』

○ 연산(連山)의 대부인 장박(張搏)이 고양이 기르길 좋아하여 다양한 털색을 지닌 고양이들을 소유하고 모든 고양이에게 어여쁜 이름을 지어주었다. 매번 퇴청하고 집 대문에 이르면 수십 마리 고양이들이 꼬리를 끌고 목을 빼며 빙빙 돌다 비비면서 집으로 들어갔다.

늘 초록색 얇은 비단으로 휘장을 만들어 그 안에서 고양이들을 모아 놓았기에, 어떤 이들은 '장박이 바로 고양이 정령(精靈)이다'라고 하였다.

『남부신서(南部新書)』

○ 측천무후에게 고양이가 있었는데 앵무새와 함께 지내도록 길들여서 모든 벼슬아치에게 보여주었다. 벼슬아치들이 차례로 다 보지도 못했는데, 고양이가 배가 고파 앵무새를 잡아 먹어버리니, 측천무후가 크게 부끄러워했다.

『당서(唐書)』

○ 측천무후가 왕황후(王皇后)와 소양제(蕭良娣)를 죽였는데 소양제가 저주하면서, "바라건대 무측천이 쥐가 되고 내가 고양이가 되어 몇 번이고 다시 태어나 목을 물어뜯게 해주십시오!"라고 했다. 그러자 측천무후는 황후와 비(妃)의 처소인 6개 궁에 고양이를 키우지 말라는 명령을 내렸다.

『구당서(舊唐書)』

○ 고양이의 별명인 천자비(天子妃)가 『학림옥로(鶴林玉露)』에 보인다. 소비(蕭妃)가 죽임을 당했는데, 죽을 때가 되어 '내가 고양이가 되고 무측천이 쥐가 되길 원한다.'라는 말을 했기에 이러한 별칭이 생겼다.

양소임(梁紹壬)의 『추우암필기(秋雨盦筆記)』

○ 노구(盧樞)가 연주(連州) 지역 자사(刺史)가 되었다. 한번은 뜰에서 달을 바라보다가 흰옷을 입은 7, 8명의 사람이 "오늘 밤 매우 즐거우나 장차 백노(白老)가 올 것이니 어찌해야 하나?"라고 말하는 것을 보게 되었다. 그들은 잠깐 사이에 하수구로 들어가더니 끝내 보이지 않았다. 며칠 뒤 노구가 퇴근하여 집에 왔는데, '백노'라는 이름의 고양이가 집 서쪽 계단 땅 밑에서 쥐 7, 8마리를 잡았다.

『계신록(稽神錄)』

○ 원화(元和: 806~820) 초기 도성에 악랄한 소년인 이화자(李和子)는 늘 개와 고양을 잡아먹었다. 하루는 자줏빛 관원의 옷을 입은 자

둘이 그를 쫓아와 고양이와 개 사백육십 마리가 송사(訟事)를 제기했다고 했다. 화자는 놀랍고 두려워 주막으로 불러들여 귀신들에게 술을 따라주면서 방법을 요청하자 두 귀신이 말하길, "그대는 돈 사십만 냥을 준비하시게. 그러면 삼 년 정도 목숨을 벌 수 있네."라고 했다. 화자는 급히 집으로 가서 옷가지를 팔아 마련한 종이돈을 태웠고, 두 귀신이 그 돈을 쥐고 떠나는 것을 보았다. 그런데 삼일이 지나자 화자는 죽었으니, 귀신이 말한 삼 년은 인간 세상에서는 삼 일이었기 때문이다. 　　　　　단성식(段成式)의 『유양잡조(酉陽雜俎)』

○ 설계창(薛季昶, ?~706)이 꿈을 꿨는데, 고양이가 집 문턱 가에 엎드린 채 머리는 밖을 향해 있었다. 점쟁이 장유(張猷)에게 묻자, 장유가 "고양이는 용맹한 신하라오. 문턱에 엎드려 있다는 것은 병마(兵馬)를 통솔하고 있는 것이니, 그대는 반드시 군대의 요직을 맡게 될 것이오."라고 했다. 설계창은 과연 계주(桂州) 제독(都督)과 영남(嶺南) 초토사(招討使)에 임명되었다. 　　　　　　　　　　『조야첨재(朝野僉載)』

○ 당나라 정원(貞元: 785~805) 시기에 범양(範陽) 출신 노욱(盧頊)의 집이 전당(錢塘)에 있었다. 그 집에는 어디서 왔는지 모를 한 부인이 있었는데, 곧장 여종인 소금(小金)의 처소로 가서 스스로 성이 주(朱)씨라고 말하더니 수시로 오고 갔다. 하루는 날씨 추워서 소금이 불을 지폈는데 부인이 와서 화를 내고 그 불을 밟아 꺼트리면서 손으로는 소금을 찰싹 때렸다. 며칠 뒤 부인이 살쾡이처럼 생긴 동물 한 마리를 안고 왔다. 주둥이는 뾰족하고 꼬리는 말려 있었으며, 얼룩무늬는 호랑이 같았다. 부인은 소금에게 "어찌하여 내 고양이에게 밥을 주지 않느냐?"라고 하면서 소금을 다시 때렸는데, 이는 야생살쾡이였다. 　　　　　　　　당나라 장필(張泌)의 「시미전(尸媚傳)」

○ 배관(裴寬, 681~755)의 아들 서(諝)가 농담하기를 좋아했는데, 하남

부(河南府)의 장관이 되었다. 어떤 부인이 고양이 다툼으로 인해 소송을 걸었는데, 소송장에 '이 고양이가 수컷이면 내 고양이고, 수컷이 아니라면 내 고양이가 아닙니다.[1]'라고 했다. 배서는 크게 웃으면서 판결하길, '수컷 고양이는 주인을 모르니, 내 곁에서 쥐나 잡거라. 두 집안은 다툴 필요 없이 고양이를 가져와 나에게 주도록 하라.'라고 했다. 배서가 마침내 그 고양이를 받아들이니, 양쪽 집안 모두가 그를 비웃었다.　　　　　　　　　　「개원전신기(開元傳信記)」

○『계신록(稽神錄)』에 다음과 같은 내용이 있다. 건강(建康: 현재의 난징 지역)에 식초를 파는 아무개가 고양이 한 마리를 길렀는데 매우 튼실했다. 신해년(辛亥年) 6월에 고양이가 죽자 차마 땅에 묻지 못하고 집 한쪽 구석에 두었다. 며칠이 지나자 부패하여 냄새가 나서 어쩔 수 없이 진회(秦淮) 강에다 버렸다. 그런데 물에 들어간 고양이가 살아나자 아무개는 고양이를 구하기 위해 강물에 뛰어들었고, 결국 빠져 죽고 말았다. 고양이는 강가 언덕으로 올라와 금오(金烏) 역참으로 달려갔다. 아전이 고양이를 붙잡아 역참 안에 묶어 두고 나와서 관아에 보고하고 그 고양이를 증거로 보이려고 했다. 그런데 돌아와 보니 고양이는 이미 밧줄을 물어뜯고 벽을 허물어 도망가 버렸고, 끝내 다시 볼 수 없었다.　　　　　『태평광기(太平廣記)』

○『문기록(聞奇錄)』에 다음과 같은 내용이 있다. 진사(進士)인 귀계(歸系)가 여름날 어린아이와 함께 대청마루에서 자는데, 갑자기 사나운 고양이 울음소리가 들려왔다. 어린아이가 놀랄까 봐 종에게 베개로

1　중국어 '兒'에는 '수컷'과 '나'라는 뜻이 있다. 원문 '若是兒貓, 卽是兒貓, 若不是兒貓, 卽不是兒貓.'에서 1, 3구의 '兒'는 '수컷'이라는 뜻이고, 2, 4구의 '兒'는 '나'라는 뜻을 담고 있다. 일종의 언어유희로서, 이에 대해 배서 역시 '수컷'과 '나'라는 단어를 넣어 말장난을 하며 판결을 내리고 있다.

고양이를 때려버리라고 했다. 공교롭게도 베개에 맞은 고양이는 쓰러져 죽었는데, 어린아이가 그 즉시 고양이 울음소리를 내더니, 며칠이 지나서 죽어버렸다.　　　　　　　　　　　　　　　　　『태평광기』

○ 평릉성(平陵城) 안에 고양이 한 마리가 있었다. 늘 돈이 들어 있는 금고를 차고 다니며 날래기가 마치 나비와 같아 사람들이 종종 구경하러 갔다.　　　　　　　　　　　　　　　　　　『유양잡조(酉陽雜俎)』

○ 당나라 용삭(龍朔) 원년(661)에 부성(涪城)에는 쥐와 고양이가 함께 살았다. 쥐는 도둑놈을 상징하고 고양이는 쥐를 잡는 것이 직분인데, 도리어 쥐와 고양이가 함께 살았으니, 직분을 버리고 간악한 짓을 용납하는 꼴이다.

『신당서(新唐書)·오행지(五行志)』. 어느 판본에는 준주(濬州)라 기록되어 있다.

○ 용우(隴右) 지역 절도사(節度使)인 주차(朱泚, 742~784)가 군졸 조귀(趙貴)의 집에서 함께 젖을 먹이며 서로 해치지 않는 고양이와 쥐를 얻게 되었다. 주차는 이놈들을 상자에 담아 임금께 바치자 재상인 상곤(常袞, 729~783)과 신하들이 이를 축하했다. 그런데 최우보(崔祐甫, 721~780)가 이는 애도할 일이지 축하할 일이 아니라고 하면서 이어 「묘서의(貓鼠議)」라는 글을 써서 임금께 올렸다.　　　　　　『당서(唐書)·대종기(代宗紀)』

　내가 살펴보니 최우보의 「묘서의」에서 이렇게 말했다. "『예기·교특생』에서 '고양이를 맞이하는 것은 고양이가 밭의 쥐를 잡아먹기 때문이다.'라고 했습니다. 고양이가 쥐를 잡아먹는 내용이 『예기』 같은 경서(經書)에 실려 있는 것은 해로움을 제거하고 사람을 이롭게 했기 때문에 하찮은 내용이라도 반드시 기록한 것입니다. 그런데 지금 이 고양이는 쥐를 마주하고서도 잡아먹지 않으니, 어질다고 한다면 어진 것이겠으나 본성을 잃은 게 아니겠습니까? 법관이 간악함을 관리하지 않고, 군인이 적군을 막지 않는 것과 다름없습니다. 이런 것을 칭찬하고 축하하는 것은 상서롭지 못합니다. 모름지기 사헌부에 명을 내려 탐관오리들을 살피고 모든 변방을 경계하여 순찰을 강화해야 할 것입니다. 고양이가 제 일을 다 한다면, 쥐는 해를 끼치지 못할 것입니다."

○ 『문기록(聞奇錄)』에 다음과 같은 내용이 있다. 이소하(李昭嘏)가 진사 시험에 응시하기 전에 일어난 일이다. 감독관이 낮잠을 자다가 베개 앞에서 '소하'라는 이름으로 된 문서 하나를 보았다. 책상에 가져다 놓으라 하고는 다시 잠을 잤는데, 어떤 큰 쥐 한 마리가 문서를 베개 앞으로 물어 왔고, 이 같은 행동을 두세 번 하였다. 봄이 와서 이소하가 마침내 급제하자 곧 어찌 된 일인지 물어보고는 그 집안에서 삼 대째 고양이를 기르지 않았다는 것을 알게 되었다. 이는 쥐의 보은이었던 것이다.
『태평광기(太平廣記)』

○ 보응(寶應: 762~763) 연간에 이 씨(李氏) 아들의 집이 낙양(洛陽)에 있었다. 그 집안은 살생을 해오지 않았기에 집에서 고양이를 기른 적이 없어 쥐들은 죽음을 면했고, 손자 대에 이르러서도 조부의 뜻을 이어 고양이를 기르지 않았다. 하루는 이 씨가 친구들 다 불러모아 집에서 모여 밥을 먹고 있었는데, 이 씨가 앉자마자 문밖의 수백 마리 쥐들이 모두 사람처럼 서서 앞발로 북을 치며 즐거워하는 모습처럼 보였다. 집안사람들이 놀라서 이 씨에게 알리자 친구들도 집 밖으로 따라 나와 구경했다. 사람들이 모두 나가자마자 집이 무너졌는데 그 집안사람들은 아무도 다치지 않았고, 집이 무너지자 쥐 떼도 모두 떠나갔다. 안타깝다! 쥐는 참으로 하찮은 동물인데도, 은혜를

기억하고 이렇게 보답할 줄 알거늘 하물며 사람은 어떠해야겠는가!

『선실지(宣室志)』

○ 영주(永州) 지역에 태어난 해가 자(子)에 해당하는 사람이 있었는데, 쥐가 바로 12간지(干支) 중에 자(子)에 해당한다. 이로 인해 이 사람은 쥐를 아끼고 고양이를 키우지 않아, 창고나 부엌 할 것 없이 온통 쥐가 날뛰어도 문제 삼지 않았다. 이 때문에 집에는 온전한 물품이 없었고 옷걸이에도 온전한 옷이 없었다.

『유종원문집(柳宗元文集)』

○ 이의부(李義府, 614~666)는 유순하면서도 사람을 죽였기에 사람들이 이묘(李貓)라 불렀다.   『당서(唐書)』

화윤정(華潤庭)이 이르길, '이묘(李貓)는 『운부(韻府)』에 인묘(人貓)로 되어있다.'라고 했다.

○ 당나라 때 이회수(李回秀)의 집에 개가 이웃 고양이에게 젖을 먹인 일이 있었다. 중종(中宗)은 이회수의 효심에 감화한 것이라 여겨 이 행실을 세상에 드러내어 널리 알렸다.   『백공육첩(白孔六帖)』

○ 내가[도곡(陶穀)] 연경에 있을 때 작은 방(榜)이 붙어 있는 걸 보았는데, "우대박(虞大博)의 집에서 고양이 한 마리를 잃어버림. 하얀색 털에 이름은 설고(雪姑)."라고 쓰여 있었다.   『청이록(淸異錄)』

○ 강남의 이후주(李後主: 중국 오대십국 남당(南唐)의 제3대 국왕) 아들인 기왕(岐王)이 막 여섯 살이 되어 불단(佛壇) 앞에서 놀고 있었는데, 고양이가 치는 바람에 큰 유리병이 쩍하고 깨져 땅에 떨어졌다. 이로 인해 놀란 기왕이 병에 걸려 죽게 되자 서현(徐鉉, 916~991)을 불러 이 일을 기록하게 하였다. 그러자 동생인 서개(徐鍇, 920~974)가 형

에게 "이 글에 고양이 관련 고사를 꼭 인용할 필요는 없습니다만, 전고(典故)를 어느 정도 기억하고 계십니까?"라고 하였다. 서현이 스무 가지 고사를 말하니, 서개가 "마침 저는 일흔 가지쯤 생각나는군요."라고 했다. 서현은 "동생[楚金: 서개의 자(字)]의 기억력이 대단하구나!"라고 하더니, 다음 날 아침 간밤에 몇 개의 고사가 더 생각났다고 했다.

소사(邵思)의 『야설(野說)』

○ 거사 이외(李巍)가 설두산(雪竇山)에서 수련할 때 밭 채소를 스스로 마련했다. 어떤 이가 이외에게 "날마다 그곳에 가시는데, 채소는 무슨 맛입니까?"라 하자, "학을 단련시키는 것은 채소 넣은 국 한 그릇이고, 고양이를 취하게 하는 것은 세 개의 떡이지.[2]"라고 답했다.

『청이록(淸異錄)』

○ 곽충서(郭忠恕, ?~977)는 사람을 만나면 귀천을 가리지 않고 그저 고양이에 관해서만 이야기했다. 소식(蘇軾)의 「곽충서화찬(郭忠恕畵贊)」

내가 살펴보니, 육유(陸游, 1125~1210)의 「초귀잡영(初歸雜詠)」에 '우연한 벼슬살이 중 부끄럽게도 말[馬]을 물어 오니, 풀이 죽어 객에게 그저 고양이만 이야기하네.'[3]라고 하였다. 둔옹(鈍翁) 왕완(汪琬,

---

2 『청이록(淸異錄)』에서 "학을 단련시키는 것은 채소 넣은 국 한 그릇이고,(이는 수련하여 학 같은 몸을 얻기 위해서다.) 고양이를 취하게 하는 것은 세 개의 떡이다.(시라(蒔蘿: 허브의 일종인 딜)와 박하를 가득 쌓아 밥에 찧어 떡을 만든다.)[以鍊鶴一羹, 蓋爲煉得身形似鶴形也:注). 醉猫三餠, (巍以蒔蘿·薄荷搗飯爲餠:注).]"라고 하였다.

3 『세설신어(世說新語)·간오(簡傲)』에 의하면 왕휘지가 거기장군(車騎將軍) 환충(桓沖)의 기병참군(騎兵參軍)으로 있으면서, 머리는 쑥대 같고 허리띠는 풀어 헤친 채 자기 직무를 돌보지 않고 있었다. 환충이 "그대는 무슨 관서를 맡았는가[卿署何曹]?"라고 묻자 "무슨 관서인지는 모르겠지만 때로 말을 끌고 오는 것을 보니, 아마도 마조인 듯합니다[不知何署, 時見牽馬來, 似是馬曹]."라고 했다. 또 "관서에는 모두 얼마의 말이 있는가[官有幾馬]?"라고 하자 "공자가 말을 묻지 않았다고 했으니 어떻게 그 숫자를 알 수 있겠습니까[不問馬, 何由知其數]."라고 했다. 또 "말이 근래 얼마

1624~1691)의 시에서는 '나를 자주 말[馬]과 비슷한 것으로 불러도 괜찮으나, 다른 사람을 만나면 어찌 감히 대번에 고양이라 부르는가?'라고 했으니, 이 내용은 갈익보(葛翼甫)의 『몽항잡설(夢航雜說)』에 보인다. 【육유의 「임자구일등산소작(壬子九日登山小酌)」에 '알록달록한 고양이 떡 위에 국화는 샛노랗네.'라는 구절도 있다. 당시에는 고양이를 서선(恕先: 곽충서(郭忠恕)의 자(字))이라고도 불렀는데, 이는 오늘날 지만(芷灣) 송상(宋湘)의 시에서 보인다.】 왕립방(王笠舫)의 「연매(衍梅)」에서는 '등나무 의자에서 팔짱 끼고, 나른히 고양이 이야기만 하네.'라고 했으니, 『녹설당시집(綠雪堂詩集)』에 보인다.

○ 공황중(龔晃仲)이 해준 말이다. 그 조부가 집안사람과 함께 진사시험에 응시했을 때, 그 집에 온갖 요괴들이 출몰하여 무당 서 씨 노파를 불러 다스리게 되었다. 고양이 한 마리가 화로 옆에 누워있자, 집안사람들이 무당에게 "집안의 온갖 것들이 다 괴이한데, 이상하지 않은 것은 이 고양이뿐입니다!"라고 했다. 이때 고양이도 사람처럼 서더니 손을 맞잡아 예를 표하며 "소인이 감당치 못하겠습니다."라고 하자, 무당 노파는 깜짝 놀랐다. 며칠 뒤 두 사람이 합격했다는 소식이 들려왔다.　　　　　　　　　　『속묵객휘서(續墨客揮犀)』

○ 소동파의 상소문에 '고양이를 길러 쥐를 잡는데, 쥐가 없기에 쥐를 잡지 않는 고양이도 기르지 않습니다.'라고 했다. 내 생각에 쥐를 잡지 않는 것은 그래도 봐줄 만하지만, 쥐는 잡지 않으면서 닭을 잡는 것은 너무 심한 짓이다. 올바른 사람을 미워하여 반드시 다

나 죽었는가[馬北死多少]?"라고 하자 "산 것도 모르는데 죽은 것을 어떻게 알겠습니까[未知生, 焉知死]."라고 했다.

공격하려고 하니, 닭을 잡는 짓이 아니겠는가? 『학림옥로(鶴林玉露)』

○ 경원(慶元: 1195~1200) 연간에 파양(鄱陽) 지역의 민가에 고양이 한 마리가 쥐 수십 마리를 데리고 다녔는데, 행동이나 먹고 자는 것을 똑같이 하며 마치 어미와 새끼가 서로 먹여주는 듯했다.

『문헌통고(文獻通考)』

○ 진회(秦檜, 1091~1155)의 딸 이름은 동부인(童夫人)인데, 사묘(獅貓: 사자처럼 털이 긴 고양이) 한 마리를 애지중지하다가 어느 날 갑작스레 잃어버렸다. 시한을 정해 임안부(臨安府)에 찾아오라 명하니, 사묘를 다 잡아 바쳤으나 모두 동부인이 키우던 고양이는 아니었다. 그러자 임안부에서는 진회 집안의 늙은 병졸을 매수해서 고양이의 생김새를 물어 백 장의 그림을 다사(茶肆: 식사하고 차를 마시는 곳)에다 펼쳐놓았다. 그 뒤에도 진회의 애첩이 간청하고 나서야 고양이 찾는 일을 그만두었다. 『노학암필기(老學庵筆記)』

내가 살펴보니, 『서호지여(西湖志餘)』에서는 다음과 같이 기록하였다. 진회의 손녀가 숭국부인(崇國夫人)에 봉해졌는데, 사묘(獅貓)가 달아나고 난 뒤 관아의 윤조영(尹曹泳)이란 자가 진회의 애첩을 통해 금묘(金貓)를 뇌물로 주고 간청한 뒤에야 고양이 찾는 일을 그쳤다고 한다.

○ 송나라 때 노선고(盧仙姑)가 고양이를 가리키며 채경(蔡京, 1047~1126)에게 묻길, "이 고양이를 아는가? 이는 장돈(章惇, 1035~1105)이라네.[4]"

---

4 채경(蔡京)과 장돈(章惇)은 중국 송나라 때의 정치가이다. 소성(紹聖) 원년(1094)에 철종(哲宗)의 친정이 시작되고 정권을 잡은 자들이다. 채경은 절조가 없어 권력에 영합하는 책모가(策謀家)인데, 채경이 장돈을 배반했던 일을 노선고(盧仙姑)가 고양

라고 하였으니, 채경을 풍자한 것이다.　　　　　　　『연감유함(淵鑒類函)』

○ 만수사(萬壽寺)의 빈(彬) 스님은 농담을 잘하였는데 한번은 손님을
접대하다가 근처에 있는 고양이를 보고 이렇게 말했다. "닭에게는
다섯 가지 덕(德)이 있는데, 이 고양이도 그 덕이 있습니다. 쥐를
보고도 잡지 않음은 인자함이요, 쥐가 음식을 뺏어 먹어도 양보함
은 의로움이며, 손님이 이르면 음식을 차려 내옴은 예의이며, 물건
을 제아무리 깊이 숨겨도 훔쳐 먹을 수 있음은 슬기로움이며, 겨울
이 되면 반드시 아궁이로 들어감은 신의입니다." 그러자 손님은 포
복절도했다.　　　　　　　　　　　　　　　『휘진신담(揮塵新談)』

채원방(蔡元放)이 평한 『열국지(列國志)』를 살펴보니, 이 구절을 인용하여 송양공(宋襄公)
의 의로움이 이 고양이와 완전히 닮았다고 하였다.

○ 도주(道州)의 개는 불성(佛性)이 없으나 고양이보다는 십만 배 낫다.

『지월록(指月錄)』

○ 불법(佛法) 공부에서 화두(話頭: 깨달음을 얻기 위하여 탐구하는 문제)를
들 때는 고양이가 쥐를 잡듯이 낱낱이 분명하게 해야 한다. 고양이
가 쥐를 잡을 때는 두 눈을 부릅뜨고 사지에는 힘을 꽉 주면서 그저
쥐를 꽉 움켜쥐고 입에 물면 된다. 설령 닭과 개가 근처에 있더라도
이것들을 돌아볼 겨를이 없으니, 참선하는 방법도 이 같을 뿐이다.
조금이라도 딴생각을 하면 쥐를 잡지 못할 뿐만 아니라 고양이도
함께 쫓겨나게 된다.　　　　　『선종직지(禪宗直指)』·『석씨전가보(石氏傳家寶)』

○ 송나라 소흥(紹興: 1131~1162) 연간에 전초사(全椒寺)의 스님이 고양
이와 개를 한 마리씩 길렀는데 매우 영특했다. 절의 종이 강도를
만나 죽게 되자, 개가 으르렁거리며 추격하여 강도의 옷을 물고 늘어

───────────

이를 통해 풍자한 것이다.

졌고, 끝내 강도는 사형을 당하게 되었다. 스님이 죽었을 때는 고양이가 며칠 동안 시신을 지켜 쥐들이 훼손하지 못하게 했다.

『속태평광기(續太平廣記)』

○ 대덕(大德) 10년(1307)에 항주로(杭州路)의 진언유(陳言有) 등이 관청과 결탁하여 공적(公的)인 일이 생기면 크건 작건 모두 찾아가 중요한 일을 청탁했으니, 세속에서는 이들을 묘아두(貓兒頭)[5]라 불렀다.

『원전장(元典章)』

○ 경태(景泰: 1450~1457) 연간 초기에 서쪽 변방에서 고양이 한 마리를 조공으로 바치게 되었다. 그 길에 섬서성(陝西省) 장랑역(莊浪驛)을 지나게 되었는데, 어떤 자가 고양이의 무엇이 신기해서 공물로 바치냐고 물었다. 변방의 사신은 시험해 보자고 하더니 바로 쇠로 된 새장에 고양이를 잡아 두고 빈방에 새장을 넣어놓았다. 다음 날 일어나 보니 수십 마리의 쥐가 새장 밖에서 죽어 있었다. 사신은 이 고양이가 있는 곳이라면 몇 리 밖에서라도 쥐들이 다 와서 엎어져 죽는다고 말해주었다. 이는 아마도 고양이 중에 왕일 것이다.

『속이편(續已編)』, 『화이고(華彝考)』에도 이 내용이 보인다.

내가 살펴보니 섭관해(葉觀海)의 『충담미각편(蟲譚未刻編)』에 '건륭(乾隆) 58년(1793) 유구국(琉球國: 현재 일본 오키나와)에서 전황묘(篆黃貓: 노란 줄무늬 고양이) 한 마리를 조공으로 바치면서, 이 고양이가 있는 곳이면 삼십 리 밖까지 쥐가 사라진다고 하였다.'라고 했다. 이에 근거한다면 경태 연간의 고양이 왕에 비해 신기한 점이 어찌 몇 배

---

5 묘아두(貓兒頭)는 올빼미나 악한(惡漢)을 이르며, 관청과 결탁하여 나쁜 짓을 하는 무리를 비유하는 말이다.

일 뿐이겠는가. 장맹선(張孟仙)이 이르길, '온군(溫郡) 지역 안 씨에게 고양이가 있었는데 쥐를 제거하는데 신통했다. 그 고양이가 한 번 소리를 지르자 지붕에 있던 쥐가 땅으로 떨어졌다. 그 집안사람들이 매우 귀하게 여겨 남들이 달라고 하여도 주지 않다가 끝내는 도둑맞아 잃어버렸다.'라고 했다.

요백징(姚百徵)이 이르길, '근래 반소성(潘少城)의 현령이 진평(鎭平)을 거쳐 보령(普寧)으로 오면서 고양이 한 마리를 데려왔는데, 이른바 오운개설(烏雲蓋雪: 두색털 고양이, 일명 턱시도 고양이)이었다. 들보 사이를 다니는 쥐들을 바닥에서 뛰어올라 잡아내니 날쌘 고양이 중에서도 드문 것이다.'라고 했다.

상담(湘潭)의 장박재(張博齋)가 이르길, '친척 집에서 고양이 한 마리를 길렀는데, 몇 년 동안 쥐 한 마리 잡는 것을 보지 못했는데도 쥐가 점점 줄다가 완전히 없어졌다. 하루는 방을 수리하다가 고양이가 늘 누워있던 바닥 널빤지 밑에 죽은 쥐 수백 마리를 발견했다. 이런 일이 있고서야 이 고양이가 쥐를 잘 내쫓아 왔다는 것을 알게 되었으니, 이는 바로 쥐를 한꺼번에 모아서 잡는 고양이가 최상이라고 화윤정(華潤庭)이 말한 내용이다.'라고 했다.

○ 명나라 때 궁궐 안의 고양이와 개는 모두 관직과 녹봉이 있었다. 총애받은 내관이 기르는 고양이는 늘 노야(老爺: 나리)라 불렀다.

송목중(宋牧仲)의 『균랑우필(筠廊偶筆)』

○ 명나라 만력(萬歷: 1573~1620) 연간에 임금이 거처하는 궁에 몸집이 매우 큰 고양이가 임금에게 몹시 사랑받았다. 후궁들이 거처하는 궁에서도 각각 고양이를 기르며 관직과 직함을 내려주었다. 또한 고양이들을 아주 특이하게 불렀는데 암컷은 모아두(某丫頭: 아무개 여자

아이), 수컷은 모소시(某小廝: 아무개 꼬마 하인)라 했다. 이미 거세하였다면 모노다(某老爹: 아무개 노인장)라고 불렀고, 벼슬에 올려 관직에 봉해주면 곧장 모관사(某管事: 아무개 관리자)라고 불렀다. 다만 내관(內官) 수의 한도에 따라 같은 수의 고양이 관직을 하사했는데, 이는 고양이가 호위하는 무관인 양 계곡처럼 둘러싸고 있는 것에 불과할 뿐이었지만, 남북조 시대 제(齊)나라의 궁궐 여인에 대한 의례(儀禮)와 비슷한 것 아니었겠는가?[6] 또 고양이는 뛰어다니는 것을 좋아하는 성질이라, 궁중에서 태어나 아직 다 자라지 못한 왕손(王孫)이 간혹 고양이들과 서로 어울려 다투고 꾀어내며 울어대는 상황을 겪으면 가끔 놀라고 경련을 일으켜 병이 되기도 했다. 왕손의 유모도 드러내어 말하려 하지는 않았지만 대부분 유산하게 되었다. 이들은 모두 측근의 신하로 친밀한 자들이니, 아마도 함부로 행동하지 않은 것이리라. 또한 측근 신하들의 집에 거세한 고양이를 기르는 것을 본 적이 있는데, 그 크기가 보통의 집개보다 컸다. 그리고 개는 또 작은 품종을 귀하게 여겼으니, 가장 작은 것은 황금색 줄무늬의 페르시아 고양이와 비슷한 것이었으며, 고양이보다도 몇 배나 더 작았다. 매번 싸서 소매 속에 넣고 부르면 바로 나와서 사람의 뜻을 잘 따랐으며, 소리는 매우 우렁찼고 얼룩덜룩한 무늬는 표범 같았다.　　『야획편(野獲編)』

향철(香鐵) 황시조(黃侍詔)가 이르길, "명나라 희종(熹宗)이 고양이를 좋아해서 방에서 밥 먹이는 고양이가 열다섯 마리나 되었다. 수컷은 사람들이 '모소시', 암컷은 '아두'라 하였다. 어떤 고양이에게는 직함

6　'궁궐 여인에 대한 의례(儀禮)'란 궁궐 여인들에게 봉호(封號) 해주는 것을 이른다. 고양이에게 직명을 내려주는 것은 형식적인 절차이긴 하지만, 그래도 궁궐 여인들을 봉호 해주는 대우 정도에 해당됨을 말한다.

을 주고 '모노야'라고 부르며 환관과 비슷하게 상을 주었다. 이는 진종대(陳悰大)의 『천계궁사(天啓宮詞)』의 주석에 보인다. 그 시에서 '먼지 하나 없는 붉은 담요에서 한낮은 기나긴데, 아두는 날마다 임금을 시중드네.'라 하였으니 아두가 바로 모노야이다."라고 했다.

○ 예전에 단묵재(檀默齋)가 이르길, '원숙(袁淑, 408~453)이 나귀를 여산공(廬山公)에 돼지를 대란왕(大蘭王)에 봉했는데, 이 두 짐승들은 몹시도 어리석고 더러우니, 어찌 이런 봉호를 감당할 수 있겠는가? 고양이나 개는 세상에 공로가 있음에도 도리어 불러주는 이름이 없으며 경전(經典)에도 거의 빠져있다.'고 하면서 이어 장난삼아 고양이를 청모위(淸耗尉)에 봉했으니, 매우 운치가 있다. 이는 장신도(張訊渡) 선생이 나에게 말해 준 것이다.　　왕조청(王朝淸)의 『우창잡록(雨窗雜錄)』

내가 살펴보니, 고양이와 개를 봉하는 것에 대해 내가 예전에 왕음재(王蔭齋) 현령께 이렇게 말씀드린 적이 있다. '고양이는 도위(都尉)로 부를 만하지만, 그 벼슬은 고양이의 장점을 다 발휘하기에는 부족합니다. 그래서 서성(書城)의 방어사(防禦使: 지방의 병권을 담당하는 벼슬) 겸 상의감(尙衣監: 임금의 옷을 관리하는 부서), 태창(太倉: 곳간)의 중랑장(中郞將: 장수 밑의 계급)에 봉해서 후손에게 영원히 변함없이 세습되도록 해야 더욱 타당합니다.' 이에 현령께서 나에게 대신 고문(誥文: 고유(告諭)하는 글)을 쓰게 했으니, 우아한 사람의 운치 있는 일을 기록하지 않을 수 없었다. 왕음재의 이름은 증월(曾樾)이고 직례성(直隷省)에서 효행과 청렴으로 이름났다. 도광(道光) 정미년(丁未年: 1847)에 강서(江西) 장녕현(長寧縣)에서 관인으로 있을 때 내가 그의 막하(幕下)에 있었다. 공이 여유가 있을 때 한가롭게 이야기하다가 농담이 여기까지 이른 것이었다. 그다음 해에 왕음재 현령께서 세상을 떠나자 나도 고향으로 돌아왔다. 지금 『묘원』을 상자 속에서 찾다가 대신 썼던 고문(誥文)의 초고가 여전히 남아 있어 여기에다 덧붙여 기록하여 웃고자 한다. 초고는 다음과 같다.

'성은(聖恩) 입은 가문에서 누가 가장 빼어난 재목(材木)인가? 마을의 해로움 없애는 일에는 본디 뛰어난 공적을 중시하니, 고양이는 강해도 뱉어내지 않아[剛亦不吐][7] 사나우면서도 온화할 수 있네. 아침부터 저녁까지 경계하길 잊지 않고, 해가 뜨면 사람들과 잘 어울리네.' 아! 너 묘공(貓公)은 기린의 족속에서 나뉜 혈통인지라, 유독 용맹한 모습 드날렸고 뛰어난 재주로 여러 짐승 중 공을 세워 오래도록 영민함으로 추앙받았네. 귀와 눈을 밝게 하여 혹시라도 어긋남이 없으니 총명함과 재능은 가상하고, 가죽과 털은 버리고 그 나머지는 먹지 않으니 바른 행실과 마음도 힘써 닦네. 더군다나 저 문에 기대어 미친 듯 짖는 개를 천하게 여겨 그 포악한 것들을 응당 삶아버려야 한다고 자세히 말하며, 길을 막고 약탈하여 제멋대로 해치는 것을 미워하여 그 탐욕스러운 승냥이는 죽여야 한다고 극언한다네. 이로 인해 어질다는 명성 더욱 드러나 그 무리를 없애 길이 정화(淨化)하길 기대할 만하네. 이 때문에 정예군의 임무를 맡겨 먼저 궁궐에서 호랑이 같은 위엄을 세워 널리 공격하고 위로하게 하니, 민가에서 쥐 같은 좀도둑 다 사라졌네. 공을 세워도 자랑하지 않으니, 포상은 마땅히 충분해야 하리. 청모(淸耗) 도위(都尉)·서성(書城) 방어사(防禦使)에 봉할 뿐 아니

---

7 약한 자를 업신여기지 않고 강한 자를 두려워하지 않음을 비유적으로 표현한 것이다. 『시경(詩經)』, 「증민(烝民)」에 의하면, 주(周)나라 선왕(宣王)이 중산보(仲山甫)를 제(齊)나라에 보내 성을 쌓게 하였는데, 윤길보(尹吉甫)가 시(詩)를 지어 전송하기를 "중산보는 부드러워도 삼키지 않고 강해도 뱉지 않는다[維仲山甫, 柔亦不茹, 剛亦不吐]."라고 하였다.

라, 상의감(尚衣監)·태창(太倉)의 중랑장(中郞將)에 봉해서 후손에게 영원히 변함없이 세습되도록 해야 하네. 아! 지위가 높아도 위태롭지 않아 날아올라 저 나라의 동량들을 뛰어넘고, 절개를 지키면서도 지위를 잃지 않아 출입하며 기꺼이 변경을 넘나드네. 변함없는 곧은 절개 뚜렷이 드러나며, 안락한 삶은 모두 다 버렸구나. 서성(書城)은 길이 견고하여 언제나 한 글자의 칭찬[一字之褒]⁸을 받을 수 있으며, 저고리와 바지는 손상됨이 없으니 어찌 쓸데없이 『주역(周易)』에서 말한 방금 얻었다가 금방 잃는 삼체(三褫)의 굴욕이 있겠는가? 더구나 사직(社稷)은 깨끗하고 성대해져 여론의 불길이 필요 없고, 나라의 창고에는 곡식이 썩어 넘치니 어찌 제멋대로 하는 노략질을 걱정하랴. 공적을 따져 『일주서(逸周書)』에서 쥐가 메추라기로 변화한다는 내용은 고쳐 써야 하고, 공훈을 헤아려 기린 족속이라는 칭호를 더럽히지 않아야 하네. 마땅히 곱고 따뜻한 담요에서 재워야 하고, 신선한 생선회를 먹여야 하니, 큰 운명을 크게 펼쳐 너의 초심에 힘쓰고 아랫사람에게 인색하지 말며 이러한 특별한 대우를 받도록 하라.'

○ 임안(臨安) 북쪽 지역의 서쪽 시장에서 수육을 파는 손삼(孫三)이라는 노인이 있었다. 외출할 때마다 아내에게 신신당부하면서 다음과 같이 말했다. "고양이를 잘 보고 있게. 도성에서 이런 종류의 고양이는 없으니 남들이 접근하지 못하도록 해야 하네. 혹시라도 남들이 고양이를 훔쳐 간다면 내 목숨을 끊을 것이야. 나는 늙어서 자식도 없으니 이 고양이는 내 자식과 다름없네." 날마다 이 같은 말을

---

8 『춘추(春秋)』의 "한 글자의 포양이 화곤보다 영광되다[一字之褒, 榮於華袞]."는 데서 온 말이다.

반복했는데, 동네 사람들은 그 말을 자주 듣다 보니 호기심이 생겨 찾아가 고양이를 한번 보려고 했으나 볼 수 없었다. 어느 날 갑자기 사람들이 고양이를 뒤져서 찾아내려고 우르르 문에 도착하자, 손삼의 아내는 고양이를 숨기려고 급히 안고 돌아섰다. 결국 고양이를 보게 되었는데, 몸통은 물론 꼬리와 다리 부분까지도 짙은 붉은색이라 보는 사람마다 놀라지 않는 이가 없었다. 손삼이 집으로 돌아와서 아내가 허술하게 관리했다고 책망하면서 회초리로 때리고 꾸짖었다. 그 뒤 이 이야기는 궁궐 내시의 귀에까지 들어갔다. 내시는 사람을 보내 후한 값으로 흥정했지만 손삼이 단호하게 거절하니, 내시는 더더욱 그 고양이를 얻고 싶어 계속 부탁했고, 손삼은 겨우 딱 한 번 볼 수 있게 해주었다. 내시는 보자마자 차마 손에서 놓을 수 없어서 결국 돈 삼십 만 냥을 주고 고양이를 데려갔다. 손삼은 눈물을 흘리며 아내를 다시 회초리로 때렸고 날이 다 가도록 슬퍼했다. 내시는 고양이를 얻고 너무 좋아서 잘 길들인 다음 임금께 올리려고 했다. 시간이 지나자 고양이의 털색이 점점 연해졌는데 보름 정도가 되자 고양이는 완전 하얗게 되었다. 내시는 손삼에게 달려갔지만 손삼은 이미 이사를 가버린 뒤였다. 이 고양이는 마영화(馬纓花)로 여러 날 동안 물들여 만든 가짜였고, 손삼이 아내에게 당부하며 매질하고 분노했던 것도 모두 다 간사한 꾀였다. 『지낭보(智囊補)』

○ 홍치(弘治) 원년(1488)에 조양현(潮陽縣)의 과거 응시생 소찬(蕭瓚)의 집 암캐가 고양이에게 젖을 먹이고 밤이면 함께 자면서 한결같이 제 새끼처럼 대했다. 당시 소찬의 형제 일곱이 우애가 있었기에 이러한 징조가 생겼으니, 화목한 기운에 감화된 것이라고 여겼다.

『조주부지(潮州府志)』

○ 만력(萬曆: 1573~1620) 연간, 궁궐에 고양이만 한 큰 쥐가 살고 있

었다. 그 피해가 매우 심해 좋은 고양이를 널리 구해왔으나, 그때마다 쥐에게 잡아먹히고 말았다. 마침 외국에서 사묘(獅貓: 페르시안 고양이)를 조공으로 바쳤는데 털이 눈처럼 새하얬다. 그 고양이를 쥐가 있는 방에 놓아두고 그 문을 닫고서 몰래 엿보았다. 고양이는 오랫동안 웅크려 있었는데, 쥐가 조심스레 구멍에서 나오다가 고양이를 보고 성내며 달려들었다. 고양이가 피해서 위로 뛰어 올라가자 쥐도 따라 올라갔고 고양이는 다시 뛰어 내려왔다. 이렇게 수백 번 반복하자 사람들 모두 고양이가 겁먹었다고 생각했다. 잠시 뒤 날뛰는 쥐의 동작이 점점 느려지더니 땅에 웅크리고 조금 쉬었다. 그러자 고양이가 재빨리 내려와 발톱으로 쥐의 정수리 털을 움켜쥐고 목을 꽉 물고서 뒹굴며 싸우는데, 고양이는 야옹야옹 울어대고 쥐도 찍찍대며 소리를 질렀다. 문을 열고 얼른 보니 고양이가 쥐 머리를 잘근잘근 씹은 뒤였다. 그런 일이 있은 뒤 사람들은 고양이가 피한 것은 겁이 나서가 아니라, 쥐의 힘이 빠져 게을러지길 기다렸음을 알게 되었다. 쥐가 나가면 돌아오고, 쥐가 돌아오면 다시 나갔으니, 이런 꾀를 활용했을 뿐이다. 『요재지이(聊齋志異)』

○ 장운(張雲)이 염성(鹽城)에서 수령으로 있을 때 고양이 한 마리를 키우며 매우 귀여워하여 어사(御史)로 불려가게 되었을 때 데리고 함께 갔다. 어느 찰원(察院: 감찰어사의 관청)에 이르렀는데, 본디 귀신이 많이 출몰하는 곳이라 사람들이 감히 들어가지 못했으나 장운은 반드시 이곳에서 하룻밤 묵으려 했다. 밤 10시를 알리는 북이 울리자 흰옷을 입은 사람이 장운에게 오더니 묵어가고 싶다고 했다. 그 사람은 고양이에게 단번에 물려 죽었는데, 살펴보니 바로 흰 쥐였다. 이후 이 찰원에서 괴이한 일은 사라졌다. 『견호집(堅瓠集)』

○ 육묘(陸墓)의 한 백성이 세금을 내지 못하자 집을 버리고 도망쳐서

집에는 고양이 한 마리만 남게 되었다. 세금을 징수하는 관리가 고양이를 가져가다 창문(閶門)에 있는 휘장 가게에 팔았는데 가게에 오는 손님들이 이 고양이를 매우 귀여워했다. 몇 년이 지나고 도망쳤던 백성이 그 지역을 지나던 중 사람들이 복잡하게 모인 속에서 고양이가 갑자기 그의 품으로 뛰어 들어왔다. 점포에서 이를 보고 빼앗아 가버리니, 고양이는 슬프게 울면서 계속해서 돌아보았다. 백성이 밤에 배 안에 누워있는데 갑판 위에서 소리가 나서 보았더니 그 고양이였다. 고양이는 은 다섯 냥 정도가 들어 있는 비단 주머니를 입에 물고 있었다. 백성은 매우 가난하였기에 은을 얻고 너무나 기뻐서 다음 날 새벽 생선 장수를 보고 생선을 사서 고양이에게 먹였다. 끊임없이 먹였는데 고양이는 결국 복통으로 죽고 말았다. 백성은 슬퍼하며 고양이를 묻어주었다. 『견호집』

진생해(陳笙陔)가 이르길, '항주성('杭州城) 안에 김 아무개는 본래 가난했다. 그 집에 기르던 고양이가 하루는 갑자기 용봉차(龍鳳釵: 용과 봉의 형상을 아로새겨 부인들의 머리 쪽에 꽂는 장식) 하나를 물고 왔는데 빛나는 구슬이 가득 달려 있었다. 값어치가 돈 1천 꿰미쯤 되어 이것을 밑천으로 삼아 장사를 해서 집안 형편이 날도 좋아지더니 십여 년 사이에 결국 거부가 됐다. 김 아무개의 노모는 이 고양이를 너무나 아껴서 보배나 다름없이 여기며 누각과 침상을 별도로 만들어 줬다. 누군가 고양이를 가져와 팔려고 하면 달라는 대로 돈은 치르고 사들였는데, 이렇게 데려온 고양이가 수백 마리가 되었고 고양이를 먹이는 종복들도 여러 명이 되었다. 죽은 고양이가 있으면 모두 무덤을 만들어 묻어주었고 지금까지도 여전히 그리하고 있다. 이는 건륭(乾隆: 1736~1796) 연간 말의 일로, 항주 사람들은 모르는 이가 없다.'라고 했다.

1820년 태주(台州) 태평현(太平縣)의 뱃사람인 정 씨가 배를 물가에 대다가 고양이가 물에 빠져버렸다. 정 씨는 물로 뛰어내려 고양이를 구하려다 어떤 물건이 밟게 되었다. 자세히 보니 작은 나무 상자였는데 그 안에 은 백여 냥이 있었다. 고양이는 끝내 익사하고 말았다. 【황한이 직접 기록하다.】

내가 살펴보니, 고양이가 금은보화를 바쳐 제 주인이 집안을 일으키게 한 것이니, 비록 고양이의 의리라고는 해도 주인에게 입은 은덕을 갚고자 한 것이다. 다만 육묘(陸墓)의 고양이는 보답을 오래 누리지 못하고 바로 배탈이 나서 죽었으니, 김 씨의 고양이에 비해 서로 받은 복이 얼마나 다른가. 그렇지만 두 집안은 최선을 다해 고양이 은혜에 보답했다 할 수 있으니, 뱃사람의 고양이 같은 경우는 참으로 불행한 일이다.

○ 필이안(畢怡安)의 처제가 고양이를 좋아했다. 하루는 탁자 위에서 꽃을 전달하다가 북소리가 그치면 손에 꽃이 있는 사람이 벌주를 마시는 놀이를 했다. 그러다가 고양이가 울음소리를 내면 술을 마시는 것도 놀이 규칙으로 삼았다. 매번 필이안의 순서가 되면 고양이가 반드시 울어서 필이안은 술을 이기지 못할 정도가 되었다. 그제야 너무 의심스러워 살펴보니 처제가 일부러 장난친 것임을 알았다. 꽃이 필이안에게 전달될 때마다 처제가 몰래 고양이의 발을 꼬집어 울게 한 것이다.   『요재지이(聊齋志異)』

○ 금릉(金陵) 지역의 어느 부잣집 아들이 선친의 유산을 탕진하고 빚도 감당하지 못해 스스로 목숨을 끊기로 마음먹었다. 어느 날 술과 안주를 사서 아내에게 주면서 이별을 고했고, 부부는 마주 보며 울면서 차마 먹고 마시질 못하다가 마침내 함께 목을 매어 죽었다. 집에는

키우는 고양이가 있었는데, 슬피 울고 배회하면서 그 탁자에 있는
안주는 쳐다보지도 않았으며 며칠 동안 먹지 않다가 죽었다.

『혁현편(奕賢編)』

ㅇ 이시랑(李侍郞)에게는 묘강(苗疆: 중국 남서부 묘족이 거주하는 지역)에서
데리고 돌아온 한 묘족(苗族) 노파가 있었는데, 나이가 많아 노환으로
늘 누워있었다. 이 노파는 고양이 한 마리를 기르며 몹시 사랑하여
먹고 자는 걸 늘 함께하였다. 그 당시 이 마을에 야성자(夜星子)라는
요괴가 어린아이를 홀려서 놀라게 해 고질병에 걸리게 한다는 말이
퍼져 모두 불안에 떨었다. 하루는 어떤 무당이 이 요괴를 다스릴
수 있다고 말하더니, 복숭아나무 활과 버들가지 화살을 만들어 긴
실을 묶어 밤에 야성자가 말을 타고 지나가길 기다렸다가 활을 쏘았
다. 실이 화살을 따라 날아가자 사람을 보내 그 흔적을 쫓았더니
바로 아무개 시랑 집에 떨어져 있었다. 문득 이 집 여종이 묘족 노파
의 등에 화살이 꽂혀 있다고 알려주었다. 살펴보니 노파는 이미 의식
이 없었고 기르던 고양이는 아직 노파의 사타구니 아래 엎드려 있었
다. 이 일이 있고 나서야 묘족 노파가 요술을 부려 간괴(奸怪)한 짓을
하면서 고양이를 탈 것으로 삼았음을 알게 되었다.

『야담수록(夜譚隨錄)』

ㅇ 강녕(江寧)의 왕어사(王御史)의 아버지 아무개에게는 늙은 첩이 있
었는데 나이가 칠십쯤이었다. 고양이 열세 마리를 키우면서 마치
자식처럼 아꼈고 고양이마다 아명(兒名)이 있어 부르면 즉시 왔다.
건륭(乾隆) 기유년(己酉年: 1789)에 할멈이 죽자 열세 마리 고양이가
관을 둘러싸고 애처롭게 울었다. 생선 먹이를 줘도 눈물을 흘리면
서 먹지 않았고 삼일을 굶더니 결국 함께 죽었다. 『자불어(子不語)』

ㅇ 기주(沂州)에는 호랑이가 많다. 섬서(陝西) 사람인 초기(焦奇)가 기

주에 머물게 되었는데, 그는 본래 대단히 용맹한 사람으로 산에 들어가 호랑이를 만나면 단번에 손으로 때려죽였다. 그의 용맹을 흠모하는 사람이 자신의 집에서 잔치를 열어 대접해 주자, 초기는 곧 지금껏 살면서 호랑이를 잡았던 상황을 득의양양하게 말해주었다. 그러던 중에 느닷없이 고양이가 술자리로 올라와 먹을 것을 잡아채가니, 주인이 "이웃에서 기르는 망할 놈인데 이렇게 미운 짓을 하지요!"라 했다. 조금 있다가 고양이가 또 오니 초기가 주먹을 휘둘러 치자 술안주와 과일들이 모두 엎어지고 깨졌는데, 고양이는 이미 뛰어올라 창 모퉁이에 엎드려 있었다. 초기가 화가 나서 뒤쫓으며 주먹을 휘두르자 창틀도 부서져 버렸다. 고양이는 지붕 끝으로 뛰어 올라가서 초기를 가만히 노려보았다. 초기가 더욱 분노하여 팔을 뻗어 붙잡으려는 모습을 취하자 고양이는 야옹 소리를 한 번 내더니 이웃집 담장으로 넘어 가버렸다. 집주인은 손뼉을 치면서 웃었고 초기는 창피해하며 물러났다. 호랑이는 잡아도 고양이는 못 잡았으니, 어찌 참으로 강한 적에게는 용감하고, 약한 적에게는 겁을 먹은 것 아니랴!　　　　　　　　　　　　　　　　　　　　　『해탁(諧鐸)』

○ 어떤 집에 큰 쥐로 인한 피해가 있었는데 고양이들도 모두 그 쥐에게 물려 죽었다. 훗날 서역 상인이 고양이 한 마리를 데리고 와서 오십 금(五十金)을 요구하면서 그 쥐를 없앨 수 있다고 했다. 바로 고양이를 사서 창고에 두자 그 쥐가 나왔다. 고양이는 구멍에 몸을 숨기고 머리만 겨우 드러내고 있었는데, 쥐가 그 앞을 지나가자 처음에는 못 본 척하면서 쥐가 점점 방심할 때까지 기다렸다. 그러다가 느닷없이 뛰어나와 쥐를 깨물었고 하루쯤 서로 그 상태로 버티다가 쥐는 결국 죽고 고양이도 힘이 다해 죽었다. 쥐의 무게를 재보니 삼십 근(三十斤: 18kg)이었다.　　　　　　　　　　　　　　　　　『신제해(新齊諧)』

○ 민중(閩中) 지역의 어떤 부인이 고양이를 즐겨 잡아먹었다. 고양이를 잡으면 먼저 항아리에 석회를 담아 고양이를 그 안에 넣고 끓는 물을 부었다. 고양이가 석회 기운에 잠식되면 털이 모두 빠져 털을 뽑아야 하는 번거로움이 없고 피는 내장으로 다 몰리니, 살이 백옥처럼 하얗게 되어 병아리보다 열 배는 맛있다고 했다. 날마다 그물을 펴고 덫을 설치하여 죽인 고양이가 셀 수 없었다. 훗날 부인의 병이 위독해졌는데, 야옹야옹 고양이 소리를 내더니 열흘이 지나자 죽었다. 『열미초당필기(閱微草堂筆記)』

○ 천문현(天門縣)의 도헌(都憲) 장단림(蔣丹林)이 도성에 있을 때 자리 앞에 있던 새끼와 어미 고양이가 서로 사랑하여 매일 반드시 어미가 밥을 다 먹고 나서야 새끼가 밥을 먹었다. 도헌이 집에 보내는 편지에 우연히 이를 언급했다. 이때는 도헌이 봉천부승(奉天府丞)이었고 그 어머니는 고향에 살아계셨는데 도헌이 늘 몹시 그리워했기에 사람들은 효성에 감화되어 생긴 일이라고 여겼다. 도헌이 비로소 감탄하면서 「묘시모식가(貓侍母食歌)」두 장(章)을 만드니, 그 당시 도성의 모든 관리가 이 일을 노래하였다.

장생해(蔣笙陔) 전후(殿侯)의 『부단림자기연보(父丹林自記年譜)』주(注)

○ 학사(學士) 추태화(鄒泰和)는 병적으로 고양이를 좋아했는데, 매번 손님을 초대해 잔치를 열면 고양이와 손자를 불러 옆에 앉게 하고는 손자에게 고기 한 점을 주면 고양이에게도 꼭 한 점을 주었다. 하남 땅에 독학(督學) 벼슬이 되었을 때, 시장을 순찰하다가 그만 고양이를 잃어버렸다. 그러자 고양이를 찾아오라는 공문을 보내 고을 관리들을 독촉했다. 현령은 그 번거로움에 고생하다가 공문으로 보고 하길, '하리(下吏)들을 보내 차례대로 민가를 수색하여 고양이를 찾았으나, 독학님의 고양이를 잡지 못했습니다.'라고 했다. 『수원시화(隨園詩話)』

내가 살펴보니, 옛날이나 지금이나 유명한 사람 중에 병적으로 고양이를 좋아한 이들이 많다. 옛날의 장대부(張大夫), 지금의 추학사(鄒學士)의 경우 고양이를 좋아한 정도가 더욱 심했다. 근래에 옥환청(玉環廳)의 아무개 사마(司馬)가 고양이 여덟 마리를 길렀는데, 모두 새하얀 색이라 그의 호가 팔백(八白)이었다. 늘 자죽(紫竹)으로 성글게 짠 바구니에 넣고 다녔는데 네 개의 층으로 나누어 층마다 두 마리씩 있게 하였다. 멀든 가깝든 움직일 때는 꼭 이 바구니를 가지고 다녔으니 이 경우 또한 지나치게 좋아했다고 할 만하다.

유소도(劉少塗)가 이르길, '부헌(副憲) 백앙(伯昻) 도원지(姚元之)가 호랑이와 비슷하게 생긴 검은 고양이를 길렀는데 매우 아껴서 고양이를 직접 그리기도 했다. 내가 도성에 있는 공의 저택에서 그 그림을 보았는데, 신묘한 기운이 살아있는 듯했으니 부헌은 정말 그림 그리기에 뛰어났다.'라고 했다.

도문백(陶文伯)이 다음과 같이 말했다. "화가가 「구구소한도(九九消寒圖)」[9]를 『표은기담(豹隱紀談)』에 실었는데, 그 책에서 석호거사(石湖居士)가 사투리로 장난스럽게 '72일째는 고양이가 음지를 찾는다.'라고 했다."

또 이르길, '세속에서는 일을 온전히 해내지 못하는 자를 다리가 세 개인 고양이[三脚貓]라고 한다. 가정(嘉靖: 1522~1566) 연간에 남경(南京) 신락관(神樂觀)의 도사(道士) 원소거(袁素居)에게 다리가 세 개인 고양이 한 마리가 있었는데 쥐를 매우 잘 잡았다. 걸음을 제대로 걷지 못했지만, 처마를 따라 걷고 담벼락을 오르는 것이 날듯이 빨랐다. 이는 『칠수유고(七修類稿)』에 보인다.'라고 했다.

---

9 동지부터 봄까지 81일 동안 날씨를 관측하여, 한 해 농사를 예측하던 그림이다.

또 이르길, '원(元)나라에서는 신임 관리가 도성을 떠나면 여비를 지불하는 자가 있었으니, 그들과 거취와 맡은 일을 함께했다. 이들을 묘아두(貓兒頭)라고 부르니, 『칠수유고』에 보인다.'라고 했다. 이것이 소위 오늘날 대두(帶肚)[10]라고 하는 자들이다.

　월농(月農) 유순윤(劉巡尹)이 이르길, '산동(山東)의 임청주(臨淸州)에 서식하는 고양이가 있는데 형체나 털색이 풍성하고 아름다워 진귀했다. 그런데 게으름을 피우고 편안하게 쉬는 것만 좋아해 쥐를 잡지 않았다. 이러한 이유로 남자 중에서도 허우대는 멀쩡한데 아무런 재주가 없는 자를 임청묘(臨淸貓)라 부른다.'라고 했다.

○ 합비(合肥)의 지록(芝麓) 공종백(龔宗伯)이 총애하는 고 부인(顧夫人)의 이름은 미(媚)인데, 천성이 고양이를 좋아하였다. 자(字)가 오원(烏員)인 고양이를 날마다 곱게 단청한 난간과 비단 탁자 사이에서 오가며 어루만지니, 손안의 진주보다 귀하게 여겼다. 그런데 좋은 밥과 맛있는 생선을 먹여 고양이가 지나치게 포식하여 그만 죽어버렸다. 부인은 여러 날을 탄식하며 우울해하더니 식사를 못 하는 지경까지 이르렀다. 공종백은 특별히 침향나무로 관을 만들어 고양이를 묻어주었고, 열두 명의 비구니를 맞이하여 사흘 밤낮 동안 도장(道場)을 세워 장례를 치렀다.　옥초(玉樵) 유수(鈕琇, ?~1704)의 『고잉(觚賸)』

　강남(江西) 숭인현(崇仁縣) 심공(沈公)의 첩이 고양이 열 마리를 길렀다. 가지각색의 고양이가 다 있었는데, 작은 방울을 매달아두어 고양이들이 모여 놀면 딸랑딸랑 소리가 났다. 매일 고양이 먹이로 얼마간의 지출이 생겼다.【심공은 가경(嘉慶: 1796~1820) 연간에 과거에 합격해 국자감 생원이 되었고 이름은 당(棠)이다.】

경경(庚卿) 유화고(劉華杲) 선생이 이르길, '유청사(俞靑士)의 어머니가 고양이를 좋아하여 늘 백여 마리를 기르고, 어떤 할멈을 고용하여 고양이 사육을 전적으로 담당하게 했다. 안방에 침상 주변과 탁자 위, 경대와 옷걸이 사이에는 고양이가 없는 곳이 없었다. 유청사와 그 아버지의 녹봉에서 매해 고양이 먹이로 드는 비용이 참으로 적지 않았다.'라고 했다.

오운범(吳雲帆) 태수가 이르길, '고태 부인(高太夫人)은 계영루(係穎樓) 선생의 아내이자 계소루(係小樓) 관찰사의 어머니이다. 절강성의 아녀자로 자못 고양이를 좋아했다. 고양이를 기록한 서적을 수집하여 『함선소록(銜蟬小錄)』을 저술하였는데, 책이 세상에 유행했다.'라고 했다.【부인의 이름은 손억(蓀薏)이고, 자(字)는 수분(秀芬)이며, 회계(會稽) 손씨로, 저서에는 『이연재시집(貽硯齋詩集)』이 있다.】

내가 살펴보니, 고양이가 규방에 전해준 사랑이 이와 같다. 상권에 기록했던 이중승(李中丞)과 손민독(孫閩督) 집안 여인들이 고양이를 좋아했던 것을 보면 더욱 유별났지만, 끝내 고태 부인이 고양이를 좋아한 것만은 못했다. 더욱이 부인은 책을 써서 후대에 전했으니, 참으로 맑고 아름다운 일이다. 안타깝게도 『함선소록(銜蟬小錄)』을 한때 수소문하여 구하려 해봤지만 얻지 못하여 남은 단서를 수집해 나의 보잘것없는 책을 빛낼 길이 없다.【손자연(孫子然)이 말했다. "부인이 고양이를 노래한 시구에서 '평생 쥐를 미워하기만 하여, 매끼 생선 먹이 잊지 않았네.'라고 했다." 자연(子然)은 이름이 신안(伸安)이고 부인의 족제(族弟)다.】

7. 논평과 작품
品藻

꿈틀대며 잡다하게 태어난 것들 중에서 이름난 어진 사람에게 감탄의 대상이 되거나 문인의 글감이 되는 동물은 그 삶이 영예롭다 하겠다. 하지만 덕스러운 본성이나 특이한 재능이 있지 않았다면 쉽게 이루어질 수 있는 일이었겠는가. 고금에 전해오는 논평이나 문학작품 중에 고양이를 아울러 다룬 것이 적지 않으니, 이는 고양이가 덕성과 특이한 재능이 있기 때문이다. 이러한 기록을 정리하는 것이 고양이에게 어찌 영예로운 일이 아니랴? 이에 고양이 관련 논평과 작품을 모았다.

○『시경(詩經)・대아(大雅)・한혁(韓奕)』에 '고양이도 있고 호랑이도 있다.'라고 했다.

○『장자(莊子)・소요유(逍遙遊)』에 '어찌 저 고양이를 보지 못하였소? 몸을 웅크리고 엎드려서 노니는 짐승을 노리고,【원주(原注)에서 오(遨)는 '노닐다'의 의미로 풀이하였다.】이리저리 뛰어다니며 높은 곳이나 낮은 곳을 가리지 않는다오.'라고 했다. 　『연감유함(淵鑑類函)』

○ 또 『장자(莊子)・추수(秋水)』에 '기기(騏驥)나 화류(驊騮) 같은 좋은 말은 하루에 천 리를 달릴 수 있지만, 쥐를 잡는 데는 고양이만 못하니 이는 각기 다른 재주를 지니고 있음을 말한다.'라고 했다.

○『윤문자(尹文子)』에 '소에게 쥐를 잡게 하면 고양이의 민첩함만 못

하다.'라고 했다.

○『사기(史記)·동방삭전(東方朔傳)』에 '기기(騏驥)나 녹이(騄駬), 비토(飛兔)나 인유(騕褭)와 같은 천하의 좋은 말로 쥐를 잡게 하더라도 절름발이 고양이만 못하다.'라고 했다.

○『회남자(淮南子)』에 '너무 작은 계책에 밝은 사람은 반드시 천하의 큰 계책을 도모하는 데 실패하고, 작은 일에 선택할 때 실수가 없는 사람이 큰일을 선택할 때는 당황하기도 한다. 비유하자면, 고양이에게 소를 잡게 할 수 없고 호랑이에게 쥐를 잡게 할 수 없는 것과 같다.'라고 했다.

○『팔굉역사(八紘譯史)』에 "고창국(高昌國: 타클라마칸 사막 북동쪽에 있던 고대국가)이 조공을 하지 않자 당나라 사신이 꾸짖었다. 그러자 고창국 왕이 다음과 같이 말했다. '매는 하늘에 날고 꿩은 덤불에 숨어 있으며 고양이는 방에서 노닐고 쥐는 구멍에서 편안하지요. 모두 제자리를 얻었으니 어찌 기쁘지 않겠소?'"라고 했다.

　　내가 살펴보니, 이 이야기는 『조야첨재(朝野僉載)』에 실려 있는 '호랑이와 고양이를 묶어 놓으면 끝내 벗어날 날이 없다.[1]'라고 말한 것과 그 경계와 드러난 결말이 크게 다르다.

○『담원(談苑)』에 '명마(名馬) 기기(騏驥)에게 쥐를 잡게 하면 동전 백 닢 정도 하는 고양이만 못하다.'라고 했다.
○ 당나라 최일용(崔日用: 673~722)의 「대중사(臺中詞)」에 "대궐 안에

1　『조야첨재』의 관련 원문은 다음과 같다. "……소를 끌어다 호랑이에게 주면 벗어날 길이 없고, 쥐와 고양이를 묶어 놓으면 끝내 벗어날 날이 없다[牽牛付虎, 未有出期, 縛鼠與猫, 終無脫日]. ……." 따라서 이 구절은 저자인 황한의 착오인 듯하다.

쥐새끼들 줄곧 큰 소리 내며, 제 발 믿고 들보며 벽감(壁龕)으로 뛰어다니네. 등불 기름 뒤엎어 장 아무개[張五]를 더럽히고, 오가며 띠 갉아 먹어 한 아무개[韓三]에게 보복하네.[2] 함부로 말하지 말라, 왕과 재상께서 바로 아실 것이니. 대갓집에서 필시 금 거북이 주시면, 고양이를 팔아 보답하리라."라고 했다.

내가 살펴보니 시의 서문에 의하면 최일용이 어사중승(御史中丞)이 되었을 때 관복을 받았지만, 고관들이 허리에 차는 패어(佩魚)는 받지 못하였다. 이로 인해 연회 때 시를 지어서 이리 말하니 중종(中宗)이 바로 황금색 패어를 하사하였다.

향철(香鐵) 황시조(黃侍詔)가 이르길, "당나라 노연양(盧延讓)이 시 짓기를 업으로 삼아 25번 과거시험에 응시하고 바야흐로 장원으로 뽑혔다. '배고픈 고양이 쥐구멍 앞에 있고, 굶주린 강아지 생선 손질한 도마 핥네.'라는 시구는 중령(中令) 성예(成汭, ?~903)에게 칭찬을 받았다. 또 '불에서 터진 알밤 담요를 망가트리고, 뛰어오른 고양이 솥뚜껑을 뒤집네.'라는 시구는 선주(先主) 왕건(王建, 847~918)에게 칭찬을 받았다. 일찍이 사람들에게 말하길, '평생 높은 벼슬아치를 찾아다녔는데, 고양이나 개에게 힘입을 줄 생각지도 못했다.'"라고 했다.

내가 살펴보니, 당나라 때 고양이를 대상으로 한 시는 매우 적었다. 지차(知鮓) 호적만(胡笛灣)이 이르길, '노덕연(路德延)의 「소아(小兒)」라는 시에 '고양이는 오색실을 잡아당기네'라 했고, 원진(元稹, 779~831)의 「강변(江邊)」이라는 시에는 '장마가 멈추자 물고기가 수

달을 부르고, 곳간이 비자 쥐가 고양이를 대적하네'라 했으니 이 시들이 노연양 시의 효시이다.'라고 했다.

○ 산곡(山谷) 황정견(黃庭堅, 1045~1105)의 「사주원(謝周元)이 고양이를 전송하다[謝周元之送貓]」라는 시다.

키우던 고양이 전공을 세우니,
장군의 엄정한 군율이 가풍에 끼쳤네.
변변치 못한 생선밖에 주지 못하지만,
사방의 벽에 늘 쥐구멍 텅 비게 하네.

내가 살펴보니, 방옹(放翁) 육유(陸游, 1125~1209)가 '아버지께서 황정견의 고양이 시를 읽고 그 오묘함을 찬탄하였다.'라고 했다.

○ 나대경(羅大經, 1196~1252)의 「묘(猫)」라는 시다.

내 방 한구석에서 만나 교활한 쥐를 속이니,
작은 고양이지만 계책과 공로 기특하네.
목 누르는 데 온 힘 써버렸다 말하지 말고,
뼛속까지 취한 이때를 기록해야 하리.

○ 무진(無盡) 장상영(張商英, 1043~1122)의 「묘(猫)」라는 시다.

새하얀 고양이[狻猊]³ 비단 방석에 앉아 있으니,
불경(佛經)을 베끼는 물가 정명(淨名)⁴의 집이네.

내 이제 크게 잘못하여 운명을 빌어야 하니,
잠시 조용히 할 줄 너도 어찌 알았느냐?
곳간을 제멋대로 드나드는 쥐,
몰래 엿보니 우리 안 원숭이와 닮았네.
베개를 높이 하여 온종일 마주하고 자고,
또 겨울 갖옷 만들어 함께 따뜻이 지내리.

○ 임희일(林希逸, 1193~1271)의 「기린묘(麒麟貓)를 장난삼아 부르다[戲
號麒麟貓]」라는 시이다.

너를 함선(含蟬)이라 했으나 그 이름 저버리고,
밤낮으로 달게 자며 소리 없이 조용하네.
쥐를 잡지도 않고 보고만 있으니,
기린이 잘못 환생한 것 아니랴.

○ 금나라 이순보(李純甫, 1177~1223)의 「고양이가 술을 마시다[貓飲
酒]」라는 시이다.

서수(犀首)⁵처럼 마른 창자에 실컷 마시고,

---

3 사자와 비슷하게 생긴 전설상의 맹수이자 고양이의 별칭이기도 하다.
4 정명은 인도(印度) 비야리국(毘耶離國)의 장자(長者)로서 석존(釋尊)의 속제자(俗弟
   子)였다는 유마거사(維摩居士)를 가리킨다.
5 서수(犀首) 고대 중국의 관명(官名)이나, 전국시대 위(魏)나라의 공손연(公孫衍)이
   이 관직에 몸담았으므로 그의 이칭(異稱)이 되었다. 『사기(史記)』, 「장의열전(張儀列
   傳)」에 공손연이 "얼마나 술을 좋아하느냐?"는 물음을 받고 "일이 없을 때면 마신다."
   라고 대답한 고사가 전한다.

호두(虎頭)⁶처럼 뛰어난 기골은 봉해줄 만하네.

조정의 계책 비웃고 고기만 축내니,

은자(隱者)의 술지게미 언덕은 어이하리?

서생(書生)은 다행히 뒤엉킨 번뇌 면하고,

늙은 여종은 솥을 더럽히는 근심이 없네.

북문(北門)을 향해 길게 누워 지키니,

응당 시간 흘러 취향후(醉鄕侯)⁷가 되리라.

○『위항총담(委巷叢談)』에 옛사람이 고양이를 읊은 시가 매우 많은데 사용된 의미가 제각각이다. 산곡(山谷) 황정견(黃庭堅, 1045~1105)의 「고양이를 청하다[乞貓]」라는 시는 다음과 같다.

'가을 오자 쥐 떼들 죽은 척 고양이를 속여,

장독 엿보고 동이 뒤엎어 밤잠 설치게 하네.

고양이가 새끼들을 데려왔다고 하니,

생선을 사 버들가지에 꿰어 고양이 유혹해야겠네.'

이는 소인(小人)이 득세함에 군자를 등용하기를 바라는 뜻을 비유한 시이다.

유자형(劉子亨)의 시는 다음과 같다.

---

6 호두(虎頭)는 한(漢) 나라 반초(班超)의 상이 범의 머리에 제비 턱이므로, 후(侯)로 봉해질 상이라고 하였고 과연 그 말대로 후일 후(侯)에 봉해지게 되었는데, 이 고사를 말한다.

7 당나라 왕적(王績)이 「취향기(醉鄕記)」를 지어 술 취한 세계를 취향(醉鄕)이라 한 다음, "술을 잘 먹는 사람을 그 고을의 후(侯)로 봉한다."라고 했다.

'부는 바람에 주둥이에선 박하 향 나고,

나무 그늘진 뜰에서 저녁 해에 취해있네.

사람에게는 사납게만 굴더니,

저물녘 날뛰는 쥐 떼는 상관하지 않네.'

시에 사용된 말이 헐뜯고 풍자하는 것에 가깝다.

잠부(潛夫) 유극장(劉克莊, 1187~1269)의 시는 다음과 같다.

'예전에는 손님 치를 수레와 생선 부족했으니,

지금 너의 공은 어찌 그 손님만 못한가?

냇가 물고기 먹고 따듯한 담요에 자면서,

그저 쥐가 탁자 위 책을 물어뜯게 하네.'

시에 사용된 말이 조금 함축적이나, 독촉하고 요구하는 뜻은 또
드러나 있다.

무관(務觀) 육유(陸游, 1125~1209)의 시는 다음과 같다.

'소금 한 봉지 주고 새끼 고양이 집에 들이니,

서재에 쌓여있는 수많은 책을 다 지켜내네.

부끄럽게도 집이 가난하고 나라에 공도 없어,

추위에 깔아 줄 담요도 먹일 생선도 없네.'

이 시는 후하게 베풀고 책망은 적게 했지만, 보답하는 자가 스스
로 부끄러워하는 의미에 가깝다.

백온(伯溫) 유기(劉基, 1311~1375)의 시는 다음과 같다.

'푸른 눈의 고양이 물고기 먹더니,

계단에 앉아 나비 쳐다보네.

봄바람 불어 꽃 그림자도 일렁이니,

세상에서 쥐가 메추라기로 변하도록 내맡기네.'[8]

이 시는 참으로 탁 트이고 드넓어 법으로 금지하지 않아도 악인들

이 절로 교화될 정도이니, 참으로 군왕을 보좌할 재목이었다.[9]

『전절시화(全浙詩話)』

○ 임포(林逋, 967~1028)의 「묘(貓)」라는 시이다.

뾰족한 발톱으로 때론 작은 개울 물고기 잡고,

배불리 꽃그늘에 누워있으니 흥취가 넉넉하네.

본디 쥐는 가난을 싫어해 오지 않으니,

내 집에서 공밥 먹더라도 부끄러워 말라.

내가 살펴보니, 『전절시화』는 도륭(屠隆, 1543~1605)의 『가설재외

집(珂雪齋外集)』을 인용한 것이고, 이 시는 사미원(史彌遠, ?~1233)이

지은 「제황전화정(題黃荃畫幀)」의 것이다. 그 그림에 산단(山丹: 백합

과 속하는 다년생 풀) 아래 한 마리 고양이가 누워있다. 내가 처음 임포

의 시를 읽어보고 문득 (원래 임포의 시와) 어조가 다르다고 느꼈으니,

---

8 음력 3월이 되었음을 말한다. 『예기(禮記)·월령(月令)』에서 계춘(季春)인 음력 3월
   에 대해 "오동나무가 비로소 꽃을 피우며, 들쥐가 변화하여 메추라기가 된다[桐始華,
   田鼠化爲䴙]."라고 했다.

9 이 시를 지은 유기(劉基)는 원말 명초(元末明初)의 장군이자 정치가, 문학가로, 주원
   장(朱元璋)을 보좌하여 명 왕조를 창건하게 하고, 국가의 안정을 유지하는 데 힘을
   다하여 후인들로부터 제갈량(諸葛亮)에 비견되었다.

이는 사미원의 시였다. 어디에 쥐가 가난을 싫어해 오지 않는다는 말이 있었겠는가? 이를 화정(和靖)[임포의 자]의 시라고 한다면, 두 시인의 정서가 아주 닮은 것이리라. 게다가 사미원도 재주 있는 선비이니, 어찌 시구를 훔쳤겠는가? 예나 지금이나 그림에 붙여진 시는 대부분 믿을 만하지 못하니, 글을 쓰는 자는 살피지 않을 수 없다.

○ 천계(天啓) 채조(蔡肇, ?~1119)의 「고양이를 청하다[乞貓]」라는 시이다.

  텅 빈 부엌과 창고라 쥐들도 굶주려,
  등불 근처까지도 밤새 물어뜯는구나.
  썩어 빠진 선비는 살림살이가 책뿐이라,
  고양이 청해 와서 함께 책이나 지켜야겠네.

○ 왕양신(王良臣, ?~1218)의 「고양이 그림에 제(題)하다[題畫貓]」라는 시이다.

  세 번을 고양이로 태어나더니,
  또 오도현(吳道玄: 당나라 때 유명 화가)의 작은 붓 앞에 나타났네.
  왕실에 빌려주어 쥐의 재앙 물리치니,
  물고기 살 돈을 헛되이 쓰지 말라.

○ 원나라 류관(柳貫, 1270~1342)의 「조는 고양이 그림에 제(題)하다[題睡貓圖]」의 시는 다음과 같다.

꽃그늘에 한가롭게 누워있는 고양이,

마루 위 담요에는 수놓은 비단 깔려 있네.

주렴을 내려도 봄은 아랑곳하지 않고,

새장 속 앵무새는 고양이 소리로 지저귀네.

○ 원호문(元好問, 1190~1257)의 「취한 고양이 그림에 제(題)하다[題醉貓圖]」시는 다음과 같다.

제집 옆에 멍하니 앉아 시간만 보내고,

누워 구르며 뻗치고 자니 도리어 여유롭네.

아마 선사(先師)께선 자세히 보셨을 것이니,

모란꽃 아래 막 해가 기울 무렵이네.

또 다른 시는 다음과 같다.

계소주(雞蘇酒) 다 마시자 흥이 넘쳐,

꽃그늘이 참으로 작은 화서국(華胥國: 전설상의 이상적인 나라) 되었네.

쥐를 죽여 산처럼 쌓아 둔다고 해도,

뒤로 벌렁 자빠져 자게 내버려 두리라.

○ 사렴(思廉) 장헌(張憲, ?~1142)의 「호랑이를 잡아 백문(白門)으로 가서 여포(呂布)를 조문하다[縛虎行白門吊呂布]」라는 시이다.

호랑이 머리를 잡아채고,

호랑이 발톱을 끊어버리네.
눈에 보이는 호랑이는,
고양이처럼 작구나.

구우(瞿佑)의 『귀전시화(歸田詩話)』

○ 송나라 때 이황(李璜)의 「두 마리 고양이로 벗을 전송하다[以二貓送友人]」라는 시의 한 구절이다.

고양이 털 빛깔 우유보다 희니,
솜을 뭉쳐 쌓은 것보다 새하얗네.
늙고 병든 비야(毗耶)[10]는 음식을 줄여야 하니,
지금부터 식사에 생선 없다 한탄하지 말게.

○ 문징명(文徵明, 1470~1559)의 「고양이를 청하다[乞貓]」라는 시이다.

조심스레 그대에게 고양이를 청하니,
여인네 벌써 담요를 마련하였네.
밤이 되자 침상에서 여유롭게 생각해보니,
산방(山房)에 긴요한 건 책을 지켜냄이네.
예물 보내고 소금도 댓잎에 쌌으니,
포상함에 먹을 생선 없다 말하지 말라.
꽃그늘 온천지라 봄을 희롱할 만하니,

---

10 비야(毗耶)는 석가모니 당시에 유마거사(維摩居士)가 병을 핑계 대고 불이법문(不二法門)을 설했던 성(城) 이름인데, 여기에서는 자신의 거처를 의미한다.

바로 누에가 잠자는 2월쯤이네.

『영물시선(詠物詩選)』

○ 청(清)나라 때 장소(張劭)의 「게으른 고양이[懶貓]」라는 시이다.

부지런히 길렀더니 헛되이 밤에 울기만 하고,
성품은 어찌 그리 게으른 주인을 닮았던가.
아궁이에 불 지피는 건 추위를 막기 위함인데,
살생을 경계하며 날뛰는 쥐 보고만 있네.
비린 생선 적게 먹어 봄날 울적한데,
남은 꽃 그림자 속에 자며 눈처럼 새하얗네.
장경(長卿)의 사방 벽 물과 같지만,[11]
재빨리 시 훔치는 놈 누가 관리하랴.

『영물시선』

내가 살펴보니, 『수원시화(隨園詩話)』에 무림(武林) 여사(女士)인 왕서영(王樨影)의 「게으른 고양이[懶貓]」라는 시가 있는데 다음과 같다.

산방(山房)에 헛되이 고양이 기르니,
천성 게을러 폐가(弊家) 지키기도 부끄럽네.
깊은 밤 지재(持齋)[12]하며 소리도 조용한데,

---

11 장경(長卿)은 사마상여의 자이고, 사벽(四壁)은 집이 네 벽만 서 있다는 것은 몹시 가난하여 아무것도 가진 게 없다는 뜻이다. 『사기(史記)』, 「사마상여열전(司馬相如列傳)」에 "탁문군이 야반도주하여 사마상여에게 가자, 사마상여가 탁문군을 데리고 함께 성도의 고향 집으로 서둘러 돌아갔는데, 집에는 아무것도 없이 네 벽만 덩그렇게 서 있더라[卓文君夜亡奔相如, 相如乃與馳歸成都, 家居徒四壁立]."라고 하였다.

추운 날 아궁이에 아첨하며 만족스레 자네.

온천지 꽃그늘 속 한가로이 나비 쫓고,

문 앞 개울가에서 물고기 잡아먹네.

다행히 쥐도 가난을 싫어하여 오지 않지만,

만일 온다면 저 많은 책 누가 지키랴.

○ 청나라 때 요지인(姚之駰)이 지은 오언배율(五言排律) 형식의 「고양이를 읊다[詠貓]」라는 시이다.

오래전 고양이를 맞이하는 예법을 읽어보니,

돈 백 전을 잊지 말라 했네.

사람을 닮아 쥐를 근심하니,

너를 중히 여겨 오원(烏圓)이라 불렀네.

그래 소비(蕭妃)[13]의 화신(化身)이란 말인가,

명성은 의부(義府)[14]를 비웃으며 전해졌네.

고양이들 희롱하여 녹색 휘장 속에 넣어두니,

나뉘어 푸른 모포에 나란히 앉았네.

부릅뜬 눈동자 아까는 한 줄 선(線) 같더니,

---

12 정오가 지나서는 식사하지 않는 불가(佛家)의 계율을 지키는 것을 말한다.

13 측천무후가 인체(人彘)[사람 돼지: 한 고조의 비 여후가 척 부인의 사지 등을 자르고 돼지 우리에 버려둠]를 본받아 왕후와 소비(蕭妃)를 죽인 적이 있다. 그때 소비가 죽으면서 서원하기를, "세세생생 고양이가 되어 쥐가 된 무후를 산 채로 목을 눌러 고기를 씹으리라."고 했다.

14 『구당서(舊唐書)』, 「이의부전(李義府傳)」에 의하면 고종이 즉위한 뒤 측천무후를 왕후로 세우려고 했을 때 이의부는 적극 찬동하여 황제의 신뢰를 얻었다. 그는 겉으로는 온화하며, 얼굴에 항상 미소가 끊이지 않았으나 대신들은 모두 그 마음속이 음험함을 알고 있었으므로 "소중유도(笑中有刀)"라고 수군거렸고, 이묘(李猫)라 불렀다.

고개를 숙이면 갈라진 채찍 두려워하네.

벼 이삭 해치는 쥐 구별하여 잡아먹고,

서로 젖 먹여 어진 면모 드러내네.

직무를 수행하고 사랑을 사양함은,

위엄을 짐짓 빛나게 하기 위함이네.

고양이가 장차 싸우고자 한다면,

쥐 떼가 감히 함께 나쁜 짓을 하겠는가.

천축국은 원래 부처에 의지했으나,

천단(天壇)[15]에서는 이미 신선으로 불렀네.

꽃그늘에 배불리 먹고 누운 고양이 없으니,

고양이를 모셔 오라 말을 전하리.

○ 자재(子才) 원매(袁枚, 1716~1798)의 「망산(望山) 윤상국(尹相國)께서 흰 고양이 주신 것에 사례하다[謝尹望山相國贈白貓]」라는 시이다.

가난한 관원에게 정말로 고양이를 하사하셔,

뭇 여인들이 무릎에 놓고 구경하게 만들었네.

쥐는 귀한 몸 오심을 미리 알고 피하며,

고양이는 물고기 비린내 맡고 문에 들어와 기뻐하네.

과연 붉은 휘장은 오랫동안 따뜻해서,

주신 난초 길렀던 어려움에 견줄 바 없네.【공께서 전에 주신 난초
가 이미 시들어버렸다.】

공에게 옛 친구[고양이] 염려 말라고 말을 전하고,

해마다 편지로 잘 지낸다고 알리려네.

○ 입방(笠舫) 왕연매(王衍梅, 1776~1830)의 「고양이 귀신[貓鬼]」이라는 시이다.

수(隋) 문제(文帝)가 조칙을 내려 고독(蠱毒)[16]을 쓴 자를 찾으니,

독고타(獨孤陀)가 지체 높은 이복 누이 죽이려 했다네.

귀신을 도와 참혹한 짓 한 서아니(徐阿尼),[17]

오귀(烏鬼)를 받드는 듯 집에서 제사 지냈다네.

신선술 익혀 연진인(燕眞人)을 따라 떠나지 않고,[18]

총명하게 장박(張搏)과 어울려 기뻐하네.[19]

---

16 고독(蠱毒)은 주술의 일종으로, 한 용기에 벌레, 뱀, 두꺼비 등 여러 독충을 넣어 서로 잡아먹게 만들어 마지막 남은 한 마리를 이용하여 저주하는 것을 이른다. 조선후기 이익(李瀷)의 『성호사설(星湖僿說)』, 「만물편(萬物門)」에 의하면 '수(隋) 나라 개황(開皇) 8년에 묘귀(猫鬼)·고독(蠱毒)·염매(魘魅)·야도(野道) 따위를 금지하였다. 이른바 묘귀란 것은 남을 병들게 저주하는 것인데, 이 염매라는 것과 서로 흡사하니 이는 더욱 괴이한 짓이다.'라고 하였다.

17 수(隋)나라 문제(文帝) 때 일어난 사건으로, 문제의 황후와 막내아들인 양양이 병이 들었는데 갖은 수를 써도 차도가 없었다. 결국 도사를 불러 물어보니 묘귀(고양이 귀신)를 이용한 고묘술(蠱猫術)이라 하였다. 고묘술은 수많은 저주 중 가장 지독한 술법으로 죽은 고양이 영혼(묘귀)을 조종해서 원하는 사람을 죽이게 하는 것이다. 문제가 사람을 시켜 은밀히 조사하니 유력한 용의자로 황후의 이복동생 독고타가 지목된다. 그러나 독고타는 황실의 외척이고 증거가 없어서 어떻게 할 방법을 찾지 못하다가, 독고타의 하녀인 서아니가 자백함으로써 사건의 진상이 밝혀지게 된다. 서아니는 독고타의 시중을 드는 서운 가문에서 온 하녀로 묘귀를 섬기며 자(십이지의 쥐)일 밤에 고양이에게 제사를 지내는 일을 맡고 있었다. 이 사건 이후 수나라는 고묘술에 대해 엄격히 금지하였고 민간에게도 고양이 사육을 금지하였다. 이 시에 등장하는 이야기는 『수서(隋書)』, 「후비전(后妃傳)」과 「외척전(外戚傳)」에 전한다.

18 연진인(燕眞人)과 관련된 고사는 4. '영특함과 신기함'에 보인다. 연진이이 신선술을 이루어 닭과 개가 함께 신선이 되어 올라갔는데, 고양이만 떠나지 않았다고 한다.

또 「고양이 귀신 그림[貓鬼圖]」이라는 시이다.

종이의 재 모아 나비처럼 만들어 놓고,
핥으며 생긴 비린내를 삼키네.

내가 살펴보니, 왕연매는 산음(山陰) 사람이고 1821년 진사에 입격하여 광서(廣西)의 수령이 되었으며, 저서에 『녹설당집(綠雪堂集)』이 있다.

○ 학전(鶴田) 단목국호(端木國瑚, 1773~1837)의 시에 이르길, '사향고양이 아리땁기가 미녀와 같네.'라고 했다.　　　『태학산방집(太鶴山房集)』
○ 주련지(朱聯芝)의 「고양이를 찬하다[貓贊]」라는 시이다.

큰 쥐야 큰 쥐야 우리 곡식 먹지 말라,
사나운 발톱과 이빨의 고양이와 호랑이가 있으니.

내가 살펴보니, 주봉(朱烽)의 자(字)는 연지(煉之)이고, 온주(溫州) 영가장(永嘉場) 사람으로 본명이 련지(聯芝)이다. 학문과 행실로 이름 났음에도 여러 일을 겪다가 시골에서 생을 마감했다. 저서에는 『구중기속시(甌中紀俗詩)』가 있으며, 1831년에 죽었는데 한쪽 눈이 멀었지만 잘 볼 수 있었다고 한다.

---

19 장박(張博)과 관련된 고사는 5. '이름과 형체'에 보인다. 장박은 고양이를 좋아하여 사고 지불한 금액이 수만금이었으며, 일곱 마리 예쁜 고양이가 있었는데 모두 이름을 붙였다고 한다.

○ 주련지(朱聯芝)의 「구(甌) 지역 청명절(淸明節)의 풍속을 기록하다 [甌中淸明紀俗]」라는 시이다.

> 여묘(女貓) 남견(男犬)은 천한 이름이나,
> 함께 기르며 욕심껏 가르치면 쉬이 자라지.
> 목줄이 새로 난 버들처럼 푸르니,
> 오늘 아침처럼 좋은 절기에 청명하게 보이네.

참군(參軍) 구자학(裘子鶴)이 다음과 같이 말했다. "예나 지금이나 고양이에 대해 읊은 시가 매우 많다. 추위를 싫어하고 잠자기만 좋아하는 고양이의 특성이 시인들에게 작품의 구실이 된다. 예컨대 장무진(張無盡)은 '다시 겨울 갖옷 만들어 함께 족히 따뜻하리.'라고 했고, '종일토록 편히 누워 마주했네.'라고 했다. 유중윤(劉仲尹)은 '점점 추워지는 날씨에 나가지 않고, 담요 나눠 쓰며 고양이와 앉아 있네.'라고 했다. 임포(林逋)는 '꽃그늘에 배불리 누우니 흥취가 넘치네.'라고 했다. 유도전(柳道傳)은 '꽃그늘에 한가로이 누운 작은 호랑이.'라고 했다. 또한 명나라 고계(高啓)는 '해가 중천일 때 꽃그늘에 고양이 누워있네.'라고 했다. 본조(本朝)의 여사(女使) 원의지(袁宜之)는 '어지러운 책에 늘 게으른 고양이가 자고 있네.'라고 했다. 이러한 시구는 정확하게 고양이를 그려낸 것이다. 노연양(盧延讓)의 '배고픈 고양이 쥐구멍 앞에 있네.'라는 구절은 고양이의 기색을 묘사했다. 소옥국(蘇玉局)의 '고양이가 사라지자 쥐가 더욱 넘쳐나네.'라는 시구는 고양이의 유용함을 묘사했고, 노성촌(魯星村)의 '고양이 떨어지는 꽃잎 잡고 희롱하네.'라는 구절은 운치를 묘사했다. 유극장(劉克莊)의 제비 잡은 고양이를 읊은 시에는 '범 같은 무늬에 담력과 꾀로 뛰어올라, 서당에서 은밀히 제비 새끼를 엿보네.'라고 했다." 이 또한 느낀 바가 있어 표현한 것이리라!

도결보(陶潔甫)가 이르길, '양광창(楊光昌)의 시구에 '복사꽃 숲속에 흩날리는 운모(雲母)[20], 버드나무 그늘에 잠든 설고(雪姑: 흰 고양이).'라 하였는데 이 또한 졸고 있는 고양이를 말한 증거이다. 광창은 본조(本朝) 호남 사람으로 저서에는 『삽화창집(插花窓集)』이 있다.'라고 했다.

여람경(余藍卿)이 이르길, "우리 고을의 사반루(史半樓)가 지은 '고양이 일어나니 이불에 온기 남아 있네.'라는 구절이 있었는데, 당시 사람들이 그를 사묘(史貓)라고 불렀다. 사반루는 '이임보(李林甫, ?~725)[21]가 교묘하게 남들을 해쳤기에 지금 이처럼 사람들의 구설에 올랐으니, 내가 사묘라고 불리는 것은 고상하지 못한 것 아니겠는가?'라고 했다. 나는 그를 위로하며 이렇게 말했다. '최각(崔珏)은 원앙새 시를 잘 지어 최원앙(崔鴛鴦)이라 불렸고, 정곡(鄭谷)은 자고새 시를 잘 지어 정자고(鄭鷓鴣)로 불린 지 오래되었지. 그런데 더욱이 매요신(梅堯臣, 1002~1060)은 복어[河豚] 시를 잘 지어 매하돈(梅河豚)이라 불리지 않았겠소? 복어도 괜찮은데 고양이라 불리는 게 무슨 상관이 있겠소?' 사반루가 듣고 이내 기뻐하였다."라고 했다.

내가 예전에 고양이를 읊은 절구(絕句)가 있는데, 누군가 설명하길 이 시는 재주 있는 선비가 사악한 세력을 버리고 올바른 쪽에 투항할 수 없었기 때문에 지은 것이라 했으니, 나를 알아주는 사람이로다! 그 시는 다음과 같다.

---

20 운모는 쌀알 모양의 작은 백색의 광석으로, 불로장생의 약재라고 하는데, 여기서는 흩날리는 하얀 복사꽃 잎들을 비유하였다.

21 이임보는 당(唐)나라 현종(玄宗) 때의 재상(宰相)으로 아첨을 일삼고 유능한 관리들을 배척하여 '구밀복검(口蜜腹劍)'이라는 말을 낳았으며, 당(唐)을 쇠퇴의 길로 이끈 인물로 평가된다.

쥐로 인한 손실 없애는 것이 평생소원이니,

길러준 은혜 입 아프게 말할 필요 없네.

중대한 임무에 호랑이로 변할 수 없으니,

공연히 어금니와 발톱 드러내며 석양 향해 있네. 【황한이 직접
기록하다.】

　내가 살펴보니, 한 선비가 고양이를 읊은 근래에 전해진 시 구절
에 '생선을 좋아하는 성품이 현자와 같다네.'라고 했다. 이는 무리하
게 고양이를 끌어다 도학(道學)에 대입하였으니 참으로 배꼽 빠지도
록 웃을 만하다.

○ 하몽요(何夢瑤, 1693~1764)의 「묘사(貓詞), 남포(南浦)로 지어 보내다
[調寄南浦]」라는 작품이다.

　금쇄(金鎖)[22]는 돗자리가 싫증 나 난간으로 가려고 일어나다가 가
을 풀벌레 작은 소리 들었네. 양자(揚子)[23]가 들렸을 만하다고 부질
없이 뽐냈으나, 소사(蕭寺)[24]에서 비단이불[錦衾][25] 괴로이 읊조리네.

---

22 금쇄는 고양이를 지칭하는 것으로 6. '옛일과 유래'에 보인다. 평릉성(平陵城) 안에
　고양이 한 마리가 있었는데 늘 돈이 들어 있는 금고를 차고 다녔다고 한다.
23 한나라 때의 문인 학자 양웅(揚雄, BC53~AD18)을 말한다. 자는 자운(子雲)이다.
　학문이 해박하고 생각이 깊어서 오직 문장으로 세상에 이름을 떨쳤다. 『태현(太玄)』
　을 지어 『주역(周易)』에 비기고, 『법언(法言)』을 지어 『논어(論語)』에 비겼다.
24 남북조 시대 양(梁)나라 때에 절을 많이 이룩하였으므로, 양나라 황제의 성(姓)인
　소(蕭)를 붙여서 소사(蕭寺)라고 하게 되었다.
25 홀로 있는 외로움을 표현한 상징물이다. 『시경(詩經)·당풍(唐風)·갈생(葛生)』에 "각
　침이 찬란하며 비단 이불이 곱도다. 내 아름다운 분이 여기에 없으니, 누구와 더불어
　밤을 샐꼬[角枕粲兮, 錦衾爛兮. 予美亡此, 誰與獨旦.]"라고 했다.

겨울 동안 누에처럼 잠만 자니, 소금을 싸서 새로이 너를 맞이한 것을 기억하노라. 함선(銜蟬)이라는 좋은 이름 저버리고, 그저 게으르게 앵무새만 한입 가득 씹어 먹으니, 훤린(楦麟)[26]임이 분명하구나. 묻노니 오늘은 얼마나 나아졌느냐? 사람을 만나면 너를 부를 것이니, 다시는 유리 병풍을 들이받지 말아라. 서역(西域)에서 온 지 오래되어 지난 일은 헤아릴 수 없을 정도로 많네. 어느 솜씨 좋은 자에 의지해 꽃 그늘진 한낮에 두 줄 선을 그릴 것이니, 황금색 눈동자 사라져 얻을 수 없다 말하지 말고, 포효하는 호랑이[27]처럼 굴어야 하리.

○ 오석화(吳石華)의 「설사아를 지어 보내다[調寄雪獅兒], 영묘(詠貓)」에는 다음 같은 서문이 있다. "전보분(錢保盼)의 「설사아(雪獅兒), 영묘사(詠貓詞)」에 죽타(竹垞)·번사(樊榭)·곡인(穀人)이 함께 화운(和韻)하였고, 전고를 인용하되 서로 베끼지 않았기에 후대의 작가들은 이어짓기가 어려웠다. 나는 간략하고 단순하게만 묘사했으니, 또한 결점을 잘 공략한 한 방법일 것이다!"

사(詞)는 이러하다. "강남 차와 오나라 소금으로 고양이를 집에 들였더니 너무나 게으르네. 한창인 모란꽃 그늘에서 흠뻑 취해 낮에는 늘어져 있고, 새박 찻잎 걸린 시렁 아래서 맑은 봄날 편안히

---

26 훤기린(楦麒麟) 또는 기린훤(麒麟楦)의 준말이다. 당나라 사람들이 연극을 할 때 당나귀 위에 기린 모양의 외형을 덧씌운 다음 아름답게 장식하여 세워두었는데, 이것이 기린훤이다. 외모는 그럴싸하고 능력이 없는 사람을 비유한 말이다.

27 『시경(詩經)·상무(常武)』에 "임금이 위무를 발휘하니 우레처럼 노하였네. 그의 호랑이 같은 전사가 나아가니 포효하는 호랑이와 같았네[王奮厥武, 如震如怒. 進厥虎臣, 闞如虓虎]."라고 했다.

잠들었네. 얕은 푸른색의 창문에 바란 붉은색의 계절, 제비들이 돌아오자 다시 무심코 놀라네. 늘어지게 허리 펴고 수정 주렴 밖으로 지나가며 몇 번이나 야옹거리네.

푸른 이끼 뜯어내지 말게 하라, 담장 음지 둘러싸고 제멋대로 뻗어 있을 뿐이니. 다시 둥글어진 눈동자 번득이며 뚫어져라 나비 쳐다보더니, 살그머니 복도를 빙빙 돌다가 잠자리를 놀리듯 톡톡 치네. 잠깐 사이 과일을 차버리고 먹을 생선이 없다고 응석 부리며 하소연하더니 치맛자락에서 뒹굴뒹굴 일생을 보내네. 첫 추위 맞은 밤, 훈롱(薰籠)²⁸을 벗 삼아 비스듬히 기대앉은 채 새벽하늘 밝아오네.”

○ 명나라 호시(胡侍, 1492~1553)의 「고양이를 꾸짖는 글[罵貓文]」이다.

집에 하얀 수탉을 키운 지 오래되었다. 이놈은 나무꼭대기 살았는데 고양이에게 무참히 잡아 먹혀 버렸다. 그리하여 고양이를 불러 앞에 세워두고 꾸짖으며 다음과 같이 말하였다.

“네 이놈 고양이! 너는 다른 직분이 없고 오로지 쥐를 잡는 게 일이다. 이 때문에 옛날 납일(臘日)에는 너를 맞이해 제사를 지냈다. 쥐를 잡지 않기에 직분을 거행하지 않았다고 한 것인데, 더욱이 새벽을 알려주는 날짐승도 잡아먹었다. 네 죄를 헤아려보니 직분을 거행하지 않은 것뿐만이 아니다.

네 이놈 고양이! 쥐 떼를 보아라, 그 무리가 너무나도 많구나. 먼지를 막는 장막에 오르기도 하고, 문의 지도리를 흔들기도 하고, 책상을 타거나 방석을 흔들기도 하며, 술잔을 홀짝거리거나 접시를

---

28 대나무를 엮어서 만든 죽롱(竹籠) 안에 와기(瓦器)를 두어서 향을 피우는 도구이다.

핥기도 하며, 상자를 뒤엎거나 궤짝을 삐걱거리게 하며, 그림을 물어뜯거나 책을 갉아대기도 한다.

네놈이 이때 잠깐이라도 살펴봤더라면 저놈들은 문지방을 넘지 않았을 것이고 너는 배불리 쥐를 잡아먹어 사람들의 해로움을 제거했을 것이다. 설령 그렇게 하지 않고 땅에 딱 버티고서 크게 울면서 포효하기만 했더라면 아! 쥐 떼를 다 죽이지는 못해도 대부분 그 소리에 겁을 먹고 위축되거나 달아났을 것이다. 그런데 잠잠하여 네게서 어떤 소리도 들리지 않았으니, 밤에 도대체 어딜 간 게냐?

나는 네가 높은 곳을 엿보고 허점을 노리며 담을 넘고 부엌을 지나서 하늘을 타고 나뭇가지를 뛰어넘어서 줄기를 잡고 꽃을 꺾는 줄도 모르고 닭장을 만드는 수고를 하였다. 쥐는 사람에게 해로운데도 네 놈이 보호하고, 닭은 다섯 가지 덕[온화, 양순, 공손, 검소, 겸양]을 겸비하고 있는데 네 놈이 잡아 죽였다. 쥐는 어째서 다행히 면하고, 닭은 어째서 희생을 당했느냐? 네 놈은 있더라도 없는 것만 못하다. 네 놈이 없었더라면 쥐의 해로움이 지금처럼 늘어나지 않았을 것이고, 닭은 재앙을 면했을 것이란 걸 내 이제야 알았노라."

『연감유함(淵鑑類函)』

○ 당나라 때 양기(楊夔)의 「고양이를 기르다[畜貓說]」이다.

경정(敬亭) 노인의 집이 사나운 쥐에 해를 당하게 되자 사냥꾼에게 돈을 주고 반드시 가축보다 용맹한 살쾡이의 새끼를 구하도록 했다. 며칠이 지나 여러 마리를 잡게 되었는데, 아주 좋은 놈을 얻게 되어 몹시 기뻐했다. 자리를 꾸며 살 곳을 마련해 주고, 넉넉히 물고기를 먹이며 자식처럼 잘 돌보면서 길렀다. 그놈은 산 것을 움켜쥐고 날아가는 것을 사로잡아 민첩하지 않은 움직임이 없자, 쥐는 두려워서 그림자도 자취를 감춰 버렸다.

○ 모서시(毛序始)의 「고양이가 쥐를 규탄하는 글[貓彈鼠文]」이다.

신 고양이가 말씀드립니다. 저는 춘추시대 묘파(苗巴)에 정착했던 분황(賁皇)과 같은 성씨이자 송(宋)나라 때 장돈(章惇, 1035~1106)의 후손입니다.[29] 사사로이 은혜를 입어 시종신으로 관직에 보임되었습니다. 임금의 탁자 곁에 누워 코 골며 자더라도 저만 용납을 받았고, 화려한 저택의 꼭대기에서 내려다보더라도 애초 괴이하게 여기지도 않았습니다. 심지어는 자리 위로 뛰어오르고 대궐에 지내게 하면서 먹을 것이 있으면 반드시 나누어 주었고 간혹 무릎 위에 올라가기도 하였습니다. 사람 말을 할 수 있는 새를 때려죽여도 끝내는 꾸지람을 면하였고 빙빙 돌다가 바둑판을 뒤엎어버려도 번번이 좋아하고 기뻐해 주셨습니다.

여러 번의 특별한 대우를 동료들보다 더 많이 받았습니다. 신이 어찌 감히 혀를 수고롭게 놀리는 직책을 사양하고 호위하는 무사의 임무를 저버리겠습니까? 따라서 늘 한나라 때 간신인 장탕(張湯)의 처벌을 교훈으로 삼았고 당나라 때 간신인 이의부(李義府)의 아첨을 따르고자 하지 않았습니다. 저는 잗다란 무리를 모두 제거하는 데에 힘쓰고 조정의 기물이 손상되지 않도록 했으니, 어찌 저들이 다섯 가지 재주[30]에 힘써 두 마음을 품도록 내버려 두겠습니까? 떠들

---

29 그는 왕안석 신법의 국가가 농민에게 곡식이나 돈을 대출하는 정책인 청묘법(靑苗法) 등 회복하였다. 본문에서는 '묘(苗)'라는 글자와 연계하여 서술한 것이다.

30 『설문(說文)』, 「서부(鼠部)」에 큰쥐[鼫鼠]는 날 수는 있어도 지붕을 넘어가지는 못하

어대는 자들은 번거로움을 마다하지 않으니, 저에 대해 비방하고 또 성청(聖聽: 임금의 귀)을 미혹시킬 것입니다.

신은 청컨대 요괴의 실상을 드러내어 괴상한 소리를 끊어버리고자 합니다. 삼가 살펴보니 수속도위(搜粟都尉) 겸 약잉사(掠剩使)[31]를 대대로 물려받은 동혈(同穴)의 제후[32]인 쥐라는 놈은 본래 아주 보잘것없는 집안의 후손인데, 뭇 동물 중 어른이라고 사칭(詐稱)하고 있습니다. 진지(辰支: 오전 7시~9시)에는 우두머리 쥐라고 해도 동물 중에서 가장 미천하게 되니, 하늘이 부여한 몸은 기가 꺾여 풍채가 나빠지고, 타고난 천성은 더욱 교활하기 이를 데 없어집니다. 환한 대낮에는 잠시 종적을 감추고, 어두컴컴한 집구석에서는 버젓이 못된 짓거리를 하다가, 굴을 파서 몸을 숨겨 버립니다. 수시로 도망칠 궁리를 하여 시종일관 두려워하면서[畏首畏尾][33] 기어 다니니 좀도둑질하는 행태는 더욱 심해집니다. 그러면서 거만하게 '몸뚱이가 있는데, 누가 이빨이 없다고 하는가?'[34]라고 지껄입니다.

고, 타고 올라갈 수는 있어도 나무꼭대기까지는 가지 못하며, 헤엄을 치기는 해도 골짜기를 건너가지는 못하고, 구멍을 팔 수는 있어도 몸을 가리지는 못하며, 달릴 수는 있어도 사람보다 먼저 가지는 못하니, 이것을 다섯 가지 재주라고 하였다.

31 옛사람들의 미신 중에 사람의 수입은 이미 정해져 있어 이 한도를 초과하면 저승에서 빼앗기게 된다는 믿음이 있는데, 저승에서 그 일을 맡아 주관하는 자를 약잉사(掠剩使) 혹은 약잉귀(掠剩鬼)라고 부른다[是古人迷信, 謂人之收入皆有前定, 過此將被陰司所掠. 陰司主其事者爲掠剩使, 亦稱掠剩鬼].

32 본래 십서동혈(十鼠同穴)은 악인들이 한곳에 모여 있어서 일망타진하기 쉬운 것을 이른다. '동혈(同穴)의 제후'는 여기에서 유래한 말이다.

33 원문의 '외수외미(畏首畏尾)'는 『춘추좌씨전(春秋左氏傳)』, 「문공(文公) 17년」의 "머리도 두려워하고 꼬리도 두려워한다면 몸 가운데 두려워하지 않는 부분이 얼마나 되겠는가[畏首畏尾, 身其餘幾]."라는 대목에 나오는 말이다. 전하여 '항상 두려워한다.'는 의미로 풀이된다.

34 『시경(詩經)』의 「행로(行露)」에 '誰謂鼠無牙? 何以穿我墉?'라는 구절을 차용한 것이다.

속히 꾸짖어 봐도 벌써 담을 뚫어버렸고 구멍을 파버렸으니 그렇게 된 벽을 어찌 잊은 적이 있겠습니까? 심지어는 제단에 바치는 소의 뿔을 상하게 하여 잗다란 교제(郊祭: 하늘과 땅에 지내던 제사)는 아랑곳하지도 않고,[35] 성(城)에 굴을 파고 사는 여우의 간사함을 배워 재빨리 사직단(社稷壇)에 의지할 생각을 합니다.[36] 똥으로 강 구석구석을 더럽혀 실로 내시의 모략을 도우며, 말 안장을 물어뜯어 요행이 창서(蒼舒: 고양씨(高陽氏)의 재주 있는 여덟 아들 중 한 명)의 지혜에 의지하였습니다. 더욱 수치스러운 점은 구걸하는 아이를 따라다니다 저잣거리에서 노닐면서 교묘히 돈을 뜯어내고 선비를 보면 뜰과 계단에서 공손히 인사합니다. 이러니 요망하다는 것입니다. 강을 건너다 제 꼬리를 밟기도 하니 어찌 강가의 물고기와 새우들과 짝할 수 있겠으며, 땅에 떨어지게 되면 죽고 다치니 어찌 회남왕(淮南王)과 함께 승천한 닭과 개처럼 될 수 있겠습니까?[37] 만약 도술로 변해버린다면 누가 다시 저놈의 속내를 문책할 것입니까, 저 탐욕을 보노라면 어느 때에 저놈의 배를 채울 수 있겠습니까?

저지른 악은 다 헤아리기 어렵고, 지은 죄는 죽음으로도 용서받지 못할 것이니, 노련한 옥리(獄吏)의 판결로 처단하지 않는다면, 어

---

35 『춘추좌전(春秋左傳)』, 「성공(成公) 7년」에 이르기를, "정월에 생쥐가 교제(郊祭)에서 희생으로 쓸 소의 뿔을 갉아 먹었다. 그래서 그 소를 희생으로 삼지 않고 놓아주었다." 하였다.

36 성호사서(城狐社鼠)라는 고사성어에서 나온 구절이다. '성호사서'는 성(城)에 굴을 파고 사는 여우나 사직단(社稷壇) 밑에 구멍을 파고 사는 쥐가 밉기는 하나 무너질까 봐 헐 수도 없고 불에 탈까 봐 연기를 피울 수 없어 잡을 수 없기에 섣불리 손을 쓰지 못하는 존재이다.

37 『신선전(神仙傳)·유안(劉安)』에 의하면 한(漢)나라 회남왕(淮南王) 유안(劉安)이 단약(丹藥)을 제련하여 온 가족을 데리고 백일(白日)에 승천(昇天)할 적에, 그 집의 개와 닭이 그릇에 남은 약을 핥아먹고 뒤따라 하늘로 올라와서, 닭은 하늘 위에서 울고 개는 구름 속에서 짖었다는 이야기가 있다.

찌 저 족속들을 섬멸하겠습니까? 이들에게 벼 이삭과 기장을 먹게 하면 끝내 『시경(詩經)·위풍(魏風)』의 「석서(碩鼠)」보다 더 한탄하게 될 것이고,[38] 이들을 측간과 창고에 있게 하면 다만 진(秦)나라의 재상보다 더 탄식하게 될 것입니다.[39] 생각건대, 저 감구서(甘口鼠)[40]에게 재갈을 물려 교활한 마음을 간파하고 저에게 조서를 내려서 법령에 따라 추포하게 하소서. 바라건대 황보(皇甫)[41]가 양마(楊麛)의 우두머리를 치듯 꾸짖음에 달아날 곳이 없게 하시고, 소비(蕭妃)가 측천무후의 목을 움켜쥐듯 보복함에 어긋남이 없게 하소서.[42] 신이 어리석고 거칠어 성상(聖上)의 위엄을 범했으니, 우러르는 제후를 지휘해 주소서.

그러자 임금께서 다음과 같이 하교하셨다. "너 고양이야! 네 이름은 12간지에 들지 못하지만, 실로 천축국에서 건너온 종족이로구

---

38 석서는 큰 쥐라는 뜻으로, 폭정(暴政)에 시달리는 백성의 고달픔을 읊은 시이다.

39 『사기(史記)』, 「이사열전(李斯列傳)」에 의하면 진(秦)나라 승상 이사(李斯)가 젊어서 상채(上蔡)의 소리(小吏)로 있으면서, 관청 변소의 쥐들은 사람이나 개를 무서워하고, 창고의 쥐들은 곡식을 양껏 먹으면서 사람이나 개를 안중에 두지 않는 것을 보았다. 이에 이사는 사람도 이런 쥐처럼 처한 환경에 지배를 받음을 깨닫고 순경(荀卿)을 찾아가 제왕의 술법을 배웠다고 한다. 진나라 이세(二世) 황제 때 승상 이사와 간신 조고(趙高) 사이에 틈이 벌어졌다. 조고가 이사의 권력이 황제를 능가한다고 이간질하니, 이세는 이사를 함양(咸陽)의 성문에서 허리를 끊어 죽이라고 명하였다. 사형장으로 나가면서 이사는 아들을 돌아보며 "내가 너와 함께 다시 누렁이를 이끌고 상채의 동문으로 나가 재빠른 토끼를 사냥하려 한들 될 수 있겠느냐."라고 탄식했다고 한다.

40 감구서(甘口鼠)는 혜서(鼷鼠)로 쥐 가운데 가장 작은 생쥐를 말하는데, 옛날 사람들은 이 쥐에 독이 있어서 이 쥐가 사람이나 가축을 갉아 먹어 죽게 되더라도 통증을 못 느낀다고 하였다.

41 황보는 주(周)나라 유왕(幽王) 때 경사(卿士)를 지낸 사람으로, 흔히 총애를 받는 신하를 가리킨다.

42 측천무후가 인체(人彘)[사람 돼지: 한 고조의 비 여후가 척 부인의 사지 등을 자르고 돼지우리에 버려둠]를 본받아 왕후와 소비(蕭妃)를 죽인 적이 있다. 그때 소비가 죽으면서 서원하기를, "세세생생 고양이가 되어 쥐가 된 무후를 산 채로 목을 눌러 고기를 씹으리라."라고 했다. 이 내용은 6. '옛일과 유래'에 자세히 보인다.

나. 너희 선조는 팔사(八蜡) 제사에서 추앙받아 호랑이와 함께 농사의 신으로 대접받고, 이후 자손들은 삼위(三危)에 오래 숨어 지내다 사자로 불리기도 했다.[43] 이놈의 쥐 떼가 들끓게 되자 그 흉포한 기세를 견디지 못하여, 누군가 '묘(苗)는 사나우니[44], 분명 쥐 떼는 매의 힘을 빌려 몰아내야 합니다.'라고 했다. 그러나 어제 잠깐 나와 보니 쥐 떼가 포악하게 날뛰고 있었다. 장독을 들추고 침상을 뒤엎으며 쉬지 않고 시끄럽게 소리를 지르며 책을 갉아 먹고 똥을 싸니 편히 자려 해도 방도가 없었다. 너는 기물이 깨질까 개의치 말고 소리가 들리면 반드시 바로 체포해야 한다. 더욱이 맞서서 머리를 감싸고 숨을 것이니, 용서치 말고 피눈물을 흘리게 해야 할 것이다. 필요한 편의를 다 봐줄 것이니 삼가 직분을 받들라."

『견호집(堅瓠集)』

○ 송릉(松陵)의 장유(長孺) 주학령(朱鶴齡, 1606~1683)의 「묘설(貓說)」이란 작품이 있는데, 식탐 많은 고양이를 탐관오리에 비유한 것으로 표현이 격렬하다. 내용은 다음과 같다.

우리 집에는 쥐가 많아 걱정인데 보관한 책들을 매일같이 갉아 먹었다. 이웃집에서 고양이 한 마리를 얻어왔는데 몸집이 제법 크고 발톱과 어금니가 상당히 날카로웠다. 처음 왔을 때 쥐 떼가 모두 구멍에서 숨을 죽이고 있길래, '쥐 떼로 인한 걱정은 이제 끝났구

---

43 『서경(書經)』, 「순전(舜典)」에 "공공(共工)을 유주(幽州)에 유배하고, 환도(驩兜)를 숭산에 안치하고, 삼묘(三苗)를 삼위(三危)로 몰아내고, 곤(鯀)을 우산(羽山)에 가두어 네 사람을 죄주니, 천하가 모두 복종하였다."라고 하였다.

44 『서경(書經)』, 「익직(益稷)」에 "묘는 흉악하여 관직에 나아가게 할 수 없다[苗頑, 弗卽工]."라고 하였다.

나.'라고 좋아했다. 그런데 한 달이 지나자 걱정거리가 다시 생겼다. 밤새도록 물어뜯는 소리가 나는 것이었다. 이상해서 살펴보니 고양이와 쥐가 함께 나란히 자는 모습이 시(詩)를 주고받는 듯 정다웠다. 나는 그 까닭을 조사해 보았다. 고양이는 성품이 탐욕스러워 비린 생선을 즐겨 먹었고, 부엌 선반에 저장해 둔 것이 보이면 어김없이 훔쳐 먹었다. 쥐가 그런 사정을 알아채고 고양이가 좋아하는 것을 반드시 미리 비축해서 남겨두었다. 고양이는 이것들을 먹고 은덕으로 여겨 마침내 쥐가 하는 대로 내버려 둔 것이다. 쥐는 처음에 몸집이 큰 고양이를 두려워하다가 고양이에게 좋아하는 것을 먹여 끝내는 고양이와 스스럼없는 사이를 넘어 길들여 버렸다. 고양이가 있는 것이 이로우니 고양이를 내쫓게 되면 쥐들이 더욱 거리낌이 없어질까 걱정이다.

나는 이렇게 탄식했다. "탐욕의 해악이 심하도다! 고양이가 훔쳐 먹지 않았다면, 쥐가 감히 이런 시도를 했겠는가! 고양이가 앞장서자 쥐도 훔친 것이니, 어찌 쥐 떼의 도둑질을 금할 수 있었겠는가? 본디 고양이를 키우는 것은 쥐를 잡기 위해서이거늘 지금 도리어 쥐를 인도하는 데다가 친하게 지내면서 한패가 되니, 이 고양이 놈은 쥐의 우두머리구나. 어찌 이놈을 없애서 쥐 떼의 근심을 조금이라도 제거하는 것만 한 일이 있겠는가?" 그리고는 동자에게 고양이 목에 쇠사슬을 채우고 다리를 묶어서 여러 차례 매질한 뒤 사거리의 뒷간에 빠트리라고 명했다.   『견호집』

○ 청나라 황지준(黃之駿)의 고양이를 성토하는 격문[討貓檄]」이다.

쥐를 잡으려고 데려온 절간의 고양이는 성품이 유약하고 게을렀지만, 겉으로는 인자한 척했다. 앵무새[雪衣娘]에게 배워 불경을 외웠고, 원숭이[尾君子]를 시기하며 법도를 지켰다.[45] 낮에는 꽃그늘에 늘어져서 쥐가 그릇을 뒤집어도 상관하지 않았고, 밤에는 대자리에서 게으름 피우며 쥐가 벽에 구멍을 내도 내버려 두었다. 심지어는 쥐 떼가 제 무리를 끌어들여 구자(九子)가 마모(魔母)[46]의 집을 둘러싼 듯하고, 등을 맞대고 서로 어깨에 올라가 육적(六賊)[47]이 아미타불의 자리를 조롱하는 듯해도, 여전히 노승처럼 선정(禪定)에 들어 보지도 듣지도 않은 채 인형처럼 불당에 올라 소리도 체취도 없었다. 우유부단하여 악적에게 관용을 베풀어 나쁜 일을 하도록 조장했으니, 마침내 코가 잘리는 흉한 상황에 처하고 이빨을 가는 혹독한 일을 다시 당하게 되었다. 염라대왕이 귀신을 두려워하여 위엄이 모두 사라지고, 대장이 병사에게 겁먹어 기강을 잃어버렸다. 스스로 기꺼이 제 얼굴에 침을 뱉어 실로 악을 방임한 죄를 지었으니, 누가 화근(禍根)을 만들어 내어 명예를 탐내는 무리를 모두 나오게 하였는가.

이 때문에 초인(楚人)은 개 이빨처럼 맞물리는 진을 배치하고, 채주(蔡州)에서는 노새의 군대를 정비하여, 소의 채찍으로 돕고 말의 끈을 보탠 것이다. 쥐 떼의 소탕을 가벼이 여기면 돼지를 잡는 것처럼 힘들어지고, 신중하게 하면 양을 채찍질하는 것처럼 수월해진

---

45 원숭이[尾君子]는 약속과 규칙을 잘 지키는 사람을 비유한다. 여기에서는 고양이가 그런 원숭이를 시기해서 규칙을 잘 지키는 모습을 흉내 내고 있다.

46 구자마모(九子魔母)는 해산과 유아, 양육을 맡은 신이다. 만 명의 자식을 두고도 늘 남의 어린아이를 잡아먹으므로 석가모니가 그의 막내아들을 숨겨 놓고 훈계하여 귀의하도록 했다. 귀자모신(鬼子母神)이라고도 한다.

47 육적(六賊)은 색(色)·성(聲)·향(香)·미(味)·촉(觸)·법(法)을 가리킨다. 안(眼)·이(耳)·비(鼻)·설(舌)·신(身)·의(意)의 육근(六根)을 오염시킨다는 의미에서 그렇게 부르는데, 육경(六境) 혹은 육진(六塵)이라고도 한다.

다. 여우 머리를 장대 끝에 매달고, 앞 수레의 뒤집힘을 보고 뒤에 따라온 수레가 거울로 삼는 교훈[48]을 남겨야 한다. 기린훤(麒麟楦)[49] 위에다 묶어두고 또 이후에 효과를 볼 것을 도모하며, 호랑이 같은 위엄을 함께 떨쳐 토끼처럼 빠져나가지 못하게 해야 할 것이다.

○『해탁(諧鐸)』에 이르길, "옛날 만수사(萬壽寺)의 빈(彬) 선사가 고양이가 쥐를 보고 잡지 않는 것이 인자함이라고 하자, 사람들이 헛된 말이라고 여겼으나 실제 불가의 법도를 몰랐던 것이다. 만약 어떤 선비가 일단 벼슬아치가 되어 악을 제거하고 선량함을 돕는 것을 중요하게 여긴다면 이는 바로 군왕의 녹봉을 먹으며 자신의 명예를 구하는 것이고, 고을의 간악함을 부추겨 백성에게 해로움이 되는 것이다. 절간의 고양이 같은 경우 불가의 법도로 보자면 반드시 용서해야 하고, 나라의 법으로 보자면 반드시 벌을 줘야 한다."라고 했다.

『해탁(諧鐸)』

○「의로운 고양이에 관한 기록[義貓記]」이다.

　산서성(山西省)의 부잣집에서 키우는 고양이는 생김새가 이상했으나, 신령하면서도 의로웠다. 눈동자는 황금색이고 발톱은 푸른색이

---

48 『순자(荀子)』, 「성상(成相)」에 "앞의 수레가 이미 뒤집어졌는데 뒤따르는 수레가 길을 바꿀 줄 모르니 언제 깨달을 것인가[前車已覆, 後未知更, 何覺時]."라고 하였다.
49 『조야첨재(朝野僉載)』에 의하면 당나라 때에 양형(楊炯)은 조관(朝官)들을 볼 때마다 기린훤(麒麟楦)이라 하였다. 어떤 사람이 그 까닭을 물으니, "기린 놀이를 하는 자들을 보자면, 기린의 모습을 꾸며서 나귀에게 씌우면 영락없이 기린 모습이 된다. 그러나 그 겉치장을 벗겨 내면 도로 나귀일 뿐이다. 지금 덕도 없으면서 높은 벼슬아치의 옷을 입고 있는 자들이 이것과 무엇이 다르랴." 하였다. 이후 '기린 탈'은 조정의 벼슬아치를 비유하는 말로 쓰였다.

며, 정수리 털은 붉은색이고 꼬리털은 검은색이었다. 전체 털은 눈처럼 새하얀 색이었는데 부잣집 사람이 애지중지하며 길렀다. 마을에서 지위가 높은 집 아들이 이 고양이를 보고 갖고 싶어 했다. 좋은 말과 바꾸자고 해도 주지 않았고, 애첩과 바꾸자고 해도 주지 않았으며, 천만금으로 산다 해도 주지 않았고, 그를 도둑으로 모함해 집안을 파산시켜도 주지 않았다. 이 일로 인해 고양이를 데리고 광릉(廣陵) 땅으로 피신하여 큰 부잣집에 의탁하게 되었는데, 큰 부잣집에서도 이 고양이를 좋아하여 온갖 방법을 동원하다가 결국 얻지 못하자 짐독(鴆毒)을 섞은 술로 고양이 주인을 죽이려고 했다. 그 고양이와 주인은 잠시도 떨어지지 않았는데, 부잣집 주인이 술을 막 따르자 고양이가 즉시 술잔을 엎어버렸다. 부잣집 주인이 다시 따르자 또 엎어버리면서 이 같은 행동을 세 번 하였다. 그제야 고양이 주인이 알아채고 고양이와 함께 밤에 도주했는데 우연히 옛 친구를 만나 배 뒤에 숨어 황하를 건너다가 발을 헛디뎌 물에 빠지고 말았다. 고양이는 주인이 강물에 빠진 것을 보고 야옹야옹 울고 날뛰었다. 주인을 물에서 건져내지 못하자 결국 고양이도 강물에 뛰어들어 함께 물결 속으로 잠겼다.

그날 저녁 친구 꿈에 고양이 주인이 나와 하는 말이 '나와 고양이는 죽지 않고 둘 다 천비궁(天妃宮)에 있네.'라고 했다. 천비(天妃)는 바로 물의 신이다. 친구는 다음날 천비궁으로 가서 신께 인사를 올렸고, 부자 친구의 시신과 고양이가 신전 처마 아래 있는 것을 발견하고는 관을 마련해 친구를 묻어주고 고양이도 그의 곁에 묻어주었다.

아! 벌레와 물고기, 날짐승과 들짐승 중에는 간혹 살아서 은혜를 갚거나 주인이 죽으면 따라 죽기도 하는 경우가 있다. 모보(毛寶)가 놓아준 흰 거북이는 그가 물에 빠졌을 때 생명을 구해주었고,[50] 손사막(孫思邈)이 구해준 푸른 뱀은 후에 은혜를 갚았다.[51] 또, 죽은 주인을 위해 복수한 원씨 집안 아이의 크고 털이 많은 개,[52] 초나라 항우가 죽자 따라 죽은 오추마(烏騅馬) 등 다 헤아릴 수 없을 만큼 많다.

　세 번이나 독주 잔을 엎어버린 고양이는 그 영험함이 어떠하며, 주인을 구할 수 없게 되자 따라 죽은 그 의로움은 어떠한가. 어찌 가축 중에서 다시 흔히 볼 수 있는 경우이겠는가? 그러나 그 주인은 고양이를 좋아한 까닭에 화를 당하고 집안이 무너져 타향에서 떠돌게 되었다. 그러다가 또 독주를 마주하게 되었으니, 고양이가 몇 번이나 먼저 술잔을 엎어버리지 않았더라면 거의 분명히 독으로 죽었을 것이다. 고양이는 주인이 발을 헛디뎌 물에 빠지게 되자, 날뛰고 울어대며 구하려다가 큰 파도 속으로 따라갔으니, 주인이 아끼고 사랑해 준 은혜에 보답한 것이다. 이 일을 저 신하나 첩 된 자들에게 보여준다면 환란이 이르러도 막지 못하고 어려움이 닥치면 결단하지 못함을 부끄러워하게 될 것이다. 【서악(徐岳)의 『견문록(見聞錄)』과 『우초신지(虞初新志)·설령(說鈴)』에 함께 보인다.】

---

50 『진서(晉書)』, 「모보전(毛寶傳)」에 의하면 진(晉)나라 때 예주 자사(豫州刺史) 모보 (毛寶)가 일찍이 무창(武昌)에 있을 적에 그 부하 군인이 시장에서 길이가 4, 5촌쯤 되는 흰 거북 한 마리를 사 와서 기르다가 크게 자라자 강물에 놓아주었다. 뒤에 모보가 지키던 주성(邾城)이 함락되었을 때, 앞서 거북을 길렀던 사람이 다급한 나머지 갑옷을 입고 칼을 손에 쥔 채 강물에 뛰어들었는데 자기 몸이 마치 돌 위에 떨어진 것 같아서 자세히 보니 앞서 자기가 길러준 흰 거북 위였고, 그 거북이 동쪽 언덕까지 그를 업어서 건네주어 끝내 죽음을 면하게 되었다고 하였다.

51 『열선전전(列仙全傳)』에 작은 뱀 한 마리가 목동에게 상해를 입어 피를 흘리는 것을 보고 손사막은 자기 옷을 벗어 뱀을 구하고 상처에 약을 바른 후 풀 섶에 놓아주었다. 이후 사람으로 변신하여 찾아와 은혜를 갚았다는 내용이 보인다.

52 「의견기(義犬記)」 혹은 「원씨의견(袁氏義犬)」이라 하는데 명(明)나라 진여교(陳與郊)가 지은 것으로, 죽은 주인을 위해 복수를 하는 개의 이야기이다.

○ 장정선(張正宣)의 「묘부(貓賦)」다.

고양이라는 짐승은 유독 특이하다네,
신선한 생선만 먹고, 따듯한 담요에만 눕지.
아궁이에 올라와도 꾸짖지 않고,
침상에 올라와도 싫어하지 않는다네.
주인은 늘 아끼고, 여인은 더욱 예뻐하지.
저 지위가 있는 자들은 백성을 사랑하고,
또 고양이까지 더불어 길러주네.
우리에게 고양이는 사랑의 대상이니,
어찌 유달리 아끼고 좋아하지 않겠는가.
이 때문에 장대부는 묘정(貓精: 고양이 애호가)이라는 별호를 거절
하지 않았고,
동 부인(童夫人)은 사묘(獅貓)가 담요를 망쳐도 기꺼이 내버려 두
었네.[53]

왕조청(王朝淸)의 『양창잡록(兩窗雜錄)』

○ 조고농(趙古農)의 「고양이를 맞이해와 쥐를 제압하다[迎貓制鼠說]」
이다.

월 지역 사람 중에 쥐 때문에 걱정하는 자가 있었는데, 대책을
생각해봤지만 뾰족한 수가 없었다. 마침 지나가던 손님이 방문해
쥐로 인한 근심에 대해 이야기하게 되었다. 손님이 "이런 일은 고양

---

53 동부인(童夫人)은 남송(南宋)의 간신인 진회(秦檜)의 손녀로 고양이를 몹시 좋아했
   다. 자세한 내용은 6. '옛일과 유래'에 보인다.

이가 제격이지요."라 하니, 주인이 "그런데 어디서 고양이를 얻을 수 있습니까? 그대가 나를 위해 버들가지에 생선을 꿰어 고양이를 구해 와 주십시오."라고 했다. 손님은 그렇겠다고 하고 물러갔고, 다음 날 정말로 고양이를 데리고 왔다. 주인은 몹시 기뻐하며 손님에게 사례하고는 집안사람에게 비단을 휘장 안에 포개어 두게 하고, 털 담요로 자리를 만들고, 개울에서 갓 잡은 물고기를 먹이게 했다. 날마다 살피면서 혹 고양이의 비위를 거스를까 염려했다.

아! 주인은 이 고양이를 후하게 대우했다고 할만하다. 그런데 고양이도 사람의 뜻을 알아채고 배불리 먹고 꽃그늘에 누워있다가도 가끔 호랑이 같은 위세를 부리며 울부짖곤 했다. 이런 날 밤에는 쥐들이 귀 끝도 감히 내밀지 못했으니, 주인과 온 집안사람들은 모두 안심하면서 고양이의 공이 크다고 여겼다. 오래 지나지 않아 쥐 중에서도 교활한 놈이 쥐 떼를 꼬드겨 들고 일어났다. 고양이가 미처 볼 수 없는 곳을 찾아 찍찍 소리를 내며 한참 동안 동이를 뒤엎고 벽을 엿보았다. 새앙 쥐와 큰 쥐가 모두 한 방에 모여들어 문에서 춤을 추고, 공손히 서서 절을 하고, 또는 다른 놈의 목에 발을 꼬아 올라탔다가 뛰어내리기도 했다. 심지어는 낮에도 떼를 지어 사람과 함께 다니고 밤이 되면 먹을 것을 훔쳐 먹고 서로 싸워대며 온갖 기괴한 소리를 질러댔다. 연기를 피우거나 함정을 파도 잡을 수 없었고, 때려잡고 싶어도 그릇을 깰까 봐 꺼려졌다. 고양이가 화가 나 쥐를 물어버리려고 했지만, 어떨 때는 도리어 쥐에게 물리기도 했다. 이런 상황이 되자 집안사람들 모두가 고양이가 무능하다고 꾸짖었고, 고양이는 무인(武人)의 5가지 덕인 지(智)·인(仁)·용(勇)·신(信)·엄(嚴)이 없다고 비웃음을 당하는 지경이 되었다. 고양이는 답답하고 울적했는데, 실로 쥐가 어째서 이 지경으로 활보하는지,

또 자신의 재주는 쥐보다 못한지 이해할 수가 없었다. 고양이는 비둘기 떼를 이용해 쥐를 엄히 꾸짖으며 도리를 회복하라고 타일렀고 아울러 후하게 대접한 주인의 뜻을 알려주었으나, 쥐 떼는 여전히 거리낌이 없었다.

이로 인해 고양이는 다시 그지없이 분개하면서 "아, 끈질기고 무식한 쥐여! 보잘것없는 5가지 재주[54]만 믿고서 옆집의 쥐보다 더 날뛰니, 내 어찌 차마 너희들과 더불어 지낼 수 있겠느냐? 차라리 남들이 나에게 기미를 보고 떠나라고 하거나, 내가 하는 일 없이 밥만 축낸다고 하는 것이 더 낫지 않겠느냐!" 얼마 지나지 않아 고양이를 데리고 왔던 손님이 다시 오게 되어 주인의 그간의 일들을 말해 주었다. 손님은 실망한 듯 주인에게 말했다. "당신은 저 고양이를 제대로 아십니까? 본래 서역 땅의 품종으로 예전에 사신들이 조공으로 바쳤던 것입니다. 그 사행(使行) 길에 장랑역(莊浪驛)을 지나다 누군가 시험 삼아 이 고양이를 철창에 넣어 빈방에 들여놓았습니다. 다음 날 아침에 일어나 보니 수십 마리의 쥐 떼가 철창 밖에 쓰러져 있었습니다.[55] 이 고양이가 가는 곳마다 근처 몇 리에 감히 울어대는 것들이 없었으니, 이놈은 참으로 이렇게 대단한 고양이란 말입니다!" 주인이 듣고서 마침내 집안사람들에게 고양이를 나무라지 못하게 하니, 고양이는 떠나지 않고 다시 머무르게 되었다.

논하는 자들은 이렇게 말한다. "고양이는 선량하지만, 저 약아빠

---

54 『설문(說文)』, 「서부(鼠部)」에 쥐는 "날 수는 있어도 지붕을 넘어가지는 못하고, 타고 올라갈 수는 있어도 나무꼭대기까지는 가지 못하며, 헤엄을 치기는 해도 골짜기를 건너가지는 못하고, 구멍을 팔 수는 있어도 몸을 가리지는 못하며, 달릴 수는 있어도 사람보다 먼저 가지는 못하니, 이것을 다섯 가지 재주라고 한다[能飛不能過屋, 能緣不能窮木, 能遊不能渡谷, 能穴不能掩身, 能走不能先人, 此之謂五技]."라고 하였다.
55 이 이야기는 6. '옛일과 유래'에 자세히 보인다.

진 쥐는 어떠한가? 세상에는 남의 밥을 먹으면서도 제 일을 열심히 하지 않는 자가 있으니, 그 허물은 변명할 수가 없다. 그러나 남의 밥을 먹으면서 제 일을 열심히 하고자 해도 어쩔 도리가 없는 경우라면, 잘못은 누구의 책임이겠는가? 공자께서도 '내 어찌할 수 없다.'라고 했으니, 약아빠진 쥐를 상대하는 고양이를 또 어찌 비난할 수 있겠는가!"

내가 살펴보니, 조고농(趙古農)은 번우(番禺) 출신이고 월동(粵東: 광동의 별칭)의 늙은 비장(裨將)이다. 글은 참군(參軍)인 자학(子鶴) 구정(裘楨)이 베껴 보내온 것인데, 그 엮은 문자와 어구들이 대단히 풍자의 뜻을 담고 있기에 특별히 기록해둔다.

8. 덧붙임
補遺

○ 경정(敬亭) 노인의 집이 사나운 쥐에 해를 당하게 되었다. 담장과 벽에 구멍을 뚫어놔 집에는 온전한 곳이 없었고, 대바구니를 갉아 먹어 곳간에는 멀쩡한 물건이라곤 없었다. 그래서 사냥꾼에게 돈을 주고 야생 고양이 새끼를 구해 집에서 키워 반드시 날래게 만들고자 했다. 며칠이 지나 여러 마리를 잡아 오니 노인은 날렵한 놈을 얻게 되어 매우 기뻐했다. 살 곳을 마련해 주고 넉넉히 생선을 먹이면서 자신의 아들들처럼 정성껏 길렀다. 이 고양이는 산 것을 낚아채고 날아가는 놈을 잡아서 모든 움직임이 민첩했기에 쥐는 두려워 그림자조차 감춰버렸고 비린내와 누린내를 풍기니 쥐들이 함부로 날뛰지 못하게 되었다. 하지만 고양이는 야생성으로 인해 늘 산과 들로 달아나서 살아가고 싶은 마음을 품고 있었다. 어느 날 아침 목줄이 느슨하게 풀어지자 담과 지붕을 뛰어넘어 갑자기 아무도 모르는 곳으로 떠나 버렸다. 노인은 열흘이 넘도록 탄식하고 아쉬워하였다. 홍농자(弘農子)[1]가 이 소식을 듣고 "야생성은 길들이기가 어려우니 집에서 키우는 건 생각도 말아야 합니다. 야생 고양이만 그러한 게 아니라 사람도 그러합니다. 양(梁)나라 무제(武帝)는 무장인 후경(侯景)을 매우 총애하였고,[2] 진(晉)나라의 유곤(劉琨, 270~317)은 단필탄

---

1 홍농자는 당나라 때 문인 양비(楊費)로 『익부(溺賦)』를 저술했다.

(段正殫)을 지극히 정성껏 대우하였습니다.[3] 그런데 후경과 단필탄은 이러한 정성을 받고도 도리어 무제와 유곤을 공격하였습니다. 아! 길러서는 안 되는 걸 기른다면 누군들 배반하지 않겠습니까?"라고 했다. 소성(紹聖) 2년(1096) 9월에 황정견(黃庭堅)이 쓰다.

노직(魯直: 황정견의 자)의 「축리설(蓄狸說)」

내가 살펴보니, 황정견의 이 기록은 진실로 최고의 대열에 들 만한 글이다. 내가 이미 이 책을 완성한 다음에야 정우생(丁雨生)이 나에게 이 글에 대해 말해 주었다. 그래서 완제(緩齊) 주후궁(周厚躬)에게 편지를 보내서 징해(澄海)의 현령인 포운(浦雲) 장방태(張邦泰)의 처소에서 글을 베껴 오게 하여 급히 이 책에 추가하였다. 다만 그중에 용(甬)·변(汴)·잔(殘)·강(岡)·탄(殫)과 같은 글자는 이해가 될 듯하다가도 이해가 되지 않았다. 변(汴)은 변(忭)인 듯하고 잔(殘)는 진(殄)이고 강(岡)은 망(罔)이며, 탄(殫)은 혹시 제(碑)라는 글자를 잘못 쓴 것 같다. 이는 모두 그 원본에 근거해서 하는 말인데, 나보다 더 식견 있는 자가 살펴주길 바란다.

○ 대란(大蘭)의 왕주상(王朱相)이라는 자는 손님 접대를 매우 좋아하

---

2 『남사(南史)』, 「양문제본기(梁武帝本紀)」에 의하면 무제는 남조(南朝) 시대 양나라의 초대 황제로, 이름은 소연(蕭衍)이다. 독실하게 불교를 믿어서 세 번이나 자신의 몸을 부처에게 희사하였다. 그러다 549년에 후경(侯景)의 반란으로 수도가 점령당하자 사원에서 굶어 죽었다.

3 유곤은 병(幷), 기(冀), 유(幽)의 도독(都督)으로 석륵(石勒)과 싸웠으나 패망하자 유주자사 선비족 단필제(段匹磾)를 찾아가 진나라를 서로 도와 지킬 것을 약속하였다. 하지만 아들 유군(劉群)이 단필제에게 죄를 짓자 이에 연루되어 살해당하였다. 유곤이 단필제에게 반드시 죽을 것을 알고 별가(別駕)인 노침(盧諶)에게 「중증노침일수(重贈盧諶一首)」라는 시를 지어주는데, 『문선(文選)』 권25에 실려 있다. 본문에서의 단필탄(段正殫)은 단필제(段匹磾)를 오기한 것이다.

여 사슴이나 말, 원숭이나 개 등을 모두 집 안에 갖추어 두었으며, 쥐 또한 많았다. 하루는 누군가 바친 고양이가 오게 되었는데, 상당히 아름다웠다. 하지만 암암리에 쥐들의 시기 질투를 받을 것을 고양이는 애초에 알지 못했다. 쥐 떼는 반드시 고양이를 중상모략할 생각이었으나, 사슴과 말은 올곧아 아첨하지 않으니 흔들리지 않을 걸 알고 있었다. 그러자 원숭이와 개를 부추겨 고양이를 헐뜯었다. 하지만 고양이가 주인에게 덕망을 잃지 않자 원숭이와 개로는 고양이에게 해를 끼칠 수 없었다. 왕주상에게는 아들이 있었는데, 맏이의 이름은 상(象)이고 둘째는 토(兎)라 하였다. 둘째는 토끼와 생김새가 비슷하고 말씨나 성품은 자못 가볍고 방자하였다.

쥐 떼는 둘째 아들 토로 변신하여 자신들의 계획을 실행하였다. 마침 왕주상의 영지가 새로 봉해져서 번(藩) 땅으로 옮기게 되었는데, 이때 고양이가 토를 때렸다고 왕주상에게 말했다. 왕주상은 처음에는 듣지 않다가 토로 변신한 쥐 떼가 계속 하소연하자 결국 고양이를 내쫓아 버렸다. 사슴과 말이 이 소식을 듣고 탄식하며 "고양이는 사자가 아닌데 어떻게 토를 때릴 수 있겠는가? 경솔하게 듣고서 어진 이를 버리니, 왕주상은 심히 제대로 살피지 못하는구나!"라고 하였다.

한참이 지나 왕주상도 점점 소문을 듣게 되면서 스스로 매우 후회했다. 하지만 쥐 떼는 계획을 실행하고 나서는 함께 쥐구멍 속에서 왕주상의 어리석음을 슬그머니 비웃을 뿐이었다. 이 일이 있기 전에 관상을 잘 보는 자가 왕주상의 모습이 우둔하고 흉하여 훗날 반드시 죽임을 당할 것이라고 말해 주었다. 얼마 되지 않아 떠도는 도적 떼가 난을 일으켜 왕주상이 정말 곤경을 만나게 되자 쥐 떼는 마침내 재물과 식량을 나누어서 뿔뿔이 흩어졌다. 『분초여화(焚椒餘話)』

내가 살펴보니 이 구절에서 번(蕃)은 복번(福藩)을 가리켜 말한 것 같으나 꼼꼼히 따져 볼 길은 없다. 그저 소인배의 중상모략만 듣고서 어진 이를 쫓아내고 심지어는 아비가 스스로 추한 이름을 친아들에게 지어주고도 돌아보질 않았다. 오늘날 선비 중에 저 대란의 왕 주상과 같은 자가 적지 않을 것이니, 허물을 말해 보자면 한 번 웃고 넘길 일이 전혀 아니다.

○ 함모국(含毛國)은 진단(震旦)⁴의 남쪽에 있는데, 중국과 옷차림은 달랐지만, 제정된 법도는 같았다. 인재를 선발하는 과거시험에는 병과(丙科)와 정과(丁科)가 있으니, 중국의 갑과(甲科)와 을과(乙科)와 비슷했다. 장거자(臧居子)라는 자는 어릴 적 이름이 기린묘(麒麟貓)였다. 병과(丙科) 출신으로 인재를 뽑아 채용할 때, 어떤 사건으로 인해 강등되어 군수가 되었다. 하루는 노주(鹵州)의 구당공사(勾當公事)로 임명되자 모두 그의 재주와 명망이 높아 누구라도 그의 풍채를 보고 싶어 할 것이라고들 했다. 그곳에 도착하자 일을 맡은 대부(大夫)가 공손히 잔치를 베풀고 몸가짐을 조심했고, 논객들은 장거자가 이렇게 왔으니 반드시 세상을 다스리고 백성을 구제하는 담론을 할 것이고, 반드시 글을 짓는 모임이 생길 것이며, 그렇지 않다면 또 반드시 기행시(紀行詩) 등을 지어 이 나라의 고상한 자료가 될 것이라고들 했다. 그런데 몇 달이 지났는데도 아무런 소식이 들려오지 않았다. 얼마 되지 않아 역참의 객사에서 경치나 즐긴다는 소문이 들렸고, 또 이어서 술과 여자에 빠져있다는 소식이 들려왔다. 게다가 전두

---

4 진단은 중국의 별칭이다. 옛날 인도인이 중국을 치나스타나(Chinasthâna) 또는 치니스탄(Chinistan)이라 불렀던 데서 나온 말이다.

비(纏頭費: 하룻밤을 보내고 지불하는 비용)에 너무 인색해서 기생이 야박하게 여기자, 다시 버럭 화를 내며 모욕하는 짓을 했다는 것이었다. 그러자 비웃음이 일고 욕하는 자들이 길에 가득하게 되었다.

논객들이 다시 말했다. "조정에서 칭찬이 자자한 재주 있고 촉망받는 자는 대체로 이와 같은가? 혹 가문의 복과 관청의 법도에 흠이 있는데, 살펴보지 못한 것인가? 아니면 천지의 기운이 쇠퇴하면 으레 이런 파렴치한이 생기는 것인가?" 이렇게 의견이 분분했다. 얼마 뒤 다시 말들은 잠잠해졌는데, 이런 사람에 대해서 비웃고 욕하고 의견을 말할 가치가 없다고 여기는 듯했다. 그러나 때때로 군자들이 탄식하는 소리가 들려 왔다. 　　궁조(宮朝)의 「도기린묘설(睹麒麟貓說)」

○ 노호수(盧胡叟)가 다음과 같이 말했다. "기린은 사람들이 우러러보게 하고, 고양이는 사람들이 데려와 쓰고 싶게 한다. 기린묘 같은 자는 남에게 비웃음을 당하기에 꼭 알맞은데, 더욱이 이렇게 추악한 행동을 한 경우는 어떻겠는가? 이른바 천지의 쇠한 기운이 그렇게 만들어 으레 이런 파렴치한이 생겼다는 것은 어쩌면 거짓이 아닌 듯하다. 그러니 어찌 탄식하지 않을 수 있겠는가?"

내가 살펴보니, 위의 두 편과 황정견의 「축리설」은 모두 사소한 것으로 큰 이치를 드러낸 글이다. 또 살펴보았다. 맹자(孟子)는 부귀(富貴)해도 음란하지 않은 자를 대장부라고 했다. 만약 부귀하면서도 임금을 성군으로 만들어 백성이 혜택 받기를 염원하고, 나라만 알고 자신은 염두에 두지 않는다면 대장부일 뿐 아니라 바로 성인군자라 말할 수 있을 것이다. 그러나 이러한 일을 할 수 있다면 천지를 저버리지 않았고 임금과 아비, 배운 바를 저버리지 않았다고 할 만하다. 이 같은 사람은 온 세상 사람들이 영원토록 향을 피워 기릴 만한 인물이 아니겠는가?

근래에 무명씨의 「보묘설(寶貓說)」이라는 글을 얻게 되었는데, 자못 풍취가 있고 사소한 것으로 큰 이치를 드러낸 글이라 세상에 교훈이 될 만하여 급히 책에 덧붙여 견문을 넓히고자 한다. 그 글은 다음과 같다.

마을 사람 중에 도회지에서 고양이를 데려온 자가 있었다. 그 고양이는 큰 체구에다 윤기 나는 털을 지녔다. 목에는 방울이 달려 있고 늘어뜨린 꼬리는 알록달록했으며, 걸음걸이가 조용하여 보는 자들이 모두 좋아하며 반드시 쥐를 잘 잡을 것이라 여겼다. 그래서 고양이에게 생선을 먹이고 따뜻한 곳에서 재우는 등 특별히 잘 대우해 주었고 '보묘(寶貓)'라 불렀다.

그런데 어찌 된 일인지 몇 달을 길렀는데도 쥐로 인한 근심은 전과 다름이 없었다. 또 몇 달이 지나자 쥐 떼가 더욱 날뛰었다. 처음에 쥐 잡는 걸 귀찮아하는 것 같아서 찬찬히 살펴보니, 의외로 쥐를 잡는 능력이 없었다. 이 집에는 예전에 고양이 한 마리가 있었는데, 그다지 뚱뚱하지 않아 퍽 부지런하게 쥐를 잡았고 '박자(樸子)'라고 불렸으나 집을 나간 지 거의 반년이 되었다. 주인은 이런 상황이 되자 이 고양이를 다시 찾아 집으로 데려오니 이후 쥐로 인한 근심이 사라졌다. 또 살펴보니 박자는 점점 보묘에게 친근하게 굴며 야옹거리고 폴짝 뛰어오르면서 무언가 갖다 바치는 것 같았지만, 보묘는 전혀 돌아보지도 않았고 가끔 하악질을 하며 박자가 다가오는 걸 막아섰다.

그러면 박자는 몸을 돌려 물러나 따분한 듯 우두커니 있었다. 주인이 이 일로 인해 몰래 보묘를 살펴보니 늘 높은 지붕마루에 걸터 앉아서 나비를 잡아채지 않으면 매미를 사로잡았고, 승패를 겨루면서 서로 뒤쫓곤 했다. 생선과 고기를 먹이로 주면 엎드려서 맛나게 씹어 먹고 배가 부르면 곧바로 달게 잠들었다. 주인이 길게 탄식하면서 장난삼아 큰 쥐 열 마리를 고리에 매달아 고양이가 누워있는 움집에다 던져주니, 쥐들은 서로 완강히 버티며 찍찍 소리를 질러댔다. 보묘는 이걸 보고 화들짝 놀라 달아났는데 결국 어디로 갔는지 알 수가 없었다.

뗏목을 타고 어지러운 세상을 피하려는 자[桴浮子]가 다음과 같이 말했다. "재주가 없는데 호사롭게 누리기만 하고, 들에 사냥감을 탐내면서도 게으름과 방종함에 빠져있구나. 주인의 일을 나 몰라라 하고 무언가를 바쳐도 받을 줄을 모르네. 심지어 쥐 떼를 보고 화들짝 놀라 달아나니 이 보묘라는 고양이는 정말로 수치를 모르는구나. 그러나 홀로 있을 때는 혹 조금은 마음에 부끄러움을 느끼지 않을까? 아! 쥐로 인한 걱정이 수습할 수 없는 지경이 된 건 모두 보묘의 잘못이다. 나는 고양이를 기르는 자는 마땅히 박자와 같은 놈을 구해서 가계(家計)에 얻는 이익이 적지 않기를 바란다. 도회지에서 온 고양이가 아무리 체구가 좋고 털이 윤기가 나며 목에 방울을 매달고 알록달록 고운 꼬리를 가졌더라도, 어찌 이 모든 것들이 보배로 여길 만한 것들이겠는가? 이미 오판했다면 조심해서 다시는 잘못 판단하지 말라."

내가 살펴보니, 이 글을 세 번이나 읽고 나서 그 장면에 연상되는 바 있어 마음이 아파 나도 모르게 통곡하며 눈물을 흘릴 뻔했다. 어떤 이가 '재주는 형편없지만, 뜻이 정성스러우면 일에 혹 보완되는 효과가 있다.'라고 했는데, 박자(樸子) 같은 경우가 아마 여기에 가까울 것이다.

전해오는 이야기가 있다. 덩치가 큰 어떤 고양이가 있었는데, 거만했지만 겁은 많았다. 하루는 쌀독에서 죽은 쥐를 얻고는 야옹대고 울고 펄쩍 뛰어오르며 마치 제 능력을 뽐내는 듯했다. 그런데 갑자기 큰 쥐 떼가 그 앞을 지나가자 덩치 큰 고양이는 바닥에 엎드려 감히 움직이지도 못했으니, 이 또한 보묘(寶貓)와 같은 부류일 것이다!【왕중엄(王仲弇)이 기록하다.】

내가 살펴보니, 구(甌) 지역 속담에 '눈먼 고양이가 죽은 쥐와 부딪친다.'라고 했으니 뜻밖에 만난다는 의미이다. 그렇지만 세상에는 눈먼 고양이면서도 죽은 쥐를 만나지 못하는 경우가 있으니, 이 덩치가 큰 고양이는 얼마나 행운인가. 하하.

훈인(薰仁) 황효렴(黃孝廉)이 해 준 이야기이다. '예전에 어떤 사람이 아버님께 외국산 고양이를 선물해 주었는데, 무게가 열 근 남짓이고 생김새는 아주 듬직하니 보는 사람마다 날쌘 놈이라 하면서 부러워했었네. 처음에는 쥐도 차츰 알아서 종적을 감췄으니, 어찌 이 고양이가 천성이 탐욕스럽고 게으르다는 걸 알았겠는가? 해가 뜨면 술독의 술을 훔쳐 먹고 밤이 되면 얼큰하게 취해 드러누웠지. 그러자 쥐가 그 무능한 고양이를 깔보고 더욱 날뛰니 모든 사람이 한결같이 이 고양이를 미워하고 싫어하면서 괴이한 가축이라 하였네. 이때 내 숙부께서 마침 발이 세 개인 고양이를 얻었는데, 뒷발 중 하나가 겨우 허벅지 부분만 남아 있어 아래쪽에는 발톱이 없는 놈이었네. 늘 불러서 밥을 먹이면 폴짝대며 앞으로 나가기 힘들어 했기에, 그 상태로 보아 절대 쥐를 잡을 수 없을 것 같았네. 그러나 그 고양이의 소리를 들으면 멀리 도망가지 않는 쥐가 없었으니, 저

외국산 고양이가 겉은 강해 보여도 속은 부실한 것과 비교해 보면, 어느 놈이 더 낫겠는가? 진(晉)나라 극극(郤克)과 당(唐)나라 배숙도(裴叔度)는 전해지는 말에 의하면 모두 한쪽 다리를 절뚝거렸지만,[5] 세운 공훈과 쌓은 업적이 어찌 혁혁하고 열렬하지 않은 적이 있었겠는가! 대체로 사람은 겉모양만 보고 판단해서는 안 되는데, 나는 짐승 경우도 그렇다고 생각한다네.'

『양모설(洋貓說)』

내가 살펴보니, 근래 전해 듣기로 어떤 관리가 술에만 빠져 자기 일을 제대로 하지 않자 사람들이 모두 취한 고양이라고 불렀다고 한다. 누군가 잘못을 따지고 들면 "나는 그래도 청렴하니, 걱정하지 말게."라고 했다. 관리는 권세가 이미 남의 손에 들어가 제 아랫사람이 권력을 농락하며 그 해로움이 스스로 만든 재앙보다[6] 심하다는 것을 전혀 몰랐던 것이다. 예로부터 청렴결백함을 중히 여겼지만, 만약 정신이 흐리멍덩해서 밝지 못하다면 청렴한 것이 무슨 도움이 되겠는가!

---

5 『춘추좌씨전(春秋左氏傳)』, 「선공(宣公) 17년, 성공(成公) 2년」에 의하면 진 경공(晉景公)이 재위 8년(기원전 592)에 절름발이였던 극극을 제나라에 사신으로 보냈는데, 제나라 경공(頃公)이 극극이 계단을 오르는 모습을 자신의 어머니에게 보여 주어 웃음거리로 삼았다. 그러자 극극은 보복을 맹세하여 경공을 설득하였고, 훗날 제나라와 전쟁을 벌이게 하여 제나라를 패배시켰다.
한편, 배숙도(裴叔度)는 배도(裴度, 765~839)를 가리키는 듯하다. 『태평광기(太平廣記)』, 「배도(裴度)」에 의하면 당(唐)나라 때 회채(淮蔡)의 난을 토평(討平)했던 명상(名相) 배도(裴度)가 일찍이 미천했을 때 낙중(洛中)에 우거(寓居)하고 있으면서 하루는 절뚝발이 말을 타고 천진교를 올라가자, 한 노인이 교주(橋柱)에 기대서 말하기를 "마침 채주(蔡州)가 평정되지 못한 것을 걱정했더니, 반드시 이 사람을 장수로 삼아야겠다."라고 하였다.
6 『서경(書經)』, 「태갑(太甲)」에 "하늘이 내린 재앙은 그래도 피할 수 있지만, 스스로 만든 재앙은 피할 길이 없다[天作孽猶可違, 自作孽不可逭]."라는 말이 나온다.

묘원 원문

고양이의 모든 것을 기록하다

序一

永嘉黃君鶴樓所纂貓苑成，出以示余．余見其蒐輯今古寶瀛·異域·史志·簡冊及雅俗時論，博採兼收孳孳焉．若曰不足，甚至摘取余詩中斷句以附益之．因嘆曰，"君之用心苦矣！"

君以東甌詩人薄游江右，入粵罕有知者，常就吾邑藩少城明府之聘，課其公子．余爲吾邑殘明殉節林丹九先生作傳，君見之，爲致其鄉舉年代出處，寓書於余次子瑁元，以質所疑．瑁元緘書至潮，余詫曰，"是博雅君子也！"因亟言於吳雲帆太守，太守亦雅重之，延至郡齋主書記．

方瑁元緘書至潮，適鐘君【慶瑞】卸平鎮營都司事回黃岡．鐘君倜儻志節士也，權吾邑戎政，號令嚴明，禁暴止奸，邑人甚德之．與君善，爲余言君言動形狀如繪．鐘君後殉羅鏡之難，余聞之，與君相對欷歔．

夫今日之戎政不可問矣．貪如狼，狠如羊，驚不用命．其臨陣也，縮如蝟，其敗走也，竄如蛇．安得如君所云，'有猛者命之爲將，有德者予之以官？'不至如鬼而憎之，妖而怯之，精而畏之，而獨異焉者．

余因君摘取余詩語，爲憶辛丑漫成作'奴慵狗敢耽高臥，鼠恣貓應愧素餐'，壬子人日作'七種菜供人日饌，千倉粟向鼠年輸'，與君纂貓苑之意將毋同？並序以質之．

咸豐三年，歲在癸丑，花朝前五日，鎮平宗弟釗作于潮州茇韭舍並書．

序二

聖人云，'多識於鳥獸草木之名'，非徒務於博雅也．蓋以物雖微，其功用著於世，則不以物而忽之，此爾雅蟲魚一書之所以傳也．禮郊特牲一篇曰，"迎貓"，夫貓曰迎，非重貓也，重其食田鼠也．陸佃曰，"鼠害苗，貓捕鼠，故字從苗"，然則貓之功，非大有益於人者耶！

吾友黃君鶴樓，博雅君子也，多讀書留心典故．雖自以不獲用世展志爲憾，而其濟人利物之念，時時不忘．性好山水，壯歲卽囊筆走四方，無事則從事於鉛槧, 無間寒暑, 蓋樂此不疲也. 嘗著甌乘補一書, 雖稗官野史之流, 而援古証今, 補前人所未備, 足爲採風之一助, 以其所存者大耳.

今夏以所新纂貓苑寄示, 蓋博採古今貓事而成其書, 分種類·形相·毛色·靈異·名物·故事·品藻爲七. 條分縷析, 鉅細兼載, 噫! 何其博也. 雖云所纂爲小品, 而獨能標新立異, 宜乎裘子鶴參軍見其書, 稱爲妙趣. 橫生, 無義不備, 其傳必矣.

貓於經書不多見, 詩稱'有貓有虎', 亦僅爾. 間或散見於子史, 而亦未有專書, 豈以其微置之耶? 然則君之此書, 足以補前人之缺漏, 而使之後之人知貓之有功於世, 非特爲博雅之助也. 而君之存心利物, 不以小而見其大耶! 爰書數語以歸之.

時咸豐二年壬子季秋月, 同里孟仙弟張應庚書於連平官廨.

自序

夫貓之生也, 同一獸也, 系人事而結世緣, 視他獸有獨異者, 何歟? 蓋古有迎其神者, 以有靈也, 呼爲仙者, 以有清修也, 蓄之於佛者, 以有覺慧也. 或以其猛, 則命之曰將, 或以其德, 則予之以官, 或以其有威制, 則推之爲王, 凡此, 皆貓之異數也. 他或鬼而憎之, 妖而怯之, 精而畏之, 抑亦貓之靈異不群, 有以招致之? 然而妖由人興, 於貓乎何尤? 且有呼之爲姑, 呼之爲兄, 呼之爲奴, 又皆憐之喜之至也. 若夫妲己之稱, 不更以其柔媚而可愛乎? 至於公之婆之兒之, 此又世俗所常稱, 更不足爲貓異. 獨異其稟性乖覺, 氣機靈捷. 治鼠之餘, 非屋角高鳴, 卽花陰閒臥, 銜蟬撲蝶, 幽戲堪娛. 哺子狎群, 天機自適.

且於世無重墜之累, 於事無牽率之懅, 於物殖有守護之益, 於家人有依戀不舍之情, 功顯趣深, 安得不令人愛重之耶? 以故穿柳裹鹽, 聘迎不苟, 銅鈴金鎖, 雅飾可觀, 食有鮮魚, 眠有暖毯, 士夫示紗幮之寵, 閨人有懷袖之憐，而其享受所加，較之群獸爲何如耶？然則貓之系結人事世緣，若有至親切而不可離釋者，方有若斯之嘉遇，此貓之所以視群獸有獨異焉者．嗚呼！血肉之微，亦陰陽偏勝之氣所鐘，宜乎補裨物用，締契名賢，貽光毛族多矣，庸非貓之榮幸乎哉！

人莫有不好，我獨愛吾貓，蓋愛其有神之靈也，有仙之清修也，有佛之覺慧也，蓋愛其有將之猛也，有官之德也，有王之威制也．且愛其無鬼無妖無精之可憎可怯可畏之實，而有爲鬼爲妖爲精之虛名也．且愛其有姑有兄有奴有妲己之可憐可喜可媚之名，而無爲姑爲兄爲奴爲妲己之實相也，抑又愛其能爲公爲婆爲兒之名實相副也．此余貓苑之所由作也．咸豐壬子長至日甌濱逸客黃溪自序．

凡例

一. 貓事本無專書, 古今典故僅散見於群籍. 今仿昔人虎薈蟹譜暨蟋蟀經之例, 廣用搜羅輯成. 茲集無論事之巨細雅俗, 凡有關於貓者, 皆一一錄之, 以裕見聞.

一. 茲集無異為貓作全傳. 頭緒紛繁, 敘次最易紊亂, 今分門為七, 曰種類, 曰形相, 曰毛色, 曰靈異, 曰名物, 曰故事, 曰品藻, 凡所收典故詩文, 各以類從, 閱者易於醒目.

一. 各門中貓事, 大抵出於經史子集及彙書說部. 若或有所引証辯論, 皆另列按語於本條之左.

一. 貓事凡載群籍者, 皆頂格直書於本條, 下注明見某書. 其本無書所載而出於前輩筆記故舊傳聞, 人雖作古, 其所遺, 或小簡或尺牘或片識. 並各於本條, 下注明見有來歷, 亦頂格直書.

一. 凡現今諸公交游有所論, 并另有詩文集可採者, 皆隨其事於各門中, 低二格書之, 示有區別.

一. 諸交游因予有茲纂, 或代徵故實, 或代借書籍, 大有襄助之益. 至為釐訂而鑒定, 採集而商榷, 尤足起予固陋, 厥功皆不可泯. 如潮洲太守錢塘吳公雲帆【均】, 翰林侍詔鎮平黃公香鐵【釗】, 連平刺史同里張公孟仙【應庚】, 廣東藩參軍新建裘君自鶴【柏】, 知礪山陰胡君笛灣【秉鈞】, 番禺孝廉丁君仲文【傑】, 上舍朱君竹阿【元撰, 名銘】暨桐城姚翁百征【齡慶】, 山陰陶翁蓉軒【汝鎮】, 毗陵張君槐亭【集】, 錫山華君潤庭【滋德】, 壽州餘君籃卿【士鍈】及陶文伯【炳文】也. 文伯為蓉軒翁哲嗣, 英年好學, 博涉群書, 於予是輯尤為多助. 若夫江浦巡尹同里陳君寅東【杲】則專任校勘者也. 此外, 凡說一事獻一義, 則其姓氏亦不可遺, 已於各門本條上冠列, 苔岑夙契, 同儕有徵.

一. 是編引用書目繁雜, 茲不另為標列. 惟雨窗雜錄系王碧泉先生所纂，先生名朝清，字宸哲，永嘉人．耆年碩德，爲枌榆引重．其書記載事物有裨考鏡，余於進士鄭星舟明府署中見之．今得採列諸條，尚係昔日抄存者．爲故老留手澤於什一，未始非斯文之幸．

一．古今書籍何限，人世事物無窮，凡耳目之未接，品類之未備，殆亦非少．窒漏貽譏，知所難免，更俟博雅君子與夫同志者續之焉可．

一．全書刌劚將竣．續有所獲故事，不能按門，增入擬列之，補遺，附於卷末．未免有遺珠之憾，仍俟積有卷帙，再行付梓．

一．是輯因作客餘閒採錄以成．兩閱暑寒，不過以餖飣爲事，深愧瑣瑣筆札無裨世用．然而結習所在，樂此不疲．昔人云，'聊用著書情，遣此他鄉日．'夫固非予之本志也．識者諒之．黃漢識．

『貓苑』上

1. 種類

夫獸類其繁乎! 貓固獸中之一類也. 然其種之雜出, 又甚不同, 以之尙論, 必因厥類而推曁其種, 非特資辨證, 則亦多識夫鳥獸之名之一助也. 輯種類.

○ 鼠害苗而貓捕之, 故字從苗.【埤雅】

○ 貓有苗茅二音, 其名自呼.【本草綱目】

○ 貓, 狌狸之屬也.【博雅】

○ 貓本狸屬, 故名狸奴.【韻府】

漢按說文, "貓, 狸屬." 狌狸, 廣雅作貔狸.

○ 貓之爲獸, 其性屬火. 故善升喜戲, 畏雨惡濕, 又善驚, 皆火義也. 與虎同屬寅, 或謂貓屬丁火, 故尤靈於夜.【物性纂異】

吳雲帆太守曰, "六壬大全載, 白虎晝主虎豹, 夜主貓狸. 螣蛇天空, 則主貓狸之怪. 又占脫物, 看類神. 貓, 視寅, 見大六壬行源."

漢按, 貓虎氣類頗同, 詩云, 有貓有虎, 故連類及之. 或說類書載虎屬寅得丙，貓屬卯得丁，故虎稟純陽之氣，而貓則陰陽兼有也，於義亦通．

漢又按，古者貓狸並稱，韓非子將狸致鼠，將冰致蠅，必不可得．又使雞司夜，令狸執鼠，皆用其能．莊子羊溝之雞，以狸膏塗頭，故鬥勝人．注雞畏狸膏．又說苑使騏驥捕鼠，不如百錢之狸．又鹽鐵論鼠窮嚙狸，凡此皆是也．抱樸子寅日山中稱令長者，狸也．是貓爲狸類，與虎同屬於寅，諸義皆合．

○家貓爲貓，野貓爲狸．狸亦有數種，大小似狐，毛雜黃黑，有斑如貓．圓頭大尾者，爲貓狸，善竊雞鴨．【正字通】

漢按，俗謂闊口者爲貓，尖嘴者爲貓狸．

○一種靈貓，生南海山谷，壯如狸，自爲牝牡，陰香如麝．【本草綱目】

黃香鐵侍詔【釗】曰，"靈貓見肇慶志，卽山海經所謂類也．自爲牝牡，又名不求人，狀如貓，而力甚猛，其性殊野．夏森圃觀察攝肇慶府篆時，市得其一，以山海經有食之不妒之說，命庖人烹之，以進其夫人，不欲食，乃送書房佐餐．余時課其公子讀，食之，其味似貓肉．"

○一種香貓，如狸，出大理府，紋如金錢豹，此卽是楚辭所謂紋狸，王逸稱爲神狸．【丹鉛錄】

○星禽眞形圖，心月狐，有牝牡兩體，其神狸乎？【本草集解】

○香狸有四外腎，其能自爲牝牡．【酉陽雜俎】

漢按，楚辭之神狸，與星禽圖之神狸，名實似乎不同，蓋一指獸言，一指星精言．其自爲牝牡之說，則與本草所謂靈貓，山海經所謂類者，皆一物也．至於黑契丹亦產香狸，紋似土豹，糞溺皆香如麝，見劉鬱西域記．此則與陸氏八紘譯史所載厄入多國之山狸，其形似麝，臍有肉囊，香滿其中者，似又非類中之同類爾．惟皆稱狸不稱貓，而丹鉛錄乃云香貓卽神狸，其必有所據也．

○一種玉面狸，人捕畜之，鼠皆貼伏不敢出．【廣雅】

漢按，閩記，'牛尾狸，一名玉面狸，亦善捕鼠．'而張孟仙刺史【應庚】曰，"神狸玉面狸，皆言狸，實非貓也．雖有野貓爲狸之稱，但野貓形近於貓，不過家與野之分耳．狸則長身似犬，大有不同，蓋狐之屬．"

漢又按，狸與貓，古稱不一，但能捕鼠，卽貓之屬也．如淮南子云，'狐目狸腦，鼠去其穴．'又文選注引蒼頡篇，'狋似貓搏鼠，出河西．'廣雅曰，"狋，狋也．"今余友朱元撰先生所纂學選質疑，以謂狋乃狸屬，非猨狋之狋．此從豸，彼從犬．据此數說，則獸能捕鼠者，非獨貓也．況心月狐一說，是貓與狸皆狐之屬，故並能祛鼠．
古人貓狸並稱，當必以此．或云，'貓雖靈物，獨不列於二十八宿'，是誠未見星禽眞形圖耳．考管窺輯要二十八宿打陣破禽法云，'女土蝠值日，是鼠精戰鬪，則用青衣青旗並罩網，及貓兒打入，他陣可破，此蓋以狐之類神，制鼠之化炁也．'然則貓何嘗不列於二十八宿耶？要之，貓也狸也，種雖不同，而其類無不同也．

○一種名蒙貴，類貓而大，高足而結尾，捕鼠捷於貓．【海語】

漢按，廣東通志作玃，有黑白黃狸四色，產暹羅者最良．安南亦產蒙貴，見八紘譯史. 考爾雅作蒙頌猱狀. 郭注狀如蜼而小, 紫黑色, 九眞日南出之. 而集韻乃云, '猱卽蒙貴也, 紫黑色, 捷于捕鼠.' 李雨村粵東筆記云, '海語以舶估挾至廣, 常貓見而避之, 豪家每以十金易一. 今粵人所稱洋貓, 大抵卽玃貁也. 然而虞虹升徹以蒙貴非貓, 今稱貓爲蒙貴者誤, 見天香樓偶得.'

黃香鐵侍詔云, '陵水志載有海鼠重百斤, 然猶畏貓, 遇玃貁齧其目而斃.' 漢又按, 乙苟滿國, 其鼠大如貓, 見八紘譯史.

〇一種貁貓, 盡似虎而淺毛者, 爾雅稱爲虎竊毛.

漢按, 韻會作㹫, 音棧, 玉篇云貓也. 考爾雅, 㹦麋如貁貓, 食虎豹.

〇一種海狸, 産登州島上, 貓頭而魚尾.【登州府志】

漢前在山東見一貓, 頭扁而尾歧, 蓋方琦廣文云, '此産皮島中, 名島貓, 或呼礆貓, 其狀極似登州海狸也.'

〇一種三足貓, 人家得此主富樂, 故云貓公三足, 主翁富樂.【相畜余編】

山陰諸緝山【熙】曰, "電白縣水東鎭浙人楊姓, 畜一貓而三足, 後一足短軟, 不具其形. 其眼一黃一白, 俗呼日月眼, 甚瘦小, 聲亦細, 鼠聞聲輒避. 見狗卽登其背, 齕其耳, 狗亦畏之."

〇一種野貓花貓, 宋安陸州嘗以充貢, 李時珍謂卽虎狸九節狸.【本草綱目】

漢按, 格物論, 九節狸, 金眼長尾, 黑質白章, 尾紋九節. 本草集解謂,
似虎狸, 而尾有黑白錢紋相間者爲九節狸. 第此卽有野貓花貓之稱,
自是貓屬, 則與閩記所稱牛尾狸, 亦名玉面狸者同. 能祛鼠, 似不得槪
指爲狐狸也. 又考李雨村粵東筆記, 南粵貓狸, 紋多錦錢, 此與虎狸之
尾錢紋相間者差同.

胡笛灣知縣【秉鈞】云, '南方有白面而尾似牛者, 爲牛尾狸, 亦曰玉面
狸, 專上樹木, 食百果, 冬月極肥, 人多糟爲珍品, 大能醒酒.' 梅堯臣
宣州詩, '涉水馬蹄鼈, 雪天牛尾狸.' 漢按, 梁紹壬秋雨庵隨筆云, '蒸
玉面狸以蜜, 使不走膏.'

又云, "楊萬里偶生得牛尾狸, 獻諸丞相益公, 侑以長句云, '山童相傳皂
衣郎, 字曰季狸氏奇章.' 又詩云, '狐公韻勝冰玉肌, 字則未聞號季狸.'"

又云, "蘇子瞻牛尾狸詩, '首如狸, 尾如牛. 攀條捷嶮如猱猴, 橘柚爲漿
粟爲餱.'"

○ 一種四耳貓, 出四川簡州, 神於捕鼠, 本州歲以充方物.【西川通志】

張孟仙刺史云, '四耳者, 耳中有耳也, 州官每歲以之貢送, 賓僚所費貓
價不少.'

華潤庭云, '昔李松雲中丞之女公子愛貓, 中丞守成都時, 簡州嘗選佳
貓數十頭, 並製小床榻, 及繡錦帷帳以獻. 孫平叔制軍有女孫亦愛貓,
督閩浙時, 台灣守令所獻亦多美貓.'【潤庭, 名滋, 德陽山人.】

裴子鶴參軍【槇】云, '以床榻繡錦帷帳處貓, 此古今創格, 張大夫之綠

紗幬，不得專美於前矣.'

漢按，貓有綠紗幬，幸矣，不意後世復有繡錦帷褥之享也. 第貓多畏寒，冬日，余嘗制綿裸衣之，免使煨竈投床，不猶愈於紗幬錦褥者耶？

○一種獅貓，形如獅子.【老學庵筆記】

張孟仙曰，"獅貓，產西洋諸國，毛長身大，不善捕鼠. 一種如兔，眼紅耳長，尾短如刷，身高體肥，雖馴而笨. 近粵中有一種無尾貓，亦來外洋，最善捕鼠，他處絕少見之，可謂絕品，不得概以洋貓而薄之也."

張心田【炯】云，'獅貓眼有一金一銀者，余外祖胡公光林守鎮江，嘗畜雌雄一對，眼色皆同，余少住署中，親見之.'漢按，金銀眼又名陰陽眼.

漢按，獅貓，歷朝宮禁卿相家多畜之，咸豐元年五月，太監白三喜，使姪白大進宮馭獅貓，另因他事，釀案奏辦，見邸報.

○一種飛貓，印第亞，其貓有肉翅，能飛.【坤輿外記】

漢按，李元蟫範亦載此，惟不指明西洋何國. 考八絃譯史並匯雅，天竺國及五印度，貓皆有肉翅，能飛，卽此歟？

○一種紫貓，產西北口，視常貓爲大，毛亦較長而色紫，土人以其皮爲裘，貨於國中.【王朝清雨窗雜錄】

漢按，今京師戲稱紫貓爲翰林貂，蓋翰林例穿貂，無力致者，皆代以紫貓，故有是稱，頗雅馴也.

○一種歧尾貓，產南澳，其尾卷，形若如意頭，呼爲麒麟尾，亦呼如意尾，捕鼠極猛.

海陽陸章民【盛文】云，'南澳地如虎形，產貓猛捷，惟忌見海水，謂能變性. 攜帶內渡者，必藏閉船艙，方免此患.'

山陰丁南園【士莪】云，'海陽縣豐裕倉有貓，麒麟尾，善於治鼠，一倉賴焉.'

潮陽縣文照堂自蓮師，有小貓一隻，尾梢屈如麒麟尾，純黑色，惟喉間一點白毛如豆，腹下一片白毛如小鏡，雖相貓經未有載名，可稱喉珠腹鏡也.【漢自記】

山陰孫赤文【定惠】云，'山陰西灣人家，有一白貓，尾分九梢，梢有肉椿，皆極細，而各梢之毛，麯麯然如獅子尾，人呼爲九尾貓.'

○毛犀，卽象也. 善知吉凶，人呼爲貓豬，交廣人謂之豬神.【丹鉛錄】

黃香鐵侍詔云，'崖州有一種貓蛇，其聲如貓，見瓊州志.'

胡笛灣知齔云，'仙蜂，出休與山，形如貓，愛花香，聞有異香，雖遠必至，食而後返，見女紅餘志.'

漢按，山海經有獸如狸，白首，曰天狗，食蛇，其音如貓. 又忽魯謨斯國奇獸，名草上飛，大如貓，而玳瑁斑，百獸見之皆伏. 尤悔庵外國竹枝詞，玳瑁斑斑草上飛，見龍威秘書.

又亞毗心域國物産，有亞爾加里亞，其獸如貓，尾後流汁，黑人阱於籠中，以刀削其乾汁，以爲奇香．又亞魯小國有飛虎，大不過如貓，有肉翅，飛不能遠，並見八紘譯史．

又蚺蛇聲甚怪，似貓非貓．又有烏貓，首似鶬鵬，鳴曰，"深掘深掘"，並見赤雅．

以上，皆非貓而有貓之形聲名狀者，其於貓，誠爲非類而類也，故附茲篇末，以備異覽．

2. 形相

何物無形，何物無相，形相既具，優劣從分．況貓之優劣系於形相間者尤摯，故因言種類而繼及之，取材者可從而類推焉．輯形相．

○ 貓之相有十二要，皆出相貓經，茲備錄之．

○ 頭面貴圓．經云，'面長雞種絶．'

○ 耳貴小貴薄．經云，'耳薄毛氈不畏寒．'又云，'耳小頭圓尾又尖，胸膛無旋值千錢．'

漢按，李元蠕範云，'貓性畏寒，而不畏鼠．'花鏡云，'貓初生者，以硫磺納豬腸內，煮熟拌飯與飼，冬不畏寒，亦不戀灶．'

○ 眼貴金銀色，忌黑痕入眼，忌淚濕．經云，'金眼夜明燈．'又云，'眼常

帶淚惹災星.'又云,'烏龍入眼懶如蛇.'

漢按,神相全編,人相得貓眼,主近貴隱富.又按,烏龍入眼之貓,未必皆懶.余嘗畜之,勤捷彌甚,惟患遭凶,蓋惡紋犯忌故耳.

○鼻貴平直宜乾,忌鉤及高聳.經云,'面長鼻梁鉤,雞鴨一網收.'又云,'鼻梁高聳斷雞種,一畫橫生面上凶.頭尾欹斜兼嘴禿【謂無須】,食雞食鴨卷如風.'

○鬚貴硬,不宜黑白兼色.經云,'須勁虎威多.'又云,'貓兒黑白須,屙尿滿神爐.'

○腰貴短.經云,'腰長會過家.'

○後脚貴高.經云,'尾小後脚高,金褐最威豪.'

○爪貴藏,又貴油.經云,'小露能翻瓦.'又云,'油爪滑生光.'陶文伯【炳文】云,'貓行地,有爪痕者,名油爪,此為上品.'

○尾貴長細尖,尾節貴短,又貴常擺.經云,'尾長節短多伶俐.'又云,'尾大懶如蛇.'又云,'坐立尾常擺,雖睡鼠亦亡.'

漢按,貓以尾掉風,截而短之,則不能掉矣,威狀大損.今越人養貓故截短其尾,殊失本真.遂安余文竹曰,"續博物志云,'虎渡河,豎尾為帆.'"則貓之以尾掉風一語,亦自有本.

○聲貴喊.夫喊,猛之謂也.經云,'眼帶金光身要短,面要虎威聲要喊.'

漢按，諺云，'好貓不作聲.'非謂無聲，若一作聲，則猛烈異常，甚有使鼠聞聲驚墮者，此喊之足貴也.

○貓口貴有坎，九坎爲上，七坎次之. 經云，'上齶生九坎，週年斷鼠聲，七坎捉三季，坎少養不成.'【幷見揮塵新談·山堂肆考】

桐城姚百徵先生【齡慶】云，'貓坎分陰陽，雄貓則九七五，奇數也，九爲上，七次之，五爲下. 雌貓則八六四，偶數也，八爲上，六次之，四爲下，但四坎者絶少，故雌者每佳，而雄者多劣，皆五坎也.'此說發前人所未言，蓋從格致中來者，足以補相貓經之厥.

○睡要蟠而圓，藏頭而掉尾. 經云，'身屈神固，一槍自護.'

漢按，貓相具此十二要之外，又有所謂五長，名蛇相貓，亦良，蓋頭尾身足耳無一不長. 若五者皆短，名五禿，能鎮三五家，見相貓經.

王玥亭少尹【寶琛】初尉平遠時，寓中多鼠，於民家索得一貓捕之，鼠患一靖. 貓甚靈馴戀舊，雖養於公寓，時返故主. 旋遷往衙署，仍不忘原寓及故主之家，常複遍歷. 蓋三處往來，鼠耗皆絶，所謂佳貓能鎮三五家者，洵不誣已.

又按，粵人驗貓法，惟提耳而四脚與尾隨卽縮上爲優，否則庸劣. 湘潭張博齋【以文】謂擲貓於牆壁，貓之四爪能堅握牆壁而不脫者，爲最上品之貓，此又一驗法也.

3. 毛色

貓之有毛色, 猶人之有榮華, 悅澤者翹擧, 憔悴者萎靡, 此固定理. 然而美惡岐而貴賤判, 否泰亦於是寓焉. 夫有形相, 斯有毛色, 二者, 固相爲表裏也. 輯毛色.

○ 貓之毛色, 以純黃爲上, 純白次之, 純黑又次之. 其純狸色, 亦有佳者, 皆貴乎色之純也. 駁色, 以烏雲蓋雪爲上, 玳瑁斑次之, 若狸而駁, 斯爲下矣.【相貓經】

漢按, 純黃爲金絲, 宜母貓, 純黑爲鐵色, 宜公貓. 然黃者多牡, 黑者多牝, 故粵人云, '金絲難得母, 鐵色難得公.'

○ 凡純色, 無論黃白黑, 皆名四時好.【相貓經】

姚百徵云, '家伯山【東之】宰揭陽日, 於番舶購得一貓, 潔白如雪, 毛長寸許, 粵人稱爲孝貓, 畜之不祥. 後伯山升同知及知府, 此貓俱在, 無所謂不祥也.' 漢按, 孝貓字甚新, 純白貓, 甌人呼爲雪貓.

○ 金絲褐色者尤嘉, 故云, '金絲褐色最威豪.'【相貓經】

漢按, 褐黃黑色相兼之色, 褐而帶金絲者, 名金絲褐, 誠所罕見.

○ 楚州射陽貓, 有褐花色者. 靈武貓, 有紅叱撥色, 及靑驄色者.【酉陽雜俎】

○ 一種三色貓, 蓋兼黃白黑, 又名玳瑁貓.【相貓經】

○烏雲蓋雪，必身背黑，而肚腿蹄爪皆白者，方是．若僅止四蹄白者，名踏雪尋梅，其純黃白爪者同．【相貓經】

○純白而尾獨黑者，名雪裏拖槍，最吉．故云，‘黑尾之貓通身白，人家畜之產豪傑．’通身黑，而尾尖一點白者，名垂珠．【相貓經】

○純白而尾獨純黑，額上一團黑色，此名挂印拖槍，又名印星貓．人家得此主貴，故云，‘白額遇腰通到尾，正中一點是圓星．’【相貓經】

鉅鹿令黃公【虎岩】有印星貓一對，常令人喜悅，惟不善捕鼠．然有此貓，則署中鼠耗肅清，官事亦吉順，是即貴之驗．【虎岩名炳，鎮平人，道光間由副榜通籍．】

陶文伯云，‘余家畜一白貓，其尾獨黑，背上有一團黑色，額上則無，是可稱負印拖槍也．肥大，重可七八斤，性靈而馴，每縛置案側，偶肆叫跳，以竹梢鞭之，亟知趨避，或俛首貼服．其常時，雖以杖懼之，略無怯色．’

○純烏白尾者亦稀，名銀槍拖鐵瓶．【相貓經】

黃香鐵侍詔云，‘清異錄載，唐瓊花公主，自總角養二貓，雌雄各一，白者名銜花朵，而烏者惟白尾而已，公主呼爲麝香驗姐己．’

漢按，表異錄亦載此，其一黑而白尾者，爲銀槍插鐵板，呼爲昆崙姐己，其一白而嘴邊有銜花紋，呼爲銜蟬奴，與清異錄所載稍異．

○通身白而有黃點者，名繡虎，身黑而有白點者，名梅花豹，又名金錢梅花，黃身白肚者，名金被銀床，若通身白而尾獨黃者，名金簪插銀

瓶.【相貓經】

諸緝山曰, "陽江縣太平墟客寓, 有一純白貓而尾獨黃, 俗呼金索挂銀瓶. 重十餘斤, 捕鼠甚良, 謂得此貓, 家業日盛."

○通身或黑或白, 背上一點黃毛, 名將軍挂印.【相貓經】

○身上有花, 四足及尾又俱花, 謂之纏得過, 亦佳.【致富奇書】

○貓有攔截紋, 主威猛. 有壽紋, 則如八字, 或如八卦, 或如重弓重山. 無此紋, 則懶闒無壽.【相畜余編】

漢按, 攔截紋者, 頂下橫紋也. 主貓有威, 猶虎之有乙也.

○純色貓帶虎紋者, 惟黃及狸, 若紫色者絕少. 紫色而帶虎紋, 更爲貴品.【相畜余編】

吳雲帆太守嘗畜一貓, 純紫色, 光彩奪目, 長而肥大, 重可十餘斤, 自是佳種. 張冶園述.

○貓有旋毛, 主凶折. 故云, '胸有旋毛, 貓命不長. 左旋犯狗, 右旋水傷. 通身有旋, 凶折多殃.'【相貓經】

○毛生尿窟, 屙尿滿屋, 非佳貓也.【相貓經】

漢按, 珞琭子云, '貓能掩屎, 靈潔可喜, 故好潔之貓無不靈也.'

○ 凡花貓其花朝口，主咬頭牲．【崇正闢謬通書】

張孟仙曰，"貓之色雜爲雌，純者爲雄，所謂玳瑁斑者，雜而雌也．雪裏拖槍‧烏雲‧蓋雪，雖有二色，皆算純色而爲雄也．"此說亦新．夫毛色有生輒定，未有一歲之間兩變其色者．余友諸緝山謂，'陽江縣深坭村孫姓鹽丁有純白貓，冬至後漸長黑毛，交夏至則純黑矣．過冬至復又黑白相間，次年夏至仍爲純白，是年年換色者也，可稱瑞物．蓋見造化賦物之奇無乎不可．'

壽州余藍卿【士英】云，'余昔舟泊揚州，見一技者於通衢之市，周以布障，鳴鑼伐鼓，招致觀者．場東有猴驅狗爲馬，演諸雜劇，場西有貓高坐，端拱受群鼠朝拜，奔走趨蹌，悉皆中節．貓則五色俱備，青赤白黑黃交錯成紋，望之燦若雲錦．問所由來，云自安南，匪特罕見，實亦罕聞．或曰，此贗鼎也，殆亦臨安孫三染馬纓之故智歟？'漢按，毛色可僞至此，亦神乎其技矣．

4. 靈異

物之靈蠢不一，靈者異而蠢者庸，於此可以見天裏也．若貓於群獸，其靈誠有獨異，蓋雖鮮乾坤，全德之美，亦具陰陽偏勝之氣，是故爲國祀所不廢而於世用有攸裨也．輯靈異．

○ 臘日迎貓以食田鼠，謂迎貓之神而祭之．【禮記】

○ 唐祀典有祭五方之鱗羽蠃毛介，五方之貓，於菟及龍麟朱烏白虎玄武，方別各用少牢一．【舊唐書】

漢按, 禮八蠟有貓虎昆蟲. 後王肅分貓虎爲二, 無昆蟲. 張橫渠以爲然, 見經疏.

仁和陳笙陂【振鏞】曰, "杭人祀貓兒神, 稱爲隆鼠將軍, 每歲終, 祭群神, 必皆列此."

張衡齋【振鈞】云, '金華府城大街有差貓亭, 本先朝軍裝局. 相傳有鼠患甚暴, 朝廷差賜一貓, 而鼠暴頓除. 後立廟其地, 稱靈應侯至今, 里人奉爲社神, 呼爲差貓亭云.'

○貓眼定時甚驗, 蓋云, '子午卯酉一條線, 寅申巳亥棗核形, 辰戌丑未圓如鏡.' 一作'寅申巳亥圓如鏡, 辰戌丑未如棗核'餘同.【皆見通書選擇書】

漢按, 酉陽雜俎僅云, '貓眼旦暮圓, 至午竪成一線.' 又按, 初生貓, 血氣未足, 瞬息無常, 以之定時, 仍屬無驗.

○南番白湖山, 有番人畜一貓, 後死, 埋於山中. 久之, 貓見夢曰, "我活矣, 不信, 可掘觀之." 及掘之, 惟得二睛, 堅滑如珠, 驗十二時無誤.【嫏嬛記】

漢按, 一種寶石, 中含水痕一線, 搖之似欲動者. 橫斜皆可視, 名爲貓兒眼.

黃香鐵侍詔云, '眞臘國主指展上,[1] 皆嵌貓兒眼睛石.'

---

1 원문의 '指展'은 '指環'의 오류로 보임.

漢又按，八紘譯史，'默德那卽古回回祖國，産貓睛，大小按時.'據此則是活寶石也．又'錫蘭國海山上，出寶石貓睛，碧者名瑟瑟，紅者名鞓鞋.'而八紘譯史又載，'伯西爾國人少之時，鑿頤及下唇作孔，以貓睛夜光諸寶石嵌之爲美.'又'眞臘國王手足皆戴金鐲，嵌以貓睛.'是非僅指展上嵌之而已．

秦淮聞見錄，'飾有瑤釵寶珥，火齊貓睛.'蓋述妓人華飾也．

○貓鼻端常冷，惟夏至一日暖，蓋陰類也.【酉陽雜俎】

○貓於黑暗中，逆循其毛，能出火星者爲異，並不生蚤虱.【同上】

○貓洗臉過耳，主有賓客至.【同上】

漢按，甌諺，貓洗面，日有次度者，謂隨潮水長落．

○貓與虎同，皆能畫地卜食．

胡笛灣知醨云，'此卽埤雅所載，今俗謂之卜鼠是也.'

○凡寅月子日子時，硃書糊此符貼於竈上，勿令人見，可以關鼠.【王讓堂，術濟余編.】

○刻木爲貓，用黃鼠狼尿，調五色畫之，鼠見則避.【夷門廣牘】

○椿樹葉·冬青葉·絲瓜葉曝乾，每四季，焚於堂中，鼠自避去．此名金貓關鼠法.【壽世保元】

漢按, 甌俗, 每歲立春之時, 燃樟葉爆竹於門堂奧室諸處, 名爲熰春. 口號云,‘熰春熰熰, 貓兒眼光, 熰熰老鼠眼瞙瞙.’蓋咒鼠目之瞎也. 有應者, 終年鼠患爲稀.

漢按, 吳小亭家, 藏王忘庵所畫烏貓圖, 自題十六字云,‘日危宿危, 熾爾殺機. 烏圓炯炯, 鼠輩何知.’其首句, 咸不解所謂, 余按家藏香鐵侍詔重午畫鐘馗詩云,‘畫貓日主金危危.’則知危日值危宿, 畫貓有靈. 必兼金日者, 金爲白虎之神, 忘庵句蓋本乎此. 然則假貓之靈以鬭鼠, 其術亦多矣哉!

○ 牝貓無牡交, 但以竹帚掃背數次則孕. 又一法, 用木斗覆貓於竈前, 以帚擊斗, 祝竈神而求之, 亦有胎.【本草綱目】

黃香鐵侍詔云,‘山東河北人謂牝貓爲女貓.’隋書獨孤陀傳,‘貓女向來, 無住宮中.’是隋時已有此語. 見顧林亭日知錄.

○ 貓孕兩月而生.【本草綱目】

漢按, 貓成胎有三月而產, 名奇窩, 四月而產, 名偶窩. 養至一紀爲上壽, 八年爲中壽, 四年爲下壽, 一二年者爲夭. 浙中以單胎者爲貴, 雙胎者賤. 一胎四子, 名抬轎貓, 賤而無用. 若四子斃其一二, 則所存者亦佳, 名爲返貴, 見王朝清雨窗雜錄.

華潤庭云,‘貓胎以少爲貴, 故有一龍二虎之說.’又云,‘貓以臘產爲佳, 初夏者名早蠶貓, 亦善, 秋季次之. 夏爲劣, 以其不耐寒, 冬必向火, 名煨竈貓.’

漢按，貓煨火皮瘁，硫磺納豬腸中，煮熟喂之愈，見致富奇書．

陶文伯云，‘貓懷胎，血氣不足者，往往亦成小產，是人獸有同然者．’

鈕華亭少尹【光存】云，‘虎一生不再交，以虎陽有逆刺也，其痛楚在初．貓一歲僅再交，以貓陽有順刺也，其痛在終．餘畜之陽無刺，無所痛楚，故其交無度．’

漢按，此說故老相傳，甚近理，足爲格致之助．大抵貓之交，常於春秋二季，其頭交時，則牝牡相呼，雖遠必尋聲而至，俗謂之叫春．

張衡齋云，‘凡貓交，必春貓遇春貓，冬貓遇冬貓始交，夏秋之貓亦然．否則，雖強之不合也．’此說未經人道，想亦氣類相求故耳．

○貓初生，見寅肖人，而自食其子．【黃氏日抄】

漢按，貓產子，目未瞬者，子肖人見之，則食子．或曰，‘生於子日，見子肖人，則食子．’與黃氏之說異．

○貓食鼠，上旬食頭，中旬食腹，下旬食足，與虎同．陰類之相符如此．【李元蠕範】

漢按，一說食旬，各有所先，月初先頭，月中先腹，月尾先腿腳．食有餘者，小盡月也．

華潤庭曰，‘貓食鼠，分三旬，亦有捕鼠無算，絕不一食者，其種之最良歟！’

又曰，'貓食鼠，或於衣物茵席之上，勿驚驅之，聽其食畢，自無痕跡．若逼視之，則血汙狼籍矣．或謂當食時視之，則齒軟，以後不複能嚙鼠．'

常州張槐亭【集】云，'貓一名家虎，鼠一名家鹿，貓之食鼠尚矣．惟是豹祭獸時，不知鹿在其中否也．'

○ 北人謂貓過揚子江金山，則不捕鼠．厭者，剪紙貓投水中，則不忌．
【酉陽雜俎】
漢按，淵鑒類涵云，'昔韓克贊嘗於汝寧帶回一貓，過江果不捕鼠．'

豐順丁雨生茂才【日昌】云，'物各有所喜，如詩傳馬喜風犬喜雪豕喜雨，而貓獨喜月，故月夜常登屋背，蓋與狐狸同性也．'

○ 貓喜與蛇戲，或謂此水火相因之義．以貓屬陰火，而螣蛇水畜而火屬也．【王朝清，雨窗雜錄．】

漢按，貓並喜自戲其尾，故北人有貓兒戲尾巴之諺．

山陰張冶園【錡】曰，"貓與蛇鬥，俗稱龍虎鬥．嘗見貓蛇鬥於屋背，蛇敗穿瓦罅下遁，適屋下人遇之，以鋤揮爲兩段，上段飛去，已而結成翻唇，肉疤大如碟．一日，斷蛇者晝臥於床，蛇穿其帳頂，欲下嚙之，因肉疤格攔．貓適見之，登床猛喊，其人驚醒見蛇，懼而避之，幸未遭噬．人謂蛇知報冤，貓知衛主．"

○ 貓解媚人，故好之者多，貓故狐類也．【彭左海，燃青閣小簡．】

漢按，越俗謂貓爲妓女所變，故善媚，其說未免附會．

○ 鼠嚙貓，占主臣害君.【管窺輯要】

漢按，唐弘道初，梁州倉有大鼠，長二尺餘，爲貓所捕得，鼠反嚙之，見五行志. 考開元占經京房曰，'衆鼠逐狸，茲爲有傷. 臣代其王，忠爲亂，天辟亡.'又曰，'臣弑其君，大臣亡.'又曰，'鼠無故逐狸狗，是謂反常，臣殺其君.'

○ 凡夢虎斑貓，爲陽襲陰之象，入室者吉，自內外竄不祥. 去而複來者，得人心.【夢林元解】

○ 凡夢獅貓，爲豐亨久安之象，主門下人有勇而好義者，或果得佳貓以應.【同上】

○ 凡夢貓鼠同眠，下必有犯上者. 若當此時生小貓，則爲劣物.【同上】

○ 凡夢群貓相鬪，主暮夜有戎之兆，於已無患. 若夢家貓被他家貓咬傷，下人有災.【同上】

○ 凡夢貓捕鼠，主得財. 須防子媳災，姓褚者最忌，主有事南蠻，不返之兆.【同上】

○ 凡夢貓吞蝴蝶，恐有陰私鬼害正人.【同上】

○ 凡夢貓吞活魚，主成家立業，手下得人，若至山東，更主獲利.【同上】

漢按，夢林元解一書，爲葛稚川原本，邵康節續輯，至明陳士元增補成書，至數十卷之多. 刻於明季，而國朝四庫全書未曾收入. 起自周官，宗夫長柳，引經證史，觸類旁通，系解靈警，發人深省，洵有裨於世教書也．漢得此書，每以占夢，悉有應驗．

○俗傳貓爲虎舅，言虎事事肖貓．【梁紹壬，秋雨筆記．】

漢按，虎凡肖貓，獨耳小頸粗不同．然宋何尊師嘗謂貓似虎，獨耳大眼黃不同．世俗又稱貓爲虎師．【相傳笑話，謂虎羨貓靈捷，願師事之．未幾，件件肖焉，而獨不能上樹，與夫轉頸視物．虎乃以是咎貓，貓曰：'爾工噬同類，我能無畏？留斯二者，正爲自全地耳！若盡以傳爾，他日豈能免於爾口哉？'】

○貓肉治蠱毒，涎治瘰癧，胎治反胃．又牙同人牙豬犬牙，煅研蜜水服，治豆瘡倒靨．【本草綱目】

漢按，本草，'貓肉不佳，不入食品，故用之者稀．或謂貓肉食之發癇，縮膀胱，婦人窒經，小兒擺痘．'又聞小兒常食鼠肉，可以稀痘，則貓肉敗痘可知．本草又云，'正月勿食貓肉，能傷人．'此與禮內則食狸去正脊，爲不利人，其義相合，益見食貓肉之有損也．

黃香鐵侍詔云，'余鄉人多喜食貓肉，謂可療治痔疾．'

陶文伯云，'貓肉食者甚少，惟鐵匠喜食之，以其性寒，可洩積熱．'

張暄亭參軍【德和】云，'羅定州人皆喜食貓肉，與嘉應州人皆喜食犬肉同，豈其別有滋味耶？'

○黑貓頭骨燒灰，治心下鼈瘕及痰喘走馬牙疳．【壽域方】

○ 黑貓頭骨灰, 治對口毒瘡.【便民療方】

○ 妖魅貓鬼爲祟, 病人不肯言, 以鹿角屑搗末, 水服方寸匕, 卽言實也.【本草綱目】

○ 華陀治尸注有狸骨散. 又貓肝治瘰, 及勞瘵殺蟲.【同上】

○ 人病歌哭不自由, 臘月死貓頭燒灰, 水服自愈.【千金方】

○ 人被鼠咬傷, 貓毛燒存性, 入麝香少許, 香油調敷.【景嶽全書】

漢按, 此方趙氏係用貓頭骨煅灰. 又云, '貓毛燒灰膏和, 治鬼舐頭瘡.'

○ 蜒蚰入耳, 貓尿滴治之. 以薑蒜擦貓牙鼻, 則尿自出. 又貓尿治蠍螫. 又和桃仁, 治小兒瘰疾.【本草綱目】

○ 貓照鏡, 慧者能認形發聲, 劣貓則否.【丁蘭石尺牘】

○ 久晴, 貓忽非時飲水, 主天將雨.【甌諺】

○ 貓能飲酒, 故李純甫有貓飲酒詩.【古今詩話】

漢按, 貓飲酒, 余嘗試之, 果爾. 但不可驟飲以杯, 須蘸抹其嘴, 貓舐有滋味, 則不驚逸. 然十餘巡後, 輒覺醺醺如也. 今之貓又能食烟. 陳寅東巡尹曰, "有張小洆者, 爲浙中縣尉. 嘗僑寓溫州, 有貓數頭, 慣登烟榻. 小洆常含烟噴之, 貓皆能以鼻迎嗜. 久之, 形狀如醉. 每見開燈輒來, 斂具則去. 於是, 人皆謂張小洆貓亦有煙癖, 聞者莫不粲然." 然則貓於烟酒乃有兼嗜焉, 亦可笑也.

○ 馬鞭堅韌, 以擊貓, 則隨手折裂.【范蜀公記事】

○ 貓死, 不埋於土, 懸於樹上.【埤雅】

○ 貓死, 瘞於園, 可以引竹.【李元蠕範】

○ 獨孤陀外祖母高氏, 事貓鬼, 以子日之夜祭之, 子鼠也. 貓鬼每殺人, 取財物潛歸祀者. 家鬼將降其人, 則面正青, 若被牽拽然. 陀後敗, 免死.【北史】

○ 隋大業之季, 貓鬼事起, 家養老貓爲厭魅, 頗有神靈. 遞相誣告, 郡邑被誅者數千餘家, 蜀王秀皆坐之.【朝野僉載】

○ 燕眞人丹成, 雞犬俱昇仙, 獨貓不去. 人嘗見之, 就洞呼仙哥, 則聞有應者.【山川記異】

嘉興蔣稻香先生【田】有黃蠟石, 酷肖貓形. 家香鐵侍詔題之爲洞仙哥, 洵屬雅切.

○ 司徒馬燧家貓生子同日, 其一母死, 有二子, 其一母走而若救, 爲銜置其棲, 並乳之.【韓昌黎, 貓相乳說.】

○ 左軍使嚴遵美, 閹宦中仁人也. 嘗一日發狂, 手舞足蹈. 旁有一貓一犬, 貓忽謂犬曰, '軍容改常矣, 癲發也.' 犬曰, '莫管他.' 俄而舞定, 自驚自笑, 且異貓犬之言. 遇昭宗播遷, 乃求致仕.【北夢瑣言】

○蜀王嬖臣唐道襲家所畜貓，會大雨，戲水檐下，稍稍而長，俄而前足及檐，忽雷電大至，化爲龍而去.【稽神錄】

○成自虛，雪夜於東陽驛寺遇苗介立，吟詩曰，"爲懃食肉主恩深，日晏蟠蜿臥錦衾. 且學智人知白黑，那將好爵動吾心."次日視之，乃一大駁貓也.【淵鑒類涵】

漢按，唐進士王洙東陽夜怪錄云，'彭城秀才成自虛，字致本，元和九年十一月九日到渭陽縣. 是夜風雪，投宿僧寺，與僧及數人因雪談詩. 病僧智高，爲病橐駝也，前河陰轉運巡官左驍衛冑曹長，名盧倚馬者，爲驢也. 又有敬去文者，爲狗也，有名銳金姓奚者，爲雞也. 有桃林客輕車將軍朱中正者，爲牛也，冑藏瓠，卽刺蝟也. 又議苗介立云，'蠢茲爲人，甚有爪距. 頗聞潔廉，善主倉庫. 惟其蠟姑之醜，難以掩於物論.' 苗介立曰，'予鬭伯比之冑下，得姓於楚，自皇茹分族，則祀典配享，著於禮經者也.'"

○蘇子由曾試黃白之法，卽舉火，見一大貓據爐而溺，叱之不見，丹終不成.【說鈴】

漢按，許遜有幻術，爲人燒丹，每至四十九日將成，必有犬逐貓，觸其爐破，見宋張君房乘異記. 余謂兩丹之壞，各有所由，惟同出於貓，亦異矣.

○杭州城東眞如寺，弘治間有僧曰景福，畜一貓，日久馴熟. 每出誦經，則以鎖匙付之於貓. 回時，擊門呼其貓，貓輒含匙出洞，若他人擊門無聲，或聲非其僧，貓終不應之. 此亦足異也.【七修類稿】

○ 金華貓畜之三年後, 每於中宵蹲踞屋上, 伸口對月, 吸其精華, 久而成怪. 每出魅人, 逢婦則變美男, 逢男則變美女. 每至人家, 先溺於水中, 人飲之, 則莫見其形. 凡遇怪來宿夜, 以青衣覆被上, 遲明視之, 若有毛, 則潛約獵徒, 牽數犬至家捕貓, 炙其肉以食病者, 自愈. 若男病而獲雄, 女病而獲雌, 則不治矣. 府庫張廣文有女, 年十八, 爲怪所侵, 髮盡落, 後捕雄貓治之, 疾始療.【堅瓠集】

○ 靖江張氏泥溝中, 時有黑氣如蛇上衝, 天地晦冥, 有綠眼人乘黑滔其婢, 因廣訪符術道士治之, 不驗. 乃走求張天師, 旋見黑雲四起, 道士喜曰, "此妖已爲雷誅矣!" 張歸家視之, 屋角震死一貓, 大如驢.【子不語】

○ 郭太安人家畜一貓, 甚靈, 婢見必撻之, 貓畏婢殆甚. 一日有饋梨, 屬婢收藏, 卽而數之, 少六枚, 主人疑婢偸食, 鞭笞之. 俄從竈下灰倉中覓得, 各有貓爪痕, 知爲貓所偸, 報婢之怨. 婢忿欲置貓死地, 郭太安人曰, "貓卽曉報怨, 自有靈異, 苟置之死, 冤必增劇, 恐複爲祟." 婢乃恍然, 自是輒不再撻貓, 而貓亦不複畏婢矣.【閱微草堂筆記】

○ 某公子爲筆帖式, 愛貓, 常畜十餘隻. 一日, 夫人呼婢不應, 忽窻外有代喚者, 聲甚異. 公子出視, 寂無人, 惟一狸奴踞窻上回視公子, 有笑容. 駭告衆人同視, 戲問, "適間喚人者其汝耶?" 貓曰, "然." 衆乃大嘩, 以爲不祥, 謀棄之.【夜譚隨錄】

○ 永野亭黃門言, "一親戚家, 貓忽有作人言者, 大駭, 縛而撻之, 求其故, 貓曰, '無有不能言者, 但犯忌, 故不敢爾, 若牝貓, 則未有能言者.' 因再縛牝貓撻之, 果亦作人言求免. 其家始信而縱之."【同上】

○ 護軍參軍舒某, 善謳歌. 一日, 戶外忽有賡歌, 清妙合拍. 潛出窺伺,

則貓也. 舒驚呼其友同觀, 並投以石, 其貓一躍而逝.【同上】

漢按, 貓作人言, 初見於嚴遵美一節, 筆帖式貓代爲喚人, 無甚不祥. 若永黃門所述, 牡貓皆能言, 牝貓則否, 此則爲異耳. 然不當言者而爲言, 則其被撻被棄也, 亦宜. 此與太平廣記所載貓言, '莫如此, 莫如此.'大抵皆寓言耳. 至於貓學謳歌, 則不啻虱知讀賦, 誠爲別開生面.

蔣稻香【田】云, '陽春縣修衙署, 剛築牆, 一日, 其匠未飯, 有貓來, 竊食其飯並羹, 匠人憤極, 旋捉得此貓, 活築牆腹以死. 工竣後, 衙內人皆不安, 下人小口率多病亡. 因就巫家占之, 云此貓鬼爲祟, 在某方牆內. 於是拆牆, 果得死貓, 遂用巫者言, 奠以香錠, 遠葬荒野, 自是一署泰然. 此道光十六年事, 余在幕親見之.'

又云, '湖南有貓山, 相傳昔有貓成精, 族類甚繁, 其子孫皆若知事. 凡貓死, 悉自葬此山, 其塚纍纍然, 不可計數. 山出竹, 名貓竹, 甚豐美, 其無貓葬處則無之. 貓竹之名本此, 作毛茅皆非.'

漢按, 瘞死貓於竹地, 竹自盛生, 並能遠引竹至. 據此則本草載之不誣也. 洴澼百金方有貓竹軍器, 亦不作毛.

余藍卿云, '嘉慶十六年, 河南白蓮敎匪林淸煽亂, 烽煙綿亙數省. 是時, 中州人家有貓生狗, 雞窩出貓之異.'

孫赤文云, '道光丙午夏秋間, 浙中杭紹寧台一帶, 傳有鬼祟, 稱爲三脚貓者. 每傍晚有腥風一陣, 輒覺有物入人家室以魅人, 舉國惶然. 於是各家懸鑼鉦於室, 每伺風至, 奮力鳴擊, 鬼物畏鑼聲, 輒遁去. 如是者數月始絶, 是亦物妖也.'

會稽陶蓉軒先生【汝鎭】云，'貓爲靈潔之獸，與牛驢豬犬迥異，故爲貴賤所同珍．且古來奸邪之人，其轉世墮落爲牛爲馬爲犬爲豬，如白起·曹瞞·李林甫·秦檜之輩，不一而足，未聞有轉生而爲貓者，可見仙洞靈物，不與凡畜儕矣．'

劉月農巡尹【蔭棠】云，'番禺縣屬之沙灣茭塘界上，有老鼠山，其地向爲盜藪．前督李制府【瑚】患之，於山頂鑄大鐵貓以鎭之，貓則張口撐爪，形制高鉅．予曾緝捕至此，親登以觀，而游人往往以食物巾扇等投入貓口，謂果其腹，不知何故．'

胡笛灣知齷云，'天津船廠有鐵貓將軍，傳系前朝所遺戰船上鐵貓．廠中廢貓甚多，此獨高大．因年久爲祟，故有奉敕封號，每年例由天津道躬詣祭祀一次，至今猶奉行不替．'

余藍卿云，'金陵城北鐵貓場有鐵貓，長四尺許，橫臥水泊中，古色斑爛，不知何代物，相傳撫弄之則得子．中秋夕，士女如雲，咸集於此．'

○ 僧道宏，每往人家畫貓，則無鼠．【鄧椿畫繼】

○ 虎喙人，於前半月則起於上身，下半月則起於下身，與貓咬鼠同也．【七修類稿】

○ 狸處堂則衆鼠散．【呂氏春秋】

漢按，此狸卽指貓也，與韓非子等書所載同．

○ 平陽靈鷲寺僧妙智畜一貓，每遇講經，輒於座下伏聽．一日貓死，僧

爲瘵之，忽生蓮花，衆發之，花自貓口中出．【甌江逸志】

○崇禎十四年，楚府貓犬流淚，有哭泣聲．是時潢池禍熾，楚府被害尤烈，此其咎徵也．【綏寇紀略】

○崇禎十五年，山東婦人生一物，雙貓首，首有角，角之顚有目，身如人，手垂過膝．巡撫陳以聞朝上．【同上】

○六畜有馬而無貓，然馬乃北方獸，南中安得家蓄而戶養之？退馬而進貓，方爲不偏．毛西河曾有此說，後之碩儒，苟能立議告禮經，自是不刊之典．【淳安周上治，青苔園外集．】

漢按，昔年楊蔚亭廣文，與太平戚鶴泉進士嘗論及此，謂爲北產，力任耕戰，故列六畜之首．論功用之宏，馬爲宜，論功用之溥，貓爲正．禮經纂自北人，蓋初不理會馬之產惟北，而貓之產遍寰宇也，此說甚平允．【蔚亭名炳，平陽人．】

張暄和參軍【德和】云，'貓與蛇交，則產狸貓，故斑紋如蛇也．'謂此說於權黃岡同守時，得之民間．噫！豈其然乎？然交非其類，禽獸往往有之．姑存其說，俟質博雅．【漢自記】

姑蘇陳爰琴【本恭】云，'虎骨辟獸，貓皮辟鼠，獺皮辟魚，以其本性尙存也．然必原體方驗，若骨煮皮韇羽熏，則不然．'

漢按，一西客云，皮草中一種細毛，黑潤可愛，名爲貓韇，似紫貓而實非也．此韇字見周禮考工記鮑人注．考釋文，'韇人充反．'通俗編云，'治皮曰韇．'又見六書正訛，'韇皮，俗作韀字，非．'

桐城劉少塗【繼】云，'道光丙午春，余家所蓄老麻貓，生一子白色，長毛
氃氃，形如獅子. 友人方存之云，此異種也，不可易得. 養之年餘，日夕
在旁，鼠耗寂然. 一日，天未明，貓忽至余床上，大吼數聲而去，已而死
焉. 庸貓得奇子，靈異如此而不壽，惜哉！'

董霞樵上舍【斿】云，'川中一種峒苗，祀祖用苗曲，侏俚不可解. 謂其音
曼衍，則神享而族盛. 相傳獠獞猺貓，皆百粵遺種，散處於滇黔楚蜀及
兩粵之間，貓後改爲苗.【霞樵，泰順人，嘗爲川督蔣礪堂幕客.】

漢按，徽州班戲曲有貓兒歌，亦稱數貓歌，蓋急口令之類. 貓之嘴尾數
雖只一，而其耳與腿則二四遞加，數至六七貓，口齒迫沓，鮮有不亂，
蓋急則難於計算耳. 倪翁豫甫【棅桐】云，'京師伎人有名八角鼓者，脣舌
輕快，尤善於此歌. 雖數至十餘貓，而愈急愈淸朗，是精乎其伎者也.
【貓歌大咨如，'一隻貓兒一張嘴，兩個耳朵一條尾，四條腿子往前奔，奔到前村.
兩隻貓兒兩張嘴，四個耳朵兩條尾，八條腿子往前奔，奔到兩村.' 下皆仿此，惟
耳腿之數以次遞加爾.】'

倪豫甫又云，'河東孝子王燧家，貓犬互乳其子，言之州縣，遂蒙旌表.
訊之，乃是貓犬同時産子，取其子互置巢中，飲其乳慣，遂以爲常. 此
見智囊補，列於僞孝條，想當時必以孝感蒙旌，然則物類靈異處，亦有
可僞托者，一笑.'【豫甫，浙之蕭山人.】

劉月農云，'前朝太后之貓，能解念經，因得佛奴之號. 余謂貓睡聲喃
喃，似念經，非眞解念經也. 然而因此受太后聖寵，而得佛奴之懿號，
庸非貓之異數也歟？'【漢記】

謝小東【學安】云，'俗稱貓認屋犬認人，屋瓦鱗比，雖隔數百家，貓能覓

路而歸，然不能識主人於里門之外．犬之隨人，乃可以於百里也，何物性不同如此！【小東，蕭山人．】

蕭山沈心泉【原洪】云，'貓爲世所必需，而到處船家皆蓄犬而少蓄貓，何歟？豈以其慣於陸，不慣於水耶？是必有由．'

漢按，貓爲火獸，甚不宜於水，犬爲土獸，見水不畏，而亦能博鼠，故船家多蓄犬而少蓄貓．又按，周藕農雜說云，'貓忌鹹，而東海之貓飲不離鹽，貓畏寒，西藏之貓臥不離冰，由其習慣成自然．今貓見波濤而驚，誠慣於陸，不慣於水也．'

倪豫甫云，'湖南益陽縣多鼠，而不蓄貓，咸謂署中有鼠王，不輕出，出則不利於官．故非特不蓄貓，且日給官糧飼之．道光癸卯，雲南進士王君森林令斯邑，遂余偕往，余居之院甚宏敞，草木蓊翳，每至午後，鼠自牆隙中出，或戲或鬥，不可勝計，習見之，而不以爲怪也．一日，有大貓由屋簷下，伺而捕其巨者，相持許久，鼠力屈而斃，自此貓利其有獲而日至焉．乃積旬而鼠無一出者，後竟寂然．噫！貓性雖靈，其奈鼠之黠何？然余在署三年，衣物從未被嚙，鼠或知豢養之恩，不敢毀傷，且人無機械，物亦安之爾．'

漢按，有此一懲積害以除，不可謂非貓之功也．但不知鼠耗寂然之後，其日給官糧可以免否．諺云，'糶穀供老鼠，買靜求安．'是亦時世之一變，可嘆也夫．

鎮平黃仲方文學【璿元】云，'呼咻咻，則雞來，見說文，呼嘘嘘，則狗來，見演繁露，此聲氣應求也．貓則呼苗苗卽來，作汁汁亦來．'白珽湛【淵靜】語，'所謂脣音汁汁，可以致貓，聲類鼠也．此乃物類相感也，說見瞿

瀔通俗編.'

仲方又云,'俗稱貓爲虎舅, 教虎百爲, 惟不敎之上樹. 此見陸劍南詩集
自注. 梁紹壬秋雨盦隨筆引之, 不載出處, 蓋未之考耳.'

漢按, 秋雨盦此節已採入茲篇, 今家仲方爲指明出處, 以見此等俗語
其來已久, 益信而有徵也.

仲方又云, "游覽志餘載杭俗言, '人舉止倉惶, 爲鼠張貓勢.' 以鼠見貓
卽竄逸, 貓勢於是益張耳. 此語可對狐假虎威."

胡笛灣, 字平叔【秉鈞】, 博學而工韻語, 有貓詩云, '名本從苗得, 功推
用世深. 疑狐休相貌, 防鼠恤儒心. 晝靜埋頭睡, 宵寒擁鼻吟. 驗時晴
一線, 中有定盤針.' 又'蠟典崇官禮, 程材隘相經. 皮毛憑斑雜, 眼界總
晶熒. 忌刻原根性, 純陰此化形. 莫徒欺鼠輩, 相食等膻腥.' 皆名雋可
喜, 次篇語含譏貶, 豈有激而云然耶? 平叔, 山陰人以知礧, 需次粵之
潮州.【漢記】

詠物詩貴有寓意, 否則亦須韻致. 陶文伯【炳文】貓詩云, '爲護山房幾架
書, 殷勤花下飼狸奴. 春深看取尋陰地, 欲寫消寒八九圖.' '天生風采
虎紋斑, 洞裏丹曾煉九還. 莫訝不隨雞犬去, 要留仙骨住人間.' '閭閻
鼠耗漸消亡, 運用靈威妙有方. 鍛獄終歸無濟處, 當年應已笑張湯.' 意
新語刺, 韻致自佳. 乃弟潔甫【士廉】亦有一絕云, '春風一軸牡丹圖, 誰
把精神繪雪姑. 爲問穴中諸鼠輩, 年來曾已化駑無.' 蘊藉風流, 一結猶
有意味.【漢記】

○貓, 一捕鼠小獸, 何書之開載治療甚多? 但貓善搜穴捕鼠, 故凡屬

鼠類，有在幽僻鬼怪之處而藥所難入者，無不藉此爲主治.【黃宮繡，本草求眞.】

○張璐謂貓性稟陰賊，機竊地支，故其目夜視精明，而隨時收放善跳躍，而嗜腥生.【同上】

漢按，機竊地支四字不可解，恐系訛誤. 求無善本質正，姑錄以俟考.

○寅木貓良鼠耗無. 原注如初爻臨寅木，吉神，主其家有好貓能捕鼠.【卜筮正宗，新增家宅篇.】

漢按，一說虎與貓俱屬寅肖，據此，似可憑信.

○相傳人家生子，初落地開聲時，有貓喊其側，主其子靈警非凡，僅只有貓在側而不喊，主其子貌陋卻有威. 按靈警之說尙近理，貌陋之義，殊所未解.【戚鶴泉進士，回頭想續篇.】

漢按，朱聯芝詠醜子云，'相逢常欲叨憎厭，莫是初生誤肖貓.' 甌人生子，常有小勿象貓，大勿象狗之諺. 蓋貓小多醜狗大多劣故爾. 其回頭想所引，或本此歟！

○家貓失養，則成野貓，野貓不死，久而能成精怪.【先大父釀庵公述.】

丁雨生云，'惠潮道署多野貓，夜深輒出，雙目有光熠熠，望之如螢火. 蓋系失主之貓，吸月飲露，久漸成精. 故上下牆屋，矯捷如飛. 夏月海鷗來時，能上樹捕食. 園中所蓄孔雀，曾被嚙斃，自此野貓輒不複來. 或謂孔雀血最毒，貓殆飲此，或致戕生. 噫！擇肥而噬，竟以自斃，愚哉！'

鄞縣周緩齋【厚躬】云, '貓能拜月成妖, 故俗云貓喜月. 但鄞人養貓, 一見拜月即殺之, 恐其成妖魔人. 其魔人無殊狐精, 蓋雄者能化男, 雌者能化女.'

又云, '雄貓化男, 亦能魔男, 雌貓化女, 亦能魔女. 蓋不在於交合, 而在於吸精. 犯之者通名邪病, 十有九死. 鄞人有孀婦, 一日, 忽然自言自笑, 柔媚異常, 已而形神, 肌肉頓時消削. 詰之則云遇貓吸陰, 一時神志昏迷, 精氣被吸, 遂覺疲殆, 有不可支.'

漢按, 狐妖吸精, 用桐油遍塗其陰, 狐來用舌舐吸, 無不大嘔而去, 遂不再來, 惟宜秘密方驗, 見龔氏壽世保元. 余謂用此以治貓妖, 其效必同.

丁雨生云, '安南有貓將軍廟, 其神貓首人身, 甚著靈異. 中國人往者, 必祈禱決休咎.' 或云, '貓即毛字之訛, 前明毛尚書曾平安南, 故有此廟.' 果爾, 是又吳紫鬚杜十姨之故轍矣, 可博一噱. 揭陽陳升三登榜述.

○人被貓咬傷, 薄荷葉為末塗之, 愈又方, 用虎骨虎毛, 燒末塗之.【許浚, 東醫寶鑒.】

大埔賴智堂【雲章】云, '貓咬傷, 重者不治, 亦能死. 道光癸卯, 海陽令史公家人李姓羅姓, 初住寓中, 因捉鄰貓, 兩人手指俱被貓咬傷. 初視為平常, 乃越二十餘日, 而李姓者忽發寒熱, 臂腕旁起一小核, 焮痛異常. 雖知貓毒, 但無人識治, 數日不省人事, 聲如貓叫而殂. 其羅姓者, 過四十餘日, 臂腕亦起一小核, 漸見氣喘, 不思飲食, 越五六日亦斃. 甲辰年, 潮嘉道署家人鄭三被貓咬傷中指, 過二十餘日毒發, 臂腕亦起核. 按之疼痛, 以目睹李羅之禍, 不勝惶懼, 訪余醫治. 因思貓之傷人致死, 古今醫書鮮載治法, 當自出臆見, 酌制二方治之, 逾月遂愈.

其方用卽有效，不敢自私，請附刊傳，公諸同好.'

原用水藥方十二味，名普救敗毒湯.

防風·白芷·鬱金【製】·木鱉子【去油】·穿山甲【炒】·川山豆根【以上各一錢】，淨銀花·山慈菇·生乳香·川貝【杏仁去皮夫，以上各一錢五分】，蘇薄荷【三分】，水煎，半飢服，口渴加花粉一錢.

原用丸藥方八味，名護心丸.

眞琥珀·綠豆粉【各八分】，黃蠟·制乳香【各一錢】，水飛朱砂·上雄黃精·生白礬【各六分】，生甘草【五分】.

先用好蜂蜜三錢，同黃蠟煮溶，將餘藥七味共研細末入之，攪勻取起，丸如綠豆大，另用朱砂爲衣.每服一錢五分，用滾水送下.每日夜，先服湯藥，後服丸藥，各一二次.忌五辛魚肉煎炒及發物.

外用好薄荷油少許，由上臂塗至下臂，至傷處止.其傷口不可塗，留出毒氣，仍戒惱怒房勞.

漢按，賴智堂精於岐黃，有手到病除之妙，觀其所制右二方，極其精思，宜乎用有效驗.且家貓馴熟，鮮有咬人，其因傷致死，則更鮮聞，非如猘犬比，故皆視爲尋常，而古今醫書因亦無載治療.豈知天下之大，無事不有，李羅二姓人之禍，殆其顯著者焉? 今智堂願傳其方，亟爲刊入，俾廣見聞，蓋亦不無小補也.

○ 申甫，雲南人，任俠，有口辨.爲童子時，嘗繫鼠斃於途，有道人過之，教甫爲戲，遂命拾道旁瓦石，四布於地，投鼠其中，奔突不能出．已而誘貓至，貓欲取鼠，亦訖不能入，貓鼠相拒者良久．道人耳語甫曰，"此所謂八陣圖也，童子欲學之乎？"節錄申甫傳．【汪堯峰文鈔】

漢按，申甫卽明季劉公綸，金公正布所薦以剿寇而敗亡者．又按，俗有取粗線織成圓網，用以罩鼠，四方上下，面面皆圈，鼠入其中，衝突觸繫，終不能出，名爲八陣圈，亦名天羅地網．

嘉應黃薰仁孝廉【仲安】云，"州民張七，精於相貓．嘗蓄貓數頭，每生小貓，人爭買之，皆不惜錢，知其種佳也．恒言黑貓須靑眼，黃貓須赤眼，花白貓須白眼．若眼底老裂有冰紋者，威嚴必重，蓋其神定耳．'又言，'貓重頭骨，若寬至三指者，捕鼠不倦，而且長壽．其眼有靑光，爪有腥氣，尤爲良獸．'"

薰仁又云，"張七嘗攜一雛貓求售，索價頗昂，云'此非凡種，乃蛇交而生者'，因詳述其目擊蛇交之由．並指貓身花紋與常貓亦微有別，驗之不誣．"

漢按，據此說，則張暄亭參軍所云'貓與蛇交'一節，似可信也．

薰仁又云，'年前余得一貓金銀眼者，花紋雜出，貌雖惡而性馴，善於捕鼠，進門未幾，鼠遂絕跡，因呼之曰斑奴．惜養未半年，遽死焉，蓋因久縛故耳．佳貓多懼其逸，與其縛而損其筋骨，何如用大籠籠之耶！'

嘉應鐘子貞茂才云，"州人有梁某，嘗得一貓，頭大於身，狀甚奇怪，眼有光芒，與凡貓迥異．初莫辨其優劣，厥後不惟善捕鼠，而主家亦漸小康，珍愛而無與人．有過客見之，餌以重價，始得售之．梁因問貓之所以佳處, 客曰,‘此貓自入門後, 君家必事事如意, 蓋此貓舌心有筆紋故耳. 其紋向外者主貴, 向內者主富, 今予得此, 可無憂貧.’啓口驗之, 果然, 梁悔之不及.”

漢按, 筆紋貓實所罕聞, 且能富貴人, 眞獸中之寶也, 惜乎不可多得.

貓性不等, 有雄桀不馴者, 有和柔善媚者, 有散逸喜走者, 有依守不離者. 大抵雄貓未閹及大貓, 初至難於籠絡, 故蓄貓必以小, 必以雌也. 妙果寺僧悟一, 嘗謂貓之喃喃依戀, 不離蓮座者, 爲兜率貓, 又爲歸佛貓.【漢記】

甌中謂人性暴戾曰貓性, 視輕性命曰貓命, 故常有這貓性不好及這條貓命之諺也.【漢記】

山陰童二樹善畫墨貓, 凡畫於端午午時者, 皆可闢鼠, 然不輕畫也. 余友張韻泉【凱】家藏有一幅, 嘗謂懸此, 鼠耗果靖.【漢記】

張韻泉云,‘人得貓相, 主六品貴, 見相書.’

又云,‘貓眼極澄澈, 故水之澄澈者, 謂之貓眼泉. 堪輿家言凡墳墓之前有此注泉, 蔭主清貴.’【韻泉, 山陰人.】

長沙姜午橋【兆熊】云,‘道光乙酉, 瀏陽馬家沖一貧家, 貓産四子, 一焦其足. 彌月喪其三, 而焦足者獨存, 形色俱劣, 亦不捕鼠, 常登屋捕瓦雀咬之. 時或縮頸池邊, 與蜂蝶相戲弄. 主家嫌其癡懶, 一日攜至懸, 適典庫某見之, 駭曰,“此焦脚虎也!”試升之屋簷, 三足俱申, 惟焦足抓定, 久不動旋, 擲諸牆間亦如此. 市以錢二十緡, 其人喜甚. 先是典庫固多貓, 亦多鼠. 自此群貓皆廢, 十餘年不聞鼠聲. 人服其相貓, 似得諸牝牡驪黃外矣. 此故友李海門爲余言之. 海門瀏邑庠生, 名鼎三.'

漢按, 焦脚虎三字, 新而且奇.

錢塘吳鴻江【官懋】云,‘余甥女姚蘭姑蓄一貓, 虎斑色金銀眼無尾, 產雌貓一, 黑質白章, 亦無尾, 今四年矣. 行相隨, 臥相依, 時爲母貓舐毛咬虱, 每飯, 必蹲俟母食而後食. 母貓偶怒以爪, 則卻受不敢前. 或出不歸, 則遍往呼尋, 人或誤撻母貓, 則聞聲奮赴, 若將救然. 甥女事母孝, 咸以爲孝感云.'

漢按, 此與蔣丹林都憲之貓同爲孝感所致, 可謂無獨有偶.【鴻江, 字小台.】

鴻江又云,‘姑蘇虎邱多耍貨鋪, 有以紙匣一, 塑泥貓於蓋, 塑泥鼠於中, 匣開則貓退鼠出, 合則貓前鼠匿, 若捕若避, 各有機心, 其人巧有如此者. 兒童爭購之, 名貓捉老鼠.'

姜午橋云,‘貓爲驚獸, 可對勞蟲. 蟻一名勞蟲.'

漢按, 昔余友姚雅扶先生【淳植】云,‘鶴爲傲鳥, 魚爲驚鱗.'又云,‘貓靈鴨懵, 魚愕雞睨, 蟻勞鳩拙, 鷺忙蟹躁, 蛙怒蝶癡, 鵝慢犬恭, 狐疑鴿信, 驢乖蛛巧.'所述頗繁, 因記憶所及, 附識備覽.【雅扶, 慶元廩生, 寄居溫邱.】

朱赤霞上舍【城】云,‘凡端午日, 取楓癭, 刻爲貓枕, 可闢鼠, 兼可闢邪惡.'

漢按，王蘭皐有貓枕詩，今失傳．昔周藕農先生嘗云，'蘭皐今臺灣課士，以貓枕爲賦題，用貓典者，蓋寥寥然．'

丁仲文【傑】云，'貓苑一出，則後之爲詩賦者，皆可取材於此矣．補助藝林，功非淺鮮．'

『貓苑』下

5. 名物

夫名也物也, 有宇宙來, 則皆萌之於無, 存之於有. 雖萬類之雜出, 萬事之叢生, 蓋無物無名, 無名無物. 形影著於一旦, 魂魄留於百世, 資談噱而供楮墨, 又非獨貓爲然也. 茲篇則專爲貓資考証焉, 輯名物.

○貓名烏圓【格古論】, 又名狸奴【韻府】, 又美其名曰, 玉面狸【本草集解】, 曰銜蟬【表異錄】, 又優其名田鼠將【淸異錄】, 嬌其名曰雪姑【淸異錄】, 曰女奴【採蘭雜志】, 奇其名曰白老【稽神錄】, 曰昆崙妲己【表異錄】.

漢按, 以烏圓爲貓, 相沿久矣. 考王忘菴題畫貓詩烏圓炯炯, 則似專指貓眼而云然也.

胡笛灣云, '淸異錄載, 武宗爲穎王時, 邸園蓄禽獸之可人者, 以備十玩, 繪十玩圖, 鼠將貓.'

○唐張博好貓, 皆價值數金. 有七佳貓, 皆有命名. 一東守, 二白鳳, 三紫英, 四怯憤, 五錦帶, 六云團, 七萬貫.【記事珠】

○貓乃小獸之猛者, 初中國無之, 釋氏因鼠嚙佛經, 唐三藏禪師從西方天竺國攜歸, 不受中國之氣.【爾雅翼】

漢按, 此說玉屑載之, 且謂貓乃西方遺種. 夫開闢之初, 禽獸卽與萬類雜生, 故五經早有貓字, 何待後世釋氏取西域之遺種耶? 此固謬談, 不謂爾雅翼乃亦引用其說.

○養鳥不如養貓, 養貓有四勝, 護衣書有功, 一, 間散置之, 自便去來, 不勞提把, 二, 喂飼僅魚一味, 無須蛋米蟲脯供應, 三, 冬床暖足, 宜於老人, 非比鳥遇嚴寒則凍殭矣, 四. 第世俗嫌其竊食, 多梃走之, 然不養則已, 養不失道, 雖賞不竊.【韓湘岩, 與張度西書】

漢按, 陸放翁詩'狸奴氈暖夜相親', 張無盡詩'更有冬裘共足溫', 則暖老一說亦自有本. 韓名錫胙, 青田人, 嘉慶間以進士通籍, 官至觀察.

○納貓法, 用斗或桶, 盛以布袋至家, 討箸一根, 和貓盛桶中攜回, 路遇溝缺, 須填石以過, 使不過家, 從吉方歸. 取貓拜堂竈及犬畢, 將箸橫插於土堆上, 令不在家撒屎, 仍使上床睡, 便不走往.【崇正闢謬通書】

漢按, 甌人納貓, 用草代箸, 量貓尾同其長短, 插草於糞堆上, 祝之勿在家撒屎. 餘與通書大略相同.

○納貓日宜甲子·乙丑·丙午·丙辰·壬午·壬子·庚子·天月德·生炁日, 忌飛廉·受死·驚走·歸忌等日.【同上】

漢按, 凡大月初五·十七·廿九·小月初八·二十爲驚走日, 其飛廉諸煞, 時憲書俱明載可稽, 茲不複贅錄.

○閹貓日淨.【瞿仙肘後經】

番禺丁仲文孝廉【傑】云, '公貓必閹, 殺其雄氣, 化剛爲柔, 日見肥善.

時俗又有半閹貓，只去內腎一邊，其雄氣未盡消亡，更覺剛柔得中.'

漢按，通書載淨貓，宜伏斷日，忌刀砧·血刃·飛廉·受死·血支等煞.
凡閹貓須於屋外，貓負痛自奔回屋內否，則必外逸，從此視屋內如畏
途矣. 閹時，又須將貓頭納入卷簟之口，閹畢縱之，則從後口奔去，庶
免被嚙傷手，亦法之良也.

○古人乞貓必用聘，黃山谷詩買魚穿柳聘銜蟬. 甌俗聘貓，則用鹽醋，
不知何所取義，然陸放翁詩裹鹽迎得小狸奴，其用鹽爲聘由來舊矣.
【丁蘭石尺牘】

黃香鐵侍詔云，'潮人聘貓以糖一包，余從馮默齋教授乞貓，以茶二包
爲聘.'【紹興聘用苧麻，故今有苧麻抉貓之諺.】余向陶翁蓉軒家聘貓，蓋用
黃芝麻·大棗·豆芽諸物.【漢自記】

張孟仙刺史云，"吳音讀鹽爲緣，故婚嫁以鹽與頭髮爲贈，言有緣法，
俗例相沿，雖士大夫亦復因之. 今聘貓用鹽，蓋亦取有緣之意."此說
近理，錄以存証. 又云，"貓卽用聘，亦可言嫁，因憶年前余客江西，官
常中，有以嫁貓二字爲題徵詩，林子晉明府嘗索余賦之. 此本俗事，當
用俗語湊拍一篇，附錄博粲.'天生物類知幾許？人家養貓如養女. 出
窩便費阿嫗心，撫護長成期捕鼠. 九坎長尾更獨胎，團雲飛雪毛色開.
唔唔作威良足愛，相攸漸見有人來. 一旦裹鹽聘娶逼，阿嫗欲辭苦未
得. 抱持不舍割愛難，痛惜只爭淚沾臆. 柳圈銅鈴錦衣兜，先期細意裝
點周. 相送出門再三囑，善爲喂養母多尤. 聘人唯唯爲貓計，但願勤能
事有濟. 鼠耗消兮當策勛，眠毯食魚應罔替.'"【南康郡博上官蓧山豫原評
云，'題甚新推，結有寓意，勿以俗事目之.'】

〇錢塘詩僧由菴，有至性，密雲和尚開法金粟，師往問父母未生前話．雲公以手掩面，擘開手曰貓，師於是遂醒悟．【全浙詩話】

漢按，以手掩面，分指擘開口眼而喝曰貓，今甌俗尚有以此戲幼孩也．初不知是何命意，今據由菴此節，豈眞有禪理寓之耶！【由菴，國初人，著有影菴集選．】

張孟仙曰，‘楚人以手拳物誘小兒，開之則曰貌．按貌，獸也，性善遁，故曰貌，言其已遁去耳．密雲和尚之稱，其果貌歟？如屬空虛之意，則貌是也，說見俗語解．’【鎮平黃仲方云，‘貌獸善遁，孫吳時拘纓國曾以進獻，故吳俗以空拳戲小兒曰貌，見談集．’】

〇閩浙山中種香菰者，多取貓狸，挖去雙眼，縱叫遍山，以警鼠耗．貓既瞎而得食，即無所他之，晝夜惟有瞎叫而已．【王朝清，雨窗雜詠．】

漢按，此祛鼠之法雖善，未免惡毒，亦貓之不幸也．甌人以昧不懂事，而喜叫囂揮斥者，譏之爲香菰山貓兒瞎叫．

〇貓不食蝦蟹，狗不食蛙．【識小錄】

〇貓食鱔則壯，食豬肝則肥，多食肉湯則壞腸．【夷門廣牘】

〇貓食薄荷則醉．【埤雅】

胡笛灣知谿云，“貓以薄荷爲酒，故葉清逸貓圖贊云，‘醉薄荷，撲蟬蛾，主人家，奈鼠何？”

○貓食黃魚則癩.【留青日札】

漢按, 吳越多黃花魚, 鮮不以其餘飼貓, 未聞有生癩者. 或謂此指黃顙
魚, 以其得渾泥之氣, 貓食必病. 今余文竹云, '寓中有佳貓, 昨因食黃
花魚生癩而死.' 是日札之說 又尚可信. 有謂江浙黃花魚俱經冰過, 不
比粵魚氣味發揚而有毒也, 是亦近理.【文竹, 名斑輝, 浙江遂安茂才, 時偕
其所視毛厚甫明府, 寓于潮郡.】

○貓捕雀蝶蛙蟬而食者, 非狂則野, 生疣及蛆.【物性纂異】

張孟仙云, '貓食野物則性戾而不馴, 食鹽物則毛脫而癩.'

陶文伯云, '貓喜捕雀, 每伏處瓦坳, 伺雀躍而前, 即突起撲之, 百不失
一. 又喜與烏鵲鬥.'

丁仲文【傑】嘗分貓爲三等, 並立美名, 如純黃者曰金絲虎, 曰夏金鐘,
曰大滴金, 純白者曰尺玉, 曰宵飛練, 純黑者曰烏雲豹, 曰嘯鐵, 花斑
者曰吼彩霞, 曰滾地錦, 曰躍玳, 曰草上霜, 曰雪地金錢. 其狸駁者, 則
有雪地麻·筍斑·黃粉·麻青諸名.

鄭荻疇【娘】永嘉人, 擬撰貓格, 以官名別之, 如小山君·鳴玉侯·錦帶
君·鐵衣將軍·麴塵郎·金眼都尉. 至於雪氅仙官·丹霞子·絎燈佛·玉
佛奴諸稱, 則以仙佛名之, 更饒韻致.

漢按, 貓之別稱在古有極雅者, 相傳唐貫休有貓名梵虎, 宋林靈素有
貓名吼金鯨, 金希正有貓名鐵號鐘, 于敏中有貓名衝霧豹. 或云, '吳世
璠敗後, 有三貓爲軍校所得, 頸有懸牌, 一曰錦衣娘, 一曰銀睡姑, 一

曰嘯碧煙，皆佳種也.'然余今昔交游，如陳鏡帆廣文，有貓曰天目貓，周藕農令河南時，有貓曰一錠墨，淳安周爽庭太學，有貓曰紫團花，泰順董晋庭廷詣，有貓名乾紅獅. 是與遂安朱小阮之鴛鴦貓·蕭山沈心泉之寸寸金，先後頡頏焉.

○ 貓犬病，烏藥一味，磨水灌之，卽愈.【花鏡】

○ 小貓叫不絶聲，陳皮研末，塗鼻端卽止.【古今秘苑】

○ 貓被人踏傷，蘇木煎湯灌之，可療.【花鏡】

○ 貓癩，用蜈蚣焙乾研末，與食數次卽愈. 又法，桃葉搗爛，遍擦其毛，少頃洗去，又擦自愈. 治狗癩亦可.【行廚集】

○ 貓生虱，桃葉與楝樹根，搗爛熱湯泡洗，虱皆死，樟腦末擦之亦可.【行廚集】

○ 木貓，俗呼鼠弶，陳定宇有木貓賦.【通俗編】

漢按，陳賦云，‘惟木貓之爲器兮，非有取於象形. 設機械以得鼠兮，借貓公而爲名.’云云.

○ 竹貓

黃香鐵侍詔云，‘武林舊事載小經紀，有竹貓兒，當是竹器，用以擒鼠者. 又有貓窩·貓魚·賣貓兒·改貓犬. 貓窩，當是貓所寢處者，今京師隆冬所著皮鞋，亦名貓兒窩. 又崇禎初年，宮眷每繡獸頭於鞋上，呼爲

貓頭鞋. 識者謂貓旄也兵象也，見崇禎宮詞.'

○ 鐵貓，船椗也，貓或作錨.【焦竑，俗書刊誤.】

漢按，船椗粵人呼爲鐵猫，蓋猫亦貓類也.

又按，另鐵貓三事，已類列上卷靈異門.

○ 金貓

臨安尹鑄以償秦檜女獅貓，詳見後故事門.

○ 火貓. 甌中田野人家，冬日悉搏土爲器，開口納火. 其背穹，背上多挖小孔，以升火氣，名火貓，男婦老少，各以禦寒.【王朝清，兩窗雜錄.】

○ 泥貓

陳笙陔云，'杭州人每於五月朔，半山看競渡，必向娘娘廟，市泥貓而歸，不知何所取義. 貓爲泥塑，塗以彩色，大小不等.'

吳杏林云，'養蠶人家，多買以禳鼠.'

○ 紙貓

張湘生【成晉】云，'堅瓠集有紙貓詩.'

漢按，器物以貓命名者，又有貓枕. 楊成齋詩，'貓枕桃笙苦竹床.'

○ 禽之屬, 有名貓頭鳥者, 卽鴞也. 鴞或作梟, 一名鵬.【巴蜀異物志】

潮州有鳥叫聲如貓, 人呼爲貓頭鳥, 與浙中所謂逐魂稱貓頭鳥者, 其聲不同, 或謂此卽鵬也.【漢自記】

○ 獸之屬, 有名水貓, 卽獺也.【李元, 蠕範.】

○ 蟲之屬, 有名棗貓, 生棗樹上, 棗熟則食之.【本草綱目】

○ 蔬之屬, 有貓頭筍.【黃山谷集】又有狸頭瓜.【郭義恭, 廣志.】

漢按, 黃香鐵侍詔詩, '貓頭鴨脚堪留客.' 又按, 筍又名綿貓, 見陸璣詩疏. 又按, 蘇東坡謝惠貓兒頭筍詩云, '長沙一日煨鞭筍, 鸚鵡洲前人未知. 走送煩君助湯餅, 貓頭突兀想穿籬.' 又按, 贊寧竹譜云, '竹根有鼠, 大如貓', 其色類竹, 名竹豚.

○ 蔬之屬, 又有狸豆.【本草. 崔豹, 古今注, 狸豆, 一名狸沙.】

○ 藥之屬, 有斑貓.【本草】

○ 又枸骨, 一名貓兒刺, 以其象形也.【同上】

漢按, 鳥之類亦有稱斑貓者, 山海經, 北囂之山有鳥, 名鸒鶚一名斑貓. 又莎雞黑身赤頭, 似斑貓, 見陸璣詩疏.

○ 草之屬, 有名貓毛, 出鎭平縣.

黃香鐵侍詔鄉園詩, '草茵拾貓毛.'【白華草堂詩集】

○外夷有國名合貓里, 舶人語云, '若要富, 須尋貓里務.' 尤悔菴外國
竹枝詞, '網巾礁上蕩漁舟, 亦有山田十斛收. 要富須尋貓里務, 貧兒何
用執鞭求.'【龍威秘書】

漢按, 地名以貓稱者, 呂宋國小島有名貓霧煙, 此家黃香鐵侍詔述. 播
州有猺人洞, 名木貓, 見元史郭昂傳. 欽州入安南路, 有貓兒港, 見詞
翰法程. 桂林府北門外有貓兒門, 見廣西通志. 杭州城內有貓兒橋, 見
杭州府志. 廣東大埔縣有貓兒渡, 見潮州府志.【雁蕩山峰有名望天貓, 袁
子才詩云, '仙鼠飛上天, 此貓心不許. 意欲往擾之, 望天如作語.'】

永嘉陳寅東巡尹【泉】曰, '凡以貓命名者固不一而足, 山則有貓兒嶺·
貓兒岩·貓兒洞, 水則貓兒港·貓兒瀆, 此等小地名, 隨在皆有, 至於雜
物, 則貓兒燈·貓兒寶·貓兒褲之外, 爲小兒戲耍者, 乃有泥塑貓·木雕
貓·紙糊貓. 而姑蘇印畫店有貓拖繡鞋圖, 而磁器店又有貓形溺瓶也.'
【臺灣諸羅有貓羅·貓霧二山, 見藍鹿洲東征集.】

○道士李勝之, 嘗畫捕蝶貓兒圖以譏世.【陸放翁, 詩注.】

漢按, 陸放翁詩, '魚餐雖薄眞無愧, 不向花間捕蝶忙.' 又按宣和畫譜
載, 李藹之, 華陰人, 善畫貓. 今御府藏有戲貓·雛貓及醉貓·小貓·蠆
貓等圖, 凡十有八, 此李藹之或卽李勝之歟? 而宣和畫譜又載何尊師以
畫貓專門, 嘗謂貓似虎, 獨耳大眼黃不同. 惜乎尊師不充之以爲虎, 止
工於貓, 殆寓此以游戲耶? 又載滕昌佑有芙蓉貓兒圖. 又王凝爲鸚鵡及
獅貓等圖, 不惟形象之似, 亦兼取其富貴態度, 蓋自是一格. 宋人又有
正午牡丹圖, 不知誰畫, 見埤雅. 禹之鼎有摹元大長公主抱白貓圖, 今

藏吳小亭【秉權】家. 小亭云, '畫中公主長身, 其貓純白如雪, 惟眼赤色, 近世所傳.' 又有貓蝶圖, 蓋取耄耋之意, 用以祝嘏耳. 曾衍東有自題畫貓云, '老夫亦有貓兒意, 不敢人前叫一聲.' 若有戒於言也. 曾山東人, 令湖北, 嘉慶間緣事流戍溫州, 工詩畫, 自號七道士, 又稱曾七如.

○ 明李孔修, 字子長, 順德人, 畫貓絕工, 公卿以箋素求之, 輒不可得. 嘗負樵薪錢, 畫一貓與之, 樵者怏怏, 中途人爭購之. 已而樵者複以薪求畫, 笑而不應.【廣東通志】

黃香鐵侍詔云, '何尊師善畫貓, 所畫有寢者·有覺者·展脾者·戲聚者, 皆造於妙. 其毛色張舉, 體態馴擾, 尤可賞愛.'

胡笛灣知齔云, "考墨客揮犀, 歐陽公嘗得一古畫牡丹叢, 其下有一貓, 永叔未知其精妙, 丞相正肅吳公一見曰, '此正午牡丹也, 何以明之? 其花枝哆而色燥, 此日中時花也, 貓眼黑睛如線, 此正午貓眼也. 有帶露花, 則房斂而色澤, 貓眼早暮則睛圓, 正午則如一線耳.' 此亦善求古人之意者也."

鄭荻疇【熄】云, '昔有畫家高手, 嘗畫一貓橫臥屋背上, 形神逼肖, 無不誇贊. 一客見之云, 佳則佳矣, 惜猶有可貶處, 以爲貓縱長不過尺餘, 此貓橫臥瓦上乃過六七行, 是其病也. 於是, 人服其精識.'

張槐亭【集】云, '古今來以貓命名, 諒不乏人, 然而群書鮮有載者. 若以狸命名者, 左傳則有季狸, 亦見群輔錄. 魏道武小字佛狸, 見北史.'

陶文伯云, '丹朱姓狸, 見閻若璩四書釋地.'

丁仲文云，'逸詩有狸首篇，見儀禮．古歌有狸首，見檀弓．至左傳有狸制，蓋黃狸皮也．周禮有狸步，以量侯道者也．又狸席，婕好上皇后賀儀有綠毛狸席，見飛燕外傳，此皆云狸而非雲貓也．'

陶潔甫【士廉】云，'曲沃尉孫緬家奴稱野狸奴，見戴君宇廣異記．'【浙江慈溪縣，道光初年冤獄，有民女名阿貓，見刑部例案．】

○技術有名相聲者，作貓犬叫，其聲酷肖．若鸚鵡・秦吉了及百靈，亦皆能作貓犬聲，偶聞，卒莫之辨．【仁和姜愚泉片識】

漢按，相聲，俗作像聲，即所謂隔壁戲也．秦吉了，粵人呼爲了哥哥，亦雅作鶖．

○清明日，甌人小兒及貓犬皆戴以楊柳圈，此亦風俗之偏．【朱聯芝，甌中紀俗詩注．】

漢按，貓系俗緣，故俗之牽率夫貓者甚多．如諺云人幹事不乾淨者，稱爲貓兒頭生活，見留青日札，作事不全則譏爲三脚貓．張明善曲，三脚貓渭水飛熊，見輟耕錄．家香鐵侍詔云，'吾鄉開標場賭標者，每四字作一句，其十二字分作三句者，名曰三脚貓．'華潤庭云，'吳俗呼乞養子爲野貓，謂人矯詐爲賴貓，習拳勇者爲三脚貓．'

又按，偸食貓兒改不得，見雜纂二續，哪個貓兒不吃腥，見元曲選，依樣畫貓兒，寒貓不捉鼠，並見五燈會元，貓頭公事・貓口裡挖食・貓哭老鼠假慈悲，俱見談概及莊岳委談．【俗傳笑話，謂一日者鼠見貓頸懸念珠，群以爲是已歸佛，必然慈悲，吾輩可以無恐．然而未可深信，先令小鼠過之，貓伏不動，次令中鼠過之，亦不動，大鼠信其無他，最後過之，貓忽突起擒而斃之，群

鼠於是抱頭竄去曰,'此假慈悲, 此假慈悲.'】

又如通俗編所載, 豬來貧, 狗來富, 貓來開貿庫. 又狗來富, 貓來貴, 豬來主災晦. 至朝喂貓, 夜喂狗, 此又見於月令廣義. 世俗又以捕役與傏兒混處稱爲貓鼠同眠, 此四字見唐書. 浙諺又有貓哥狗弟之謂, 以貓常斥狗, 而狗多鬬易避去, 故韻本有兄貓之文, 此亦傅會之說. 至於貓兒念佛·貓兒牽鷺, 此則因其齁聲而云然. 甌俗又以訛索財物者稱爲貓兒頭, 以人小器稱爲貓兒相, 若少年勇往, 則云新出貓兒强如虎. 夫諺雖鄙俚, 皆有義理, 故古今傳誦不替. 若紅樓夢所稱鑽熱炕的燎毛小凍貓, 此則滿州人之口腔也.

漢又按, 貓不列於六畜, 而貓犬連稱殆亦不少, 如狗來富, 貓來貴, 朝喂貓, 夜喂狗, 以及貓哥狗弟之外, 卽甌俗清明貓犬戴柳圈, 皆屬連類所及. 又俗諺, 六月六, 貓狗浴. 家香鐵消夏詩, 家家貓狗浴從窺. 又無名氏碩鼠傳云, 今是獲不犬不貓. 又數九歌, 六九五十四, 貓狗尋陰地. 至於五代盧延讓應舉詩, 餓貓臨鼠穴, 饞犬舔魚砧, 見賞主司, 遂獲登第, 人謂得貓犬之力, 此則尤顯焉者也.

華潤庭云, '貓雖不列於六畜, 然性馴良者, 能解人意, 所以得人愛護者, 亦物性有以致之耳.'

余好食魚, 客有譏之云, '聞君記載貓典, 可知馮驩爲貓之後身乎?'問何以見之, 曰, "於其彈鋏見之." 余曰, "然, 余固馮驩之後身也, 其知焉否?" 相與啞然. 自記.

6. 故事

人物相因緣, 則事端生焉, 歷劫不磨, 遂成掌故, 貓之繫於人事亦多矣. 語云, '前事不忘', 君子取鑒於古, 異聞足錄, 學者結繩於今. 吾故用是孜孜焉, 輯故事.

○孔子鼓琴, 閔子聞之, 以告曾子, "嚮也, 夫子之音, 清澈以和, 今也更爲幽沈之聲, 何感至斯乎?"入而問焉, 孔子曰, "然. 嚮見貓方捕鼠, 欲其得之, 故爲之音也."【孔叢子】

○連山張大夫搏, 好養貓, 衆色備有, 皆自制佳名. 每視事退至中門, 數十頭曳尾延頸盤接而入. 常以綠紗爲帷, 聚貓於內以爲戲, 或謂搏是貓精.【南部新書】

○武后有貓, 使習與鸚鵡幷處. 出示百官, 傳觀未遍, 貓飢博鸚鵡食之, 后大慙.【唐書】

○武后殺王皇后及蕭良娣, 蕭詈曰, "願武爲鼠我爲貓, 生生世世扼其喉!"后乃詔六宮毋畜貓.【舊唐書】

○貓別名天子妃, 見鶴林玉露. 蓋蕭妃被殺, 臨死有我願爲貓武爲鼠之語, 故有是稱.【梁紹壬, 秋雨盦筆記.】

○盧樞爲連州刺史, 嘗望月中庭, 見七八白衣人曰, "今夕甚樂, 但白老將至, 奈何?"須臾, 突入陰溝中, 遂不見. 後數日, 罷郡歸家, 有貓名曰白老, 於堂西階地下獲鼠七八頭.【稽神錄】

○元和初, 上都惡少李和子, 常攘狗及貓食之. 一日, 遇紫衣吏二人追之，謂貓犬四百六十頭論訴事．和子驚懼，邀入旗亭，以酒酬鬼，求爲方便．二鬼曰，"君辦錢四十萬，爲假三年命．"和子遽歸貨衣，具鑿楮錢焚之，見二鬼挈其錢去．及三日，和子卒，鬼言三年，蓋人間三日也．【段成式，酉陽雜俎．】

○薛季昶夢貓伏臥堂限上，頭向外．以問占者張猷，猷曰，"貓者爪牙也，伏門限者，閫外之事，君必知軍馬之要．"果除桂州都督，嶺南招討使．【朝野僉載】

○貞元時，範陽盧頊家錢塘，有一婦人，不知何來，直詣其婢小金所，自言姓朱，時來去．一日天寒，小金爇火，婦人至，怒踏其火卽滅，並以手批小金．後數日，婦人至，抱一物如狸狀，尖嘴卷尾，紋斑如虎，謂小金曰，"何不食我貓兒？"複批之，云是野狸．【唐張泌，尸媚傳．】

○裴寬子諝，好詼諧，爲河南尹．有婦人投狀爭貓兒，狀云，'若是兒貓，卽是兒貓，若不是兒貓，卽不是兒貓．'諝大笑，判云，'兒貓不識主，傍我捉老鼠．兩家不須爭，將來與裴諝．'遂納其貓，兩家皆哂之．【開元傳信記】

○稽神錄建康有賣醋人某，畜一貓，甚俊健．辛亥歲六月貓死，不忍葬，置之座側．數日，腐且臭，不得已攜棄秦淮河．既入水，貓活，某自下水救之，遂溺死，而貓登岸，走金烏鋪，吏獲之，縛置鋪中，出白官司，將以其貓爲証．既還，則已斷其索，齧壁而去矣，竟不復見．【太平廣記】

○聞奇錄．進士歸系，暑月，與一小孩兒於廳中寢．忽有一大貓叫，恐驚孩子，使僕以枕擊之．貓偶中枕而斃，孩子應時作貓聲，數日而殞．【太平廣記】

○ 平陵城中有一貓, 常帶金鎖有錢, 飛若蚨蝶, 土人往往見之.【酉陽雜俎】

○ 龍朔元年, 涪城鼠貓同處. 鼠象竊盜, 貓職捕鼠, 反與同處, 廢職容姦.【新唐書五行志, 一本作潽州.】

○ 隴右節度使朱泚, 於軍士趙貴家得貓鼠同乳不相害, 籠而獻之, 宰相常袞率群臣賀, 崔祐甫曰可吊不可賀, 因獻貓鼠議.【唐書·代宗紀】

漢按, 崔祐甫貓鼠議曰, "禮記·郊特牲篇曰, '迎貓, 爲其食田鼠也.' 貓之食鼠, 載在禮經, 以其除害利人, 雖微必錄. 今此貓對鼠不食, 仁則仁矣, 無乃失其性乎? 何異法吏不觸邪·疆吏不捍敵, 以若稱慶, 殆所未詳. 恐須申命憲司, 察聽貪吏, 戒諸邊埃毋失徼巡. 貓能致功, 鼠不爲害."

○ 聞奇錄. 李昭嘏當應進士試之先, 主司晝寢, 見一券在枕前, 乃昭嘏名, 令送還架上, 復寢. 有一大鼠銜嘏券送枕前, 如此再三. 來春嘏遂獲及第, 因詢之, 乃知其家三世不養貓, 蓋鼠報也.【太平廣記】

○ 寶應中, 有李氏子, 家於洛陽, 其世以不殺, 故家未嘗畜貓, 所以宥鼠之死也. 迨其孫, 亦能世祖父意. 嘗一日, 李氏大集其親友, 會食於堂, 旣坐而門外有數百鼠俱人立, 以前足相鼓如欣喜狀. 家人驚異, 告於李氏, 親友乃空其堂縱觀之. 人去盡, 堂忽摧圮, 其家無一傷者. 堂旣摧, 鼠亦去. 悲夫! 鼠固微物也, 尙能識恩而知報如此, 而況人乎!【宣室志】

○ 永州有人以生年値子, 鼠爲子神, 因愛鼠不畜貓, 倉廩庖廚, 悉以恣鼠不問. 由是室無完器, 椸無完衣.【柳宗元文集】

○李義府柔而害命，人稱李貓.【唐書】

華潤庭云，'李貓，韻府作人貓.'

○李回秀所居，犬乳鄰貓，中宗以爲孝感，旌其門.【白孔六帖】

○余在輦轂，見揭小榜曰，"虞大博宅失一貓，色白，名雪姑."【淸異錄】

○江南李後主子岐王，方六歲，戲佛前，有大琉璃瓶爲貓所觸，劃然墜地，因驚得病而死，詔徐鉉爲志，其弟鍇謂鉉曰，"此文雖不必引貓事，但故實頗記否?"鉉疏二十事，鍇曰，"適已憶七十餘事."鉉曰，"楚金人大能記憶."明旦又言夜來復得數事.【邵思，野說.】

○居士李巍，求道雪竇山中，畦蔬自供. 有問巍曰，"日進何味?"答曰，"錬鶴一羹，醉貓三餅."【淸異錄】

○郭忠恕，逢人無貴賤，但口稱貓.【蘇東坡，郭忠恕畫贊.】

漢按，陸游詩，'偶爾作官羞問馬，頹然對客但稱貓.'汪鈍翁詩，'呼我不妨頻應馬，逢人何敢遽稱貓?'見葛翼甫夢航雜說.【放翁又有彩貓篐上菊初黃之句，時亦呼貓如恕，見今宋芷灣詩.】王笠舫衍梅詩，'藤墩叉手懶稱貓.'見綠雪堂詩集.

○龔晃仲自言，其祖紀，與族人同應進士舉，其家衆妖競作，乃招女巫徐姥治之. 有一貓臥爐側，家人指謂巫曰，"吾家百物皆爲異，不爲異者獨此貓耳!"於是貓亦人立，拱手而言曰，"小的不敢!"姥大驚，數日，二人捷音並至.【續墨客揮犀】

○ 蘇東坡奏疏云, '養貓以捕鼠, 不以無鼠而養不捕之貓.' 余謂不捕鼠猶可也, 不捕鼠而捕雞則甚矣. 疾視正人, 必欲盡擊之, 非捕雞乎?【鶴林玉露】

○ 慶元中, 鄱陽民家有一貓帶數十鼠, 行止食息皆同, 如母子相哺.【文獻通考】

○ 秦檜小女名童夫人, 愛一獅貓, 忽亡之, 立限命臨安府訪求, 凡獅貓悉捕至, 而皆非也. 乃賂入宅老卒詢其狀, 圖百本於茶肆張之, 後嬖人懇之乃已.【老學庵筆記】

漢按, 西湖志餘作秦檜女孫, 封崇國夫人, 其亡去獅貓後, 府尹曹泳因嬖人以金貓賂懇, 乃已.

○ 宋有盧仙姑者, 指貓而問蔡京曰, "識此否? 此章惇也." 意蓋諷京.【淵鑒類函】

○ 萬壽寺有彬師者, 善謔, 嘗對客, 貓居其旁, 彬曰, "雞有五德, 此貓亦有之. 見鼠不捕, 仁也, 鼠奪其食而讓之, 義也, 客至設饌則出, 禮也, 藏物雖密, 能竊食之, 智也, 冬必入灶, 信也." 客為絕倒.【揮塵新談. 按蔡元放批列國志, 引用此節, 以宋襄公之仁義, 全類斯貓.】

○ 道州狗子無佛性也, 勝貓兒十萬倍.【指月錄】

○ 佛法功夫, 舉起話頭時, 要歷歷明明如貓捕鼠. 貓捕鼠, 睜開兩眼, 四脚撐撐, 只要拏得鼠, 到口始得. 縱有雞犬在旁, 俱不暇顧, 參禪亦複如是. 若才有別念, 非但鼠不能得, 兼走卻貓兒.【禪宗直指·石氏傳家寶】

○宋紹興中，全椒寺僧養貓犬各一，甚靈．僕遇劫盜被殺，犬能隨嗥咬衣，卒使盜獲伏法．寺僧死，貓爲守尸數日，不爲鼠壞．【續太平廣記】

○大德十年，杭州路陳言有等，結交官府，遇公事，無問大小，悉投奔囑托關節，俗號貓兒頭．【元典章】

○景泰初，西番貢一貓，道經陝西莊浪驛，或問貓何異而上供，使臣請試之．乃以鐵籠罩貓，納於空室，明日起視，有數十鼠伏死籠外．云此貓所在，雖數里之外，鼠皆來伏死，蓋貓中之王也．【續已編，並見華彝考．】

漢按，葉觀海蟲譚未刻編，‘乾隆五十八年，琉球國進貢，有篆黃貓一頭，云貓之所在，三十里外無鼠．’據此則視景泰貓王，其神異處，奚啻倍蓰？張孟仙云，‘溫郡顏姓有貓，神於祛鼠．凡鼠在屋上，貓一呼聲，則鼠輒落地，其家甚寶之，人乞不與，後竟被竊失去．’

姚百徵云，‘近潘少城明府，由鎮平攜至普寧一貓，所謂烏雲蓋雪者也．鼠行梁間，能於平地騰攫而得之，亦貓之矯捷罕睹者．’

湘潭張博齋云，‘戚家畜一貓，數年不見其捕一鼠，而鼠耗亦絕．一日，修葺住房，其貓所常伏臥之地板下，死鼠數百．然後知此貓之善於降鼠，是卽華潤庭所云貓之捕鼠，能聚鼠爲上也．’

○前朝大內貓狗，皆有宦名食俸，中貴養者，常呼貓爲老爺．【宋牧仲，筠廊偶筆．】

○明萬歷時，御前最重貓，其爲上所憐愛．及后妃各宮所畜者，加至管事職銜，且其稱謂更奇，牝者曰某丫頭，牡者謂某小廝．若已騸者，則

呼爲某老爹. 至進而有名封, 直謂之某管事. 但隨內官數內, 同領賞
賜, 此不過左貂輩緣以溪壑, 然得無似高齊之郡君儀同耶? 又貓性喜
跳, 宮中聖胤初誕, 未長成者, 間遇其相遘而爭, 相誘而噑, 往往驚搐
成疾. 其乳母又不欲明言, 多至不育. 此皆內臣親道之者, 似亦不妄.
又嘗見內臣家所畜騙貓, 其高大者逾於尋常家犬. 而犬又貴小種, 其
最小者如波斯金線之屬, 反小於貓數倍, 每包裹置袖中, 呼之卽自出,
能如人意, 聲甚雄, 般般如豹.【野獲編】

黄香鐵侍詔云, "明熹宗好貓, 貓兒房所飼十五成群. 牡者人稱某小廝,
牝者稱丫頭, 或加職銜, 稱某老爺, 比中官例關賞, 見陳悰大天啓宮詞
注. 其詩云, '紅闈無塵白晝長, 丫頭日日侍君王', 丫頭卽指此."

○ 昔檀黙齋嘗謂袁淑冊封驢爲廬山公, 豕爲大蘭王, 此二畜蠢穢不堪,
何克當此? 若貓犬有功於世, 反無名號, 殊爲闕典, 因戲封貓爲淸耗
尉, 甚有韻致, 此張訊渡先生述於余者.【王朝淸, 雨窗雜錄.】

漢按, 貓犬之封, 予嘗述之王蔭齋明府, 以爲貓可稱都尉, 然猶不足以
盡其長, 因加以書城防禦使, 兼尙衣監太倉中郎將, 世襲萬戶侯罔替,
尤爲允當. 於是屬漢代擬誥文, 韻人韻事, 不可不記也. 王蔭齋名曾
樾, 直隸名孝廉, 道光丁未權江西長寧縣篆時, 漢在其幕中, 公餘閒
話, 戲談及此. 明年蔭齋奉諱北旋, 予亦南還. 今有貓苑之編, 搜篋中,
則代擬之誥稿尙存, 附錄於此, 用以博粲.
'承恩閬閿, 誰爲出類之材? 除害閭閻, 本重非常之績. 蓋剛亦不吐, 厲
而能溫. 旣夕惕之弗忘, 自日升之允叶. 咨爾貓公, 系分麟族, 獨擅雄
姿, 技奏駒場, 久推靈捷. 聰耳目而無有或爽, 明幹可嘉, 棄皮毛而不
食其餘, 廉隅亦飭. 矧夫陋彼倚門狂吠, 備言猘犬之當烹, 憎其奪路橫
傷, 極謂貪狼之可殺. 用是賢聲益著, 可期耗類永淸. 是故爪牙寄任,

虎威早樹於王家，博擊宣勞，鼠竊全消於民戶．功而不伐，賞則宜優．可特封爲清耗都尉·書城防禦使，兼尙衣監·太倉中郎將，世襲萬戶侯罔替．於戲！高而不危，飛騰常超彼梁棟，守而弗失，出入肯越乎藩籬．卓著貞恒，悉捐逸豫．書城永固，可長邀一字之褒，衣褲無傷，豈枉有三褫之辱？況已社淸憑崇，不待議熏，倉足腐紅，奚虞肆劫．考績更書夫駕化，策勛靡忝於麟稱．允宜眠錫重氈，食增鮮膾．誕敷貢命，勉爾初心，毋蹈屯膏，膺茲異數．'

○ 臨安北內外西巷，有賣熟肉翁孫三，每出，必戒其妻曰："照管貓兒，都城並無此種，莫令外人聞見．或被竊去，絶吾命矣．我老無子，此與吾子無異也。"日日申言不已，鄕里數聞其語，心竊異之，覓一見不可．一日，忽拽索出，到門，妻急抱回．其貓乾紅色，尾足毛髮盡然，見者無不駭異．孫三歸，責妻漫藏，棰詈交至．已而浸淫於內侍之耳，卽遣人啖以厚値，孫峻拒，內侍求之甚力，反覆數回，僅許一見．旣見，益不忍釋，竟以錢三百千取去．孫流淚復棰其妻，盡日嗟悵．內侍得貓喜極，欲調馴然後進御，已而色漸淡，及半月全成白貓．走訪孫氏，已徒居矣．蓋用染馬纓法積日爲僞，前之告戒棰怒，悉奸計也．【智囊補】

○ 弘治元年，潮陽縣擧人蕭瓚家牝犬乳貓，夜則同宿，一如其子．時瓚兄弟七人友愛，故有此徵，以爲和氣所感．【潮州府志】

○ 萬歷間，宮中有鼠大與貓等，爲害甚劇，遍求佳貓，輒被噉食．適異國貢獅貓，毛白如雪，抱投鼠屋，闔其扉，潛窺之．貓蹲良久，鼠逡巡自穴中出，見貓怒奔之，貓避登幾上，鼠亦登，貓則躍下，如此往覆，不啻百次，衆咸謂貓怯．旣而鼠跳躑漸遲，蹲地少休，貓卽疾下，爪掬頂毛，口嚙首領，輾轉爭持間，貓聲嗚嗚，鼠聲啾啾，啓扉急視，則鼠首已嚼碎矣．然後知貓之避，非怯也，待其惰也．彼出則歸，彼歸則復，用此智

耳.【聊齋志異】

○鹽城令張雲, 在任養一貓, 甚喜. 及行取御史, 帶之同行. 至一察院,
素多鬼魅, 人不敢入, 雲必進宿. 夜二鼓, 有白衣人向張求宿, 被貓一
口咬死, 視之, 乃一白鼠, 怪遂絕.【堅瓠集】

○陸墓一民負官租, 空室出避, 家獨一貓, 催租者持去, 賣於閶門徽
鋪, 徽客頗愛玩之. 已年餘, 民過其地, 人叢雜中, 貓忽躍入其懷, 爲鋪
中見奪之而去, 貓輒悲鳴, 顧視不已. 民夜臥舟中, 聞板上有聲, 視之,
貓也. 口銜一綾帨, 帨內有銀五兩餘. 民貧甚, 得銀大喜, 明晨見有賣
魚者, 買魚飼之, 飼不已, 貓遂傷腹死, 民哀而埋之.【堅瓠集】

陳笙陔云,‘杭州城內金某素貧, 其家所養貓, 一日忽銜龍鳳釵一對來,
明珠滿綴. 價值千餘緡, 以作本貿遷, 家道日盛, 十餘年間, 竟成巨富.
其老母愛惜此貓, 無殊珍寶, 另建一樓及床帳居之. 凡有携貓求售, 必
如值收買, 積數百頭, 餵養婢僕亦數人. 貓有死者, 皆塚而瘞之, 至今
不衰, 此乾隆季年間事, 杭人蓋無不知者.’

嘉慶乙卯, 台州太平縣船戶丁姓, 泊舟沙頭, 因貓失水, 下沙救之, 腳
踏一物, 檢之則一小木匣, 有銀百餘兩, 而貓竟淹斃焉.【漢自記】

漢按, 貓獻金寶, 使主人發家, 雖貓之義, 亦由主人有德以應之. 但陸
墓之貓, 享報未久, 輒以傷食而亡, 以視金姓貓, 福祿相去何如? 然而
兩家之報德酬庸, 可謂不遺餘力, 若船戶之貓, 眞不幸矣.

○畢怡安小姨子愛貓. 一日, 席上行酒令傳花, 以貓叫聲飲酒爲度. 每
巡至怡安, 貓必叫, 怡安不勝酒, 創疑甚, 察之, 則知小姨子故戲弄之,

凡花傳至怡安，輒暗掐貓一指使叫云.【聊齋志異】

○金陵闔右子，蕩覆先業，不勝逋責，決意自盡. 一日，市酒肴與妻示
訣，夫妻對泣，不忍飲食，遂相與縊焉. 家有貓，哀鳴躑躅，其肴在案不
顧也，數日不食死.【奕賢編】

○有李侍郎，從苗疆携一苗婆歸，年久老病，常伏臥. 嘗養一貓，酷愛
之，眠食必共. 其時里中傳有夜星子之怪，迷惑小兒，得驚癇之疾，遠
近惶惶. 一日，有巫姑云能治之，乃製桃弓柳箭，繫以長絲，伺夜星子
乘騎過，輒射焉. 絲隨箭去，遣人跡之，正落某侍郎家. 忽婢子報老苗
婆背上中箭，視之，已憒然而所畜之貓尙伏胯下. 然後知老苗婆挾術
爲祟，而常以貓爲坐騎也.【夜譚隨錄】

○江寧王御史父某，有老妾，年七十餘，畜十三貓，愛如兒子，各有乳
名，呼之卽至. 乾隆己酉，老奶奶亡，十三貓兒繞棺哀鳴，喂以魚飧，流
淚不食，餓三日，竟同死.【子不語】

○沂州多虎，陝人焦奇寓於沂，素神勇，入山遇虎，輒手格斃之. 有欽
其勇，設筵款之，焦乃述其生平縛虎狀，意氣自豪. 候一貓登筵攫食，
主人曰，"鄰家孽畜，可厭乃爾!"無何貓又來，焦奮拳擊之，肴核盡傾
碎，而貓已躍伏窗隅. 焦怒，逐擊之，窗櫺亦裂. 貓一躍登屋角，目耽耽
視焦. 焦愈怒，張臂作擒縛狀，而貓嗥然一聲，過鄰牆而去. 主人撫掌
笑，焦大慚而退. 夫能縛虎而不能縛貓，豈眞大敵勇小敵怯哉?【諧鐸】

○一家有巨鼠爲害，諸貓皆爲所斃. 後西賈持一貓至，索五十金，包可
除鼠. 因買置倉中，鼠至，貓匿身於穀，僅露其首. 鼠過其前，初若不見
者，俟鼠稍倦，乃突出銜之，互相持日許，鼠竟斃焉，貓亦力盡而死. 稱

鼠重三十斤.【新齊諧】

○閩中某夫人, 喜食貓, 得貓則先貯石灰於罌, 投貓於內, 而灌以沸湯. 貓為灰氣所蝕, 毛盡脫, 不煩搯治, 血盡歸於臟腑, 肉白瑩如玉, 云味勝雞雛十倍也. 日日張網設機, 所捕殺無算. 後夫人病危, 呦呦作貓聲, 越十餘日乃死.【閱微草堂筆記】

○天門蔣丹林都憲, 京寓有子母貓依依几席前, 每日必俟母貓先食畢而後食, 家信中因偶及之. 時都憲為奉天府丞, 其母尚在, 都憲常殷慕念, 人以為孝感所致. 都憲乃感嘆, 作貓侍母食歌二章, 一時沈陽同寅皆詠其事.【蔣笙陔殿侯, 父丹林自記年譜注.】

○鄒泰和學士, 有愛貓之癖, 每宴客, 召貓與孫側坐, 賜孫肉一片, 必賜貓一片. 督學河南, 按臨商邱, 失一貓, 嚴檄督縣捕尋. 令苦其煩, 則以印文覆之, 有云,'遣役挨民戶搜查, 憲貓無獲.'【隨園詩話】

漢按, 古今有名賢, 有貓癖者多矣, 若昔之張大夫, 今之鄒學士之好貓, 則尤酷爾. 近年玉環廳某司馬, 有八貓, 皆純白色, 號八白. 常用紫竹稀眼櫃籠之, 分四層, 每層居二貓, 行動不分遠近, 必攜以從, 此亦可謂酷於好矣.

劉少塗云,'姚伯昂副憲元之, 養一黑貓, 形相如虎, 甚愛之, 且親為繪於軸. 余於公京邸中見之, 覺神氣如生, 副憲固精於繪事也.'

陶文伯云,"畫家有九九消寒圖豹隱紀談載, 石湖居士戲用鄉語云,'八九七十二, 貓兒尋陰地.'"

又云, '俗以事不盡善者, 謂之三脚貓. 嘉靖間, 南京神樂觀道士袁素居, 果有一枚, 極善捕鼠, 而走不成步, 循簷上壁如飛也, 見七修類稿.'

又云, '元新官出京, 有應盤纏者, 同去就與管事, 謂之貓兒頭, 見七修類稿.' 此即今之所謂帶肚者也.

劉月農巡尹云, '山東臨清州産貓, 形色豐美可珍, 惟耽慵逸, 不能捕鼠, 故彼中人以男子虛有其表而無才能者, 呼之爲臨清貓.'

○合肥龔芝麓宗伯, 所寵顧夫人, 名媚, 性愛狸奴. 有字烏員者, 日於花欄繡榻間, 徘徊撫玩, 珍重之意, 逾於掌珠. 飼以精餐嘉魚, 過歷而斃. 夫人悵悒累日, 至於輟膳. 宗伯特以沉香駝棺瘞之, 延十二女僧, 建道場三晝夜.【鈕玉樵, 觚賸.】

江西崇仁縣沈公側室, 嘗養貓數十隻. 各色咸備, 繫以小鈴, 群貓聚戲則琅琅有聲, 每日有貓料一分開銷.【沈公, 嘉慶拔貢, 名棠.】

劉庚卿先生【華杲】云, '俞青士之母好貓, 常畜百餘隻, 雇一老嫗, 專事餵養. 閨房之內, 枕邊幾上, 鏡台衣桁之間, 無處非貓也. 青士暨其尊公之幕囊宦囊, 每歲爲貓料所銷, 誠不少也.'

吳雲帆太守云, '高太夫人, 係穎樓先生正室, 小樓觀察之母也. 爲浙中閨秀, 頗好貓, 嘗搜貓典, 著有銜蟬小錄, 行於世.'【夫人名蒜薏, 字秀芬, 會稽孫姓, 著有貽硯齋詩集.】

漢按, 貓之貽愛於閨閣者有如此, 以視前篇所載李中丞 · 孫闈督兩閨媛之所好, 尤爲奇僻. 然終不若高太夫人之好, 且爲著書以傳, 斯眞淸

雅. 惜此銜蟬小錄一時覓購弗獲，無從採厥緒餘光我陋簡.【孫子然云,
"夫人有詠貓句云,'一生惟惡鼠，每飯不忘魚.'"子然，名伸安，夫人族弟.】

7. 品藻

蠢動雜生之中，有一物能得名賢嘆賞·詞人題詠，則其爲生也榮矣. 然
非有德性異能，豈易致哉? 古今來品題文藻，旁及貓者匪少，蓋貓固有
德性異能也. 有修獲此，烏得不爲貓榮? 輯品藻.

○ 詩經，有貓有虎.

○ 莊子，獨不見夫貓狌乎? 卑身而伏，以俟遨者，【原注，遨，遨游也.】東
西跳梁，不避高下.【淵鑒類函】

○ 又騏驥驊騮，一日千里，捕鼠不如狸狌，言殊技也.

○ 尹文子，使牛捕鼠，不如狸狌之捷.

○ 史記東方朔傳，騏驥騄駬，飛兔騕褭，天下之良馬也，將以捕鼠，不
如跛貓.

○ 淮南子，審毫釐之計者，必遺天下之大數，不失小物之選者，惑於大
事. 譬猶狸之不可使搏牛·虎之不可使搏鼠也.

○ 八紘譯史，高昌國不朝貢，唐使人責之，國王曰，"鷹飛於天，雉竄於
蒿，貓游於室，鼠安於穴，各得其所，豈不快哉？"

漢按, 此與朝野僉載所云, '縛虎與貓, 終無脫日,' 其境界舒結不同迥然矣.

○ 談苑, 使騏驥捕鼠, 不如百錢之貓.

○ 唐崔日用臺中詞曰, "臺中鼠子直須譜, 信足跳梁上壁龕. 倚翻燈脂汚張五, 還來嚙帶報韓三. 莫浪語, 直王相. 大家必若賜金龜, 賣却貓兒相報賞."

漢按, 詩序崔爲御史中丞, 賜紫, 未得佩魚. 嘗因宴撰詞云云, 中宗卽以金魚賜焉.

黃香鐵侍詔云, "唐盧延讓業詩, 二十五擧, 方登一第, 有餓貓臨鼠穴, 饞犬舐魚砧句, 爲成中令渢見賞. 又有栗爆燒氊破, 貓跳觸鼎翻之句, 爲王先主建所賞. 嘗謂人曰, '生平投謁公卿, 不意得力於貓兒狗子也.'"

漢按, 唐人詠貓詩甚少, 胡知醚笛灣云, '路德延小兒詩貓子彩絲牽, 又元稹江邊詩 停潦魚招獺, 空倉鼠敵貓, 此又盧延讓貓詩之嚆矢也.'

○ 黃山谷謝周元之送貓詩, 養得貓奴立戰功, 將軍細柳有家風. 一簞未免魚餐薄, 四壁常令鼠穴空.

漢按, 陸放翁云, 先君嘗讀山谷貓詩而嘆其妙.

○ 羅大經貓詩, 陋室偏遭點鼠欺, 狸奴雖小策勳奇. 扼喉莫謂無遺力, 應記當年骨醉時.

○張無盡貓詩, 白玉狻猊藉錦茵, 寫經河上淨名軒. 吾方大謬求前定, 爾亦何知不少喧? 出沒任從倉內鼠, 鑽窺寧似檻中猿. 高眠永日長相對, 更爲冬裘共足溫.

○林希逸, 戲號麒麟貓詩, 道汝含蟬實負名, 甘眠晝夜寂無聲. 不曾捕鼠只看鼠, 莫是麒麟誤托生?

○金國李純甫貓飲酒詩, 枯腸痛飲如犀首, 奇骨當封似虎頭. 嘗笑廟謨空食肉, 何如天隱且糟邱? 書生幸免翻盆惱, 老婢仍無觸鼎憂. 只向北門長臥護, 也應消得醉鄉侯.

○委巷叢談, 古人詠貓絶句甚多, 而用意各別. 黃山谷乞貓詩云, '秋來鼠輩欺貓死, 窺甕翻盆攪夜眠. 聞道狸奴將數子, 買魚穿柳聘銜蟬.' 喻小人得志冀用君子之意. 劉子亨云, '口角風來薄荷香, 綠陰庭院醉斜陽. 向人只作猙獰勢, 不管黃昏鼠輩忙.' 語涉訕刺. 劉潛夫云, '古人養客乏車魚, 今爾何功客不如. 食有溪魚眠有毯, 忍教鼠嚙案頭書.' 語稍含蓄, 而督責亦露. 陸務觀云, '裹鹽迎得小狸奴, 盡護山房萬卷書. 慚愧家貧策勛薄, 寒無氊坐食無魚.' 庶乎厚施薄責, 而報者自愧. 惟劉伯溫云, '碧眼烏圓食有魚, 仰看蝴蝶坐階除. 春風蕩漾吹花影, 一任人間鼠化鴽.' 眞豁達含宏, 法禁不施, 而奸宄自化, 信乎王佐才也.【全浙詩話】

○林逋貓詩, 纖鉤時得小溪魚, 飽臥花蔭興有餘. 自是鼠嫌貧不到, 莫慙尸素在吾廬.

漢按, 全浙詩話引屠隆珂雪齋外集, 以此詩爲史彌遠題黃荃畫幀, 其畫則山丹下臥一貓也. 予初錄而讀之, 輒覺口吻不類, 蓋史權相也, 何有鼠嫌貧不到之語？屬之和靖，則情神逼肖．且史亦才士，何用盜詩？以見古今題畫之作，多不足恃，而鉛槧家誠不可以不考也．

○蔡天啓乞貓詩，廚廩空虛鼠亦飢，終宵戢嚙近燈帷．腐儒生計惟黃卷，乞取銜蟬與護持．

○王良臣題畫貓云，三生白老與烏圓，又現吳生小筆前．乞與王家禳鼠禍，莫教虛費買魚錢．

○柳貫題睡貓圖云，花陰閒臥小於菟，堂上氍毹錦繡鋪．放下珠簾春不管，隔籠鸚鵡喚狸奴．

○元好問題醉貓圖云，窟邊癡坐費工夫，倒輥橫眠却自如．料得先師曾細看，牡丹花下日初斜．又，飲罷雞蘇樂有餘，花陰真是小華胥．但教殺鼠如山了，四脚朝天却任渠．

○張思廉作縛虎行白門吊呂布詩，捽虎腦，截虎爪．眼視虎，如貓小．【瞿佑，歸田詩話．】

○李璜以二貓送友人詩錄一，銜蟬毛色白勝酥，搦絮堆綿亦不如．老病毗耶須減口，從今休嘆食無魚．

○文徵明乞貓詩，珍重從君乞小狸，女郎先已辦氍毹．自緣夜榻思高枕，端要山齋護舊書．遣聘且將鹽裹箬，策勳莫道食無魚．花陰滿地春堪戲，正是蠶眠二月餘．【詠物詩選】

○張劭懶貓詩，豢養空勤費夜呼，性慵奈像主人何．須燃竈穴防寒早，

目送跳梁戒殺多. 食少魚腥春悶悶, 眠殘花影雪皤皤. 長卿四壁雖如水, 誰管偸詩物似梭.【同上】

按隨園詩話, 武林女士王檞影懶貓詩云, '山齋空爹小狸奴, 性懶應慚守弊廬. 深夜持齋聲寂寂, 寒天媚竈睡薆薆. 花陰滿地閒追蝶, 溪水當門食有魚. 賴是鼠嫌貧不至, 不然誰護五車書.

○ 姚之駰詠貓五言排律云, 舊讀迎貓禮, 無敎忽百錢. 似人愁白老, 重爾號烏圓. 靈豈蕭妃化, 名噎義府傳. 戲群藏綠帳, 分列坐青氈. 張目俄如線, 垂頭恐裂鞭. 害苗旌見食, 互乳能見賢. 修職辭仁者, 爲威故赫然. 狸奴方欲戰, 鼠輩敢同眠. 竺國元依佛, 天壇已喚仙. 花陰無飽臥, 寄語聘銜蟬.

○ 袁子才謝尹望山相國贈白貓詩, 狸奴眞箇賜貧官, 惹得群姬置膝看. 鼠避早知來處貴, 魚香頗覺進門歡. 果然絳帳溫存久, 不比幽蘭付侍難.【公先賜蘭, 已萎.】寄語相公休念舊, 年年書札報平安.

○ 王笠舫衍梅貓鬼詩云, 隋文下詔搜蠱毒, 獨孤陀誅母高族. 助鬼爲虐徐阿尼, 如養烏鬼家祭之. 修仙不隨燕眞去, 成精却伴張摶嬉. 又貓鬼圖詩, 紙灰團作蝴蝶戲, 藥汁舐作魚腥吞.

漢按, 笠舫山陰人, 道光年以進士令廣西, 有綠雪堂集.

○ 端木鶴田【國瑚】詩云, 玉面狸兒妖似姝.【太鶴山房集】

○ 朱聯芝貓贊云, 碩鼠碩鼠無食我黍, 王之爪牙有貓有虎.

漢按，朱烽字煉之，溫之永嘉場人，本名聯芝. 有學有行，浮沉鄉里而終，著有甌中紀俗詩，道光辛卯年卒，蓋眇一目而能視者也.

○朱聯芝甌中清明紀俗詩，女貓男犬賤稱名，雜養貪敎易長成. 圈頸一般新柳綠，今朝佳節見清明.【注見上】

裘子鶴參軍云，"古今詠貓詩頗多，貓之畏寒貪睡尤爲詩人作口實，如張無盡之'更爲冬裘共足溫'，又'高眠日永長相對'，劉仲尹之'天氣稍寒吾不出，氍毹分坐與狸奴'，林逋之'飽臥花陰興有餘'，柳道傳之'花陰閒臥小於菟'，與前明高啓之'花陰貓臥日初高'，國朝女使袁宜之之'亂書常被懶貓眠'等句，確爲狸奴寫照. 若盧延讓之'飢貓臨鼠穴'則寫其神情也. 蘇玉局之'亡貓鼠益豐'則寫其功用也，魯星村之'貓捧落花戲'則寫其韻致也，至於劉克莊之詠貓捕燕云，'文彩如彪膽智飛，書堂巧伺燕兒微，'"是又有感而云然耶！

陶潔甫云，'楊光昌句云，'桃花林裏飛雲母，柳樹陰中睡雪姑'，是亦睡貓之一証. 光昌，國朝湖南人，著有揷花窗集.'

余藍卿云，"吾鄉史半樓，有貓起被餘溫之句，時人呼爲史貓. 史謂李林甫以柔害物，故不理人口今若此，毋乃不雅馴乎？余解之曰，'崔鴛鴦·鄭鷓鴣尙矣，然不又有梅河豚乎？河豚猶可，奚有於貓？'史乃悅."

余舊有詠貓一絕，或謂此爲懷才之士不能棄暗投明設說，其知余哉！詩云，驅除鼠耗平生志，何必爭言豢養恩. 大用不能成虎變，空撐牙爪向黃昏.【漢自記】

漢按，近日相傳一儒士詠貓句云，好魚性與大賢同，是則硬拉貓入道學矣，良堪捧腹.

○何夢瑤貓詞調寄南浦，'金鎖倦桃笙，向闌干，起聽秋蟲宵語. 楊子可曾過，空誇說，蕭寺錦衾吟苦. 蠶眠二月，裹鹽曾記新迎汝. 孤負銜蟬名字好，只解朵頤鸚鵡，分明檀箇麒麟，問今日何多？逢人呼汝，莫更觸璃屏. 西來久，往事不堪重數. 憑誰好手，繪來雙線花陰午，休道金睛消不得，可也闞如虓虎.'

○吳石華調寄雪獅兒詠貓有序，"錢保礿有雪獅兒詠貓詞，竹垞·樊榭·穀人並和之，引徵故實，各不相襲，後有作者，難爲繼矣. 余則全用白描，亦擊虛之一法也歟！"
詞曰，"江茗吳鹽，聘得狸奴，嬌憊不勝. 正牡丹花影，醉餘午倦，荼蘼架底，睡穩春晴. 淺碧房櫳，褪紅時候，燕燕歸來還誤驚. 伸腰懶，過水晶簾外，一兩三聲.

休教劃損苔青，只繞在牆陰自在行. 更圓睛閃閃，癡看蛺蝶，迴廊悄悄，戲撲蜻蜓. 蹴果繾間，無魚慣訴，宛轉裀邊過一生. 新寒夜，伴薰籠斜倚，坐到天明."

○明胡侍罵貓文曰，家有白雄雞，畜之久矣. 乃者棲於樹巔，而橫遭貓啗，乃呼貓俾前而罵之曰，"咄，汝貓！汝無他職，職於捕鼠. 以茲大蠟，古也迎汝. 不鼠之捕，曰職不舉，而又司晨之禽焉是食. 計汝之罪，匪直不職而已也. 咄，汝貓！相鼠有類，實繁厥徒. 或登承塵，或撼戶樞，或緣榻蕩几，或嚙罇舐盂，或覆盒軋櫝，或齕圖裷書. 汝於是時，儻伺須臾，卽不逾房闥而汝之腹以飫，人之害以除矣. 其或不然，則但據地長號咆哮，噫嗚！雖不鼠輩之克殄，而聲之所愵，鮮不縮且遯矣. 而寂不汝聞，而宵焉其徂？吾不意窺高乘虛，越垣歷廚，緣乾超枝，攀柯摧荂，而勞苦於一雞之圈. 鼠爲人害，汝則保之，雞具五德，汝則屠之. 鼠

也奚幸, 雞也奚辜, 雖則汝有, 不若汝無. 無汝則鼠之害不益於今, 而雞之禍吾知免夫."【淵鑒類函】

○ 楊蘷畜貓說, 敬亭叟之家, 毒於鼠暴, 乃賂于捕野者, 俾求貍之子, 必銳於家畜. 數日而獲諸, 忭逾得駿, 飾茵以棲, 給鱗以茹, 撫育之如字諸子. 其攫生捕飛, 舉無不捷, 鼠慴而殄影.

○ 毛序始貓彈鼠文, 臣貓言, 臣以賁皇之同姓, 爲章惇之後身. 蒙被私恩, 獲居禁近. 鼾睡臥榻之側, 獨肯見容, 高踞華屋之巓, 初不爲怪. 甚且引登席上, 授置台中, 食必分肥, 坐或加膝. 搏擊骾能言之鳥, 竟免詆訶, 盤旋亂將覆之棊, 輒承嘉悅.

凡諸異數, 超越同儕, 臣何敢辭口舌之勞, 致有負爪牙之任? 故常效張湯之磔, 不欲以義府之柔. 務俾幺麼之黨類盡除, 方保公家之器物無損, 豈彼自務五技, 訖持兩端. 噴噴者不厭煩, 訿訿焉且惑聽.

臣請暴其鬼蜮之狀, 絕此侏儷之聲. 謹按搜粟都尉兼掠剩使, 襲封同穴侯鼠子, 本系小醜之尤, 冒稱諸虫之老. 於辰支雖居首, 在物類爲最微, 賦形既消沮不颺, 稟性復狡獝莫比. 光天化日之下, 暫爾潛踪, 暗室屋漏之中, 公然逞惡, 營窟穴以藏匿. 時爲免脫之謀, 畏首尾而伏行, 更甚狗偸之態. 漫云有體, 誰謂無牙?

速訟逶已穿墉鑽隙, 何曾忘壁. 甚至傷犧牛之角, 不顧小郊, 學城狐之奸, 遽思憑社. 糞汚江密, 實助黃門之讒言, 齒嚙馬鞍, 幸賴蒼舒之善解. 尤可恥者, 從乞兒以游戲都市, 巧取金錢, 見士人而拱揖庭堦, 故爲妖妄. 或渡河而踐尾, 奚堪侶江渚之魚蝦, 至墜地而屠傷, 詎能及淮南之雞犬? 縱敎幻化, 誰復責爲其肝, 相彼貪饕, 何可時滿其腹?

惡難悉數, 罪不容誅. 非斷以老吏之獄辭, 曷殲夫若輩之族屬? 是使食苗食黍, 終致嘆於魏風, 而在廁在倉, 但興嗟於秦相也. 伏惟箝斯甘口, 燭其點心, 敕付臣貓, 追捕如律. 庶皇甫擊楊麋之首, 譴責無逃, 蕭妃扼武曌之喉，報施不爽．臣愚莽，干冒威嚴，仰俟指揮．

制曰，"爾貓！名雖不列地支，種實傳來天竺．念爾祖崇祀於八蜡，旣與虎而同迎，乃嗣孫舊竄於三危，嘗以獅而爲號．惟玆鼠耗，叵耐鴟張，孰曰苗頑，正資鸇逐．而昨暫出，彼卽肆凶．窺褻翻床，任疾呼而不止，嚙書遺矢，欲安寢而無從．爾無忌器不投，定須聞聲卽捕．尙防抱頭而竄，勿容泣血以思．用假便宜，恪共常職."【堅瓠集】

○ 松陵朱長孺【鶴齡】有貓說，借貪貓以喩墨吏，亦有激之言．說曰，余家多鼠患，藏書每被嚙蝕．鄰家有貓，乞得之，形魁然大，爪牙甚銛．始至，群鼠屛息穴中，私喜鼠患自此弭矣．迨月餘患復作，終夜咋咂有聲．余怪而視之，則貓與鼠比同寢處，若倡和然．詷其故，貓性貪，嗜飽魚腥，中廚有庋，見必竊食．鼠覺其然，凡貓之所嗜，鼠必預儲以遺之，貓啗而德之，遂一任所爲．鼠始以形之大也畏貓，旣以所嗜嘗貓，終則狎貓豢貓．利有貓其出，而爲患也益無忌．

余乃嘆曰，"甚哉貪之毒也！使貓無所竊，鼠其敢嘗之耶！貓旣先鼠爲竊，其能禁鼠之群竊耶？畜貓本以捕鼠，而今反以導鼠，且昵之爲一，是鼠魁也．曷若去鼠魁而群鼠之患猶或少弭耶?"乃命童子鎖其項縶其足，數而搏之，沉之於交衢之溷.【同上】

○ 黃之駿討貓檄曰，捕鼠將佛奴者，性成巽懦，貌託仁慈．學雪衣娘之誦經，冒尾君子之守矩．花陰晝懶，不管翻盆，竹簟宵慵，由他鑿壁．甚至呼朋引類，九子環魔母之宮，疊背登肩，六賊戲彌陀之座．而猶似老僧入定，不見不聞，傀儡登場，無聲無臭．優柔寡斷，姑息養奸，遂占滅鼻之凶，反中磨牙之毒．閻羅怕鬼，掃盡威風，大將怯兵，喪其紀律．自甘唾面，實爲縱惡之尤，誰生厲階，盡出沽名之輩．

是用排楚人犬牙之陣，整蔡州騾子之軍，佐以牛箠，加之馬索．輕則同於執豕，重則等於鞭羊．懸諸狐首竿頭，留作前車之鑑，縛向麒麟楦上，且觀後效之圖. 共奮虎威, 勿教免脫.

○鐸曰, 昔萬壽寺彬師, 以見鼠不捕爲仁, 群謂其誑語, 而不知實佛門
法也. 若儒生一行作吏, 以鋤惡扶良爲要, 乃食君之祿, 沽己之名, 養邑
之奸, 爲民之害. 如佛奴者, 佛門之所必有, 王法之所必誅者矣.【諧鐸】

○義貓記云, 山右富人所畜之貓, 形異而靈且義. 其睛金, 其爪碧, 其
頂朱, 其尾黑, 其毛白如雪, 富人畜之珍甚. 里有貴人子, 見而愛之. 以
駿馬易, 不與, 以愛妾換, 不與, 以千金購, 不與, 陷之盜, 破其家, 亦
不與. 因攜貓逃至廣陵, 依於巨富家, 亦愛其貓, 百計求之不得, 以鴆
酒毒之. 其貓與人不離左右, 鴆酒甫斟, 貓卽傾之, 再斟再傾, 如是者
三. 富人覺而同貓宵遁, 遇一故人, 匿於舟後, 渡黃河, 失足溺水. 貓見
主人墮河, 叫呼跳號. 撈救不及, 貓亦投水, 與波俱泊. 是夕, 故人夢見
富人云, '我與貓不死, 俱在天妃宮中.' 天妃, 水神也. 故人明日謁天妃
宮, 見富人尸與貓俱在神廡下, 買棺瘞之, 埋其貓於側.
嗚呼! 蟲魚禽獸, 或報恩於生前, 或殉死於身後. 如毛寶之白龜, 思邈
之青蛇, 袁家兒之大獦犬, 楚重瞳之烏騅馬, 指不勝屈. 若貓之三覆鴆
酒, 何其靈, 呼救不得, 徇之以死, 何其義? 又豈畜類中所多見者耶?
然其人以愛貓故, 被禍破家, 流離異域, 復遭鴆毒, 非貓之幾先有以傾
覆之, 其不死於毒者幾稀矣! 及主人失足河流, 跳叫求援, 得相從於洪
波之中, 以報主人珍愛之恩. 以視夫爲人臣妾, 患至而不能捍, 臨難不
能決者, 其可愧也夫.【徐岳見聞錄, 並見虞初新志說鈴】

○張正宣貓賦云, 貓之爲獸, 有獨異焉. 食必鮮魚, 臥必暖氈. 上灶突
兮不之怪, 登床席兮無或嫌. 恒主人之是戀, 更女子之見憐. 彼有位者
仁民, 且豢養之兼及, 在吾儕爲愛物, 豈嗜好之多偏. 是故張大夫不辭
貓精之貼號, 而童夫人肯使獅貓之亡旀.【王朝清, 兩窗雜錄.】

○趙古農迎貓制鼠說. 粤人有患鼠者, 思以治之, 而未得其術也. 適客從外至, 談及鼠患, 客曰, "是非貓不爲功." 主人曰, "顧安所得貓乎? 子盍爲我穿柳聘之." 客唯唯而退, 明日, 果迎貓來. 主人深喜謝客, 爰命家人貯紗帷內, 席以毛毯, 飯以溪魚, 日省視之, 惟恐逆其意者. 嘻! 主人可謂厚遇此貓矣. 然貓亦竊解人意, 花陰飽臥, 時作虎威, 聲頻喊露. 是夜, 群鼠首兩端而不敢出也, 主人舉家咸慰, 以爲貓之爲功大矣. 亡何, 有鼠之黠者, 挑群鼠而起. 伺貓不及見處, 唧唧作聲, 久之翻盆窺壁, 羸者碩者, 咸集一室. 有舞於門者, 有拱立而拜揖者, 更有交足於頸跳擲者, 甚則晝累累與人並行, 夜則竊齧斗暴, 其聲萬狀. 熏之不可, 掘之不得, 投之而忌乎器. 貓怒欲齧之, 或反爲鼠所齧, 於是家人咸咎貓之無能, 致見哂於五德. 貓鬱鬱不樂, 實亦不解鼠何以至此, 且技之絀於鼠也. 因鳩群鼠切責之, 復理諭之, 並告主人厚遇之意, 而群鼠無忌如故.

由是貓更恚懣不已, 曰, "嗚呼, 鼠之冥頑不靈! 恃其五技, 殆有甚於鄰鼠也. 予烏能忍與之同眠乎? 無寧使人謂我見幾而作, 而謂我尸位而素餐可乎!" 未幾, 客復來, 主人其告之故. 客若有所失, 謂主人曰, "子知夫貓乎? 系本西番, 昔爲使臣上貢, 道經莊浪驛, 或試以鐵籠, 納空室中. 詰朝起視, 數十群鼠竄伏籠外. 凡所至, 數里無敢咆哮者, 茲固若此哉!" 主人聞之, 亦遂止家人之咎貓者, 而貓復留.

說者曰, "貓則良矣, 如黠鼠何? 世有食人之食, 而不忠其事者, 過無可辭. 然食人之食, 欲忠其事而未由者, 咎誰任哉? 仲尼曰, '吾末如之何也已.' 貓於鼠, 又何難焉."

漢按, 趙古農, 番禺人, 爲粤東老幕友也. 此篇爲裘子鶴參軍抄送, 其所措詞大有寓意, 故特錄之.

8. 補遺

○敬亭叟家, 毒於鼠暴, 穿甬邊穴墉, 室無全宇, 咋嚙籧筐, 帑無完物. 乃賂于捕野者, 俾求狸之子, 必銳於家蓄. 數日而獲諸, 汘逾得駿, 飾以棲, 給鱗以茹之, 撫育之厚, 如子諸子. 其擢生搏飛, 舉無不捷, 鼠慴而殄影, 暴腥露殫, 縱橫莫犯矣. 然其野心, 常思逸於外岡以育爲懷. 一旦怠其絏, 踰垣越宇, 倏不知所逝. 叟悗且惜, 涉旬不弭. 弘農子聞之曰, "野性匪馴, 育而靡思, 非獨狸然, 人亦有旃. 梁武於侯景, 寵非不深矣, 劉琨於疋殫, 情非不至矣. 旣負其誠, 復反厥噬. 嗚呼! 非所蓄而蓄, 孰有不叛哉!" 紹聖二年九月, 黃庭堅書.【黃魯直, 蓄狸說】

漢按, 山谷茲帖, 固當首列. 乃書成後, 丁雨生始爲余言. 因寓書周緩齊【厚躬】, 從澄海張浦雲明府【邦泰】處抄至, 亟爲補入. 惟中如甬·汘·殄·岡·殫諸字, 可解不可解. 若汘疑作忏字, 殘俗殄字, 岡卽罔字, 殫或謂䐗字之訛. 茲悉仍其原, 識以俟考.

○大蘭王朱相者, 頗好客, 鹿馬猴狗俱在門下, 而鼠爲多. 一日, 有薦貓至, 頗佳. 然陰爲鼠所忌, 貓初不知也. 顧必思有以中傷之, 以鹿馬持正不阿, 知不可動, 乃嗾猴狗讒之. 貓無失德, 猴狗不能爲害. 王有子, 長曰象, 仲曰兔. 兔者爲其形似, 而言性頗佻達, 鼠輩欲假兔以行其計. 會王改封遷藩, 乃遂以貓搏兔言於王. 王初弗聽, 無如鼠輩譖之力, 王乃去貓. 鹿馬聞之, 嘆曰, "貓非獅, 何搏兔之有? 輕聽而去賢, 何王不察之甚!"
久之, 王亦浸有所聞, 頗自悔. 然而群鼠之計已行, 相與於窟穴中竊笑王愚矣. 先是有善相者, 謂王形蠢惡, 後必遭屠. 未幾, 流寇亂起, 王果遇難, 群鼠遂分其貲糧而散.【焚臥餘話】

漢按, 此節或謂指福藩而言, 然無可考. 但聽小人之讒而逐賢士, 甚至甘以穢名加之親子而不恤，今日士大夫之如大蘭王者不少也，言之殊不值一噱.

○含毛國，在震旦之南，衣冠異而制度同，取士有丙科丁科，猶中國之有甲乙科也. 有臧居子者，乳名麒麟貓，丙科出身，曾充掄材使，因事降爲郡將. 一日，奉命鹵州勾當公事，咸謂其才望重，莫不思一瞻豐采. 及旣戾止，當事大夫供張惟謹，論者謂臧居子茲來，必有經濟之談，必有文章之會，否則亦必有詩歌留題，爲斯邦大雅之資. 居數月，乃寂然無所聞. 未幾，聞有郵亭風月之狎，繼聞沉湎於酒色矣，而且於纏頭費甚吝，妓人薄之，復有使氣作踐之舉. 於是譏誚起，而笑罵盈道路矣.
論者復謂王朝所稱有才望者，大抵如斯耶? 抑門祚官方之玷，皆可不足恤耶? 抑天地氣運就衰，例生此敗類耶? 議論甚不一. 已而又皆寂然矣，似以若而人者，有不屑譏誚笑罵議論者也. 然而時聞君子有太息聲.【宮朝，睹麒麟貓說.】

○盧胡叟曰，"爲麟使人瞻仰，爲貓使人取用. 若麒麟貓者，適足令人齒冷，況又有穢行乎? 所謂天地衰氣使然，例生敗類，似或不誣，烏得不爲太息?"

漢按，右二篇與山谷蓄狸說，皆是因小見大之文. 又按，富貴不淫，稱之大丈夫. 若富貴而以致君澤民爲念，國爾忘家，非止富貴不淫而已，直可以聖賢稱之也. 然有此作用，方可謂爲不負天地，不負君父及不負所學. 若而人者，豈不令薄海人民瓣香千載也乎?

頃者得無名氏寶貓說，頗有機趣，亦因小見大之文，足以諷世，亟爲補入，俾廣見聞. 其詞曰，"里有得貓於都會者，體偉而毛澤. 頭系鈴，尾拖彩，步武從容，見者咸悅之，以爲必善捕鼠也．故食鮮眠暖，優以待之，且呼之爲寶貓．

詎養數月，鼠患依然．又數月則愈熾焉．始則以其憚于捕，徐察之，竟無能捕．其家舊有貓，不甚肥澤，捕鼠頗勤，呼爲樸子，逸去幾半載．主人於是復求而獲之，已而鼠患遂息．且見樸子漸與寶貓狎，一鳴一躍，若有所獻納，而寶貓絕不之顧，且時作威狀拒之．樸子旋退去，索然自處．主人因而私察寶貓，常高踞屋脊，非撲蝶則捕蟬，或雌雄相追逐．有餌以魚與肉，則伏而大嚼，既饜飫卽酣睡焉．主人爲之喟然長嘆，乃戲繫大鼠十數環，擲其臥窩，群相撐拒啾唧．寶貓見之，大驚而逸，遂不知所之．樸子旋退去，索然自處．主人因而私察寶貓，常高踞屋脊，非撲蝶則捕蟬，或雌雄相追逐．有餌以魚與肉，則伏而大嚼，既饜飫卽酣睡焉．主人爲之喟然長嘆，乃戲繫大鼠十數環，擲其臥窩，群相撐拒啾唧．寶貓見之，大驚而逸，遂不知所之．

桴浮子曰："無技能而享高厚，貪野食而耽惛淫，置主人事於不顧，有獻納而不知受，甚至見群大鼠而驚逸，若斯寶貓，固不復知有羞恥事．然不審於衾影中，或稍有愧於心否？嗚呼！鼠患熾至於不可救，大抵皆寶貓誤之耳．吾願蓄貓者宜樸子是求，家道受益非淺．其都會來者，雖體偉毛澤，繫鈴拖彩，豈皆爲可寶哉？既誤，愼勿再誤也．"

漢按，三復斯篇，則觸景傷懷，不覺欲痛哭流涕．或曰才拙而志誠，於事或有補救之功，若樸子者庶乎近焉．

相傳一巨貓，驕而怯．一日，忽得死鼠於盎中，自鳴且躍，若自詡其能．忽有大鼠群然過其前，則巨貓伏而不敢動，是亦寶貓一流歟！【王仲弇識】

漢按，甌諺有云，瞎貓撞着死鼠，意外之遇．然有一世爲瞎貓，而不遇死鼠者，則茲巨貓爲多幸．呵呵．

黃薰仁孝廉云,'昔有人饋先君洋貓一頭, 重十餘斤, 狀極雄偉, 人咸羨爲駿物. 始則鼠亦稍知斂跡, 豈知此貓性貪而懶, 日則竊飲瓶中酒, 夜則醺醺然臥. 鼠欺其無能, 擾亂尤甚, 衆皆惡棄之, 呼爲怪畜. 時余叔適得一貓三足者, 其後一足, 僅有上腿而無下爪, 每呼食則跳躍難前, 審其狀似斷不能捕鼠. 但鼠聞其聲, 莫不遠遁, 較諸洋貓外強中乾, 賢不肖爲何如? 余以晉郤克唐裴叔度, 相傳皆跛一足, 其建功立業, 何嘗不赫烈耶? 蓋人不可以貌相, 余謂獸亦然.'【洋貓說】

漢按, 近傳一官, 惟耽麴蘗, 不視事, 人皆呼爲醉貓. 或以爲詰, 則曰, "我尚廉, 無患也." 殊不知權已旁落, 下人竊弄威福, 其害尤甚於自作孽也. 自古故重廉明, 若昏而不明, 雖廉何補!

황한黃漢

청나라 때 인물로 자세한 생몰년은 알 수 없다. 영가(永嘉: 현재 중국 저장성[浙江省] 남부의 현) 출신으로 자(字)는 추명(秋明), 호(號)는 학루(鶴樓)이다. 천성이 자연을 좋아하여 붓을 주머니에 넣고 사방으로 다니면서 경서(經書)에서부터 예문(藝文)에 이르기까지 모으고 고증하는 것을 자신의 업으로 삼았다. 『묘원(貓苑)』이전에 『구승보(甌乘補)』를 지어 당대에 옛사람들도 갖추지 못한 부분을 보완하였다는 평가를 받았다.

김경金景

현재 고려대학교 한자한문연구소 연구교수로 재직 중이다. 저서로 『조선 문인, 기이함을 추구하다』와 『조선시대 과시 문헌과 문체』(공저), 역서로는 『과거급과문』(공역), 『조선 과시 법전』(공역), 『한국 고전 예술비평 자료 역주』(공역)가 있으며, 「조선후기 유서(類書)에서의 고양이 기록과 그 의미」, 「한문학에서의 고양이 명칭과 별칭에 대한 고찰」 등의 논문이 있다.

고양이의 모든 것을 기록하다
묘원

2024년 9월 25일 초판 1쇄 펴냄

지은이 황한
옮긴이 김경
펴낸이 김흥국
펴낸곳 보고사

책임편집 이경민
표지디자인 김규범

등록 1990년 12월 13일 제6-0429호
주소 경기도 파주시 회동길 337-15 보고사
전화 031-955-9797
팩스 02-922-6990
메일 bogosabooks@naver.com
http://www.bogosabooks.co.kr

ISBN 979-11-6587-743-9 93300
ⓒ 김경, 2024